MAXIMILIANO

MEMORIAS SECRETAS
DEL EMPERADOR MEXICANO

PEDRO J. FERNÁNDEZ

MAXIMILIANO

MEMORIAS SECRETAS
DEL EMPERADOR MEXICANO

MAXIMILIANO
Memorias secretas del emperador mexicano

© 2023, Pedro J. Fernández

Diseño de portada: Jorge Garnica
Fotografía del autor: Javier Escalante

D. R. © 2024, Editorial Océano de México, S.A. de C.V.
Guillermo Barroso 17-5, Col. Industrial Las Armas
Tlalnepantla de Baz, 54080, Estado de México
info@oceano.com.mx

Primera edición en Océano: 2024

ISBN: 978-607-557-808-8

Impreso en México / Printed in Mexico

Para Andoni, por escuchar esta historia
con muchas copas de vino.

Para mi mamá y para mi hermana,
por guiarme y orientarme para
que Max llegara al papel.

Hay dos formas diferentes de escribir la historia:
una es persuadir a los hombres a la virtud
y la otra es obligar a los hombres a la verdad.

—ROBERT GRAVES, *Yo, Claudio*

Su vida fue un tejido de vanidad y engaño.

—VIRGINIA WOOLF, *La señora Dalloway*

Los siguientes libros, encuadernados en piel, fueron descubiertos el 1 de julio de 2015 en Palacio Nacional. Se encontraban escondidos detrás de una pared del primer piso, en la habitación usada por el ciudadano presidente Benito Juárez (1806-1872), detrás de la cabecera de la cama.

Peritos del Instituto Nacional de Antropología e Historia (INAH) llevaron a cabo una minuciosa restauración y una rigurosa investigación para determinar la datación de los manuscritos y la autenticidad de su contenido. Éstos fueron confirmados como las verdaderas memorias de Maximiliano de Habsburgo (1832-1867) durante una conferencia de prensa virtual, ofrecida por la doctora Victoria Aguilar de León el 10 de agosto de 2020, reproducida en diversos portales digitales, y que ha generado un gran interés público.

El contenido de estos libros se ha trabajado de forma exhaustiva para brindar al lector una versión accesible de ellos, que aún permanecen vigentes en el colectivo nacional, con la esperanza de que ofrezcan una luz más humana de la llamada Segunda Intervención francesa.

Se añade, al final de la reproducción de estas memorias, un texto (hasta ahora inédito) del ciudadano presidente Benito Juárez, que también acompañaba estos cuadernos y que ofrece un comentario oportuno sobre los mismos.

Sea, pues, el lector, juez de la vida y obra de uno de los protagonistas más controvertidos de la Historia de México.

CUADERNO
DE TAPAS ROJAS

Capítulo I

AH, PERO NO SÉ CÓMO EMPEZAR A CONTAR UNA HISTORIA como la mía; me pregunto ¿qué necesidad tiene el hombre de embalsamar sus recuerdos con tinta y papel? Supongo que se trata de la dictadura de la nostalgia, la magnífica ilusión de que somos dueños de nuestra vida. Ahora sé que cuando muera no lo haré realmente, porque yo soy un guiñapo para la historia de mi nueva patria; serán otros los que arrastren mi nombre, los que repitan las falacias que inventaron mis enemigos y publiquen verdades a medias sobre mí. Por eso, debo ser yo (mientras mi sangre no sea derramada) quien lo escriba todo, sin miedo alguno a la verdad. Aunque las revelaciones que haga parezcan inverosímiles, y el escribirlas abra heridas que ya creía sanadas, esto es la verdad, tal como yo la conozco y la viví.

Aquí es donde me enfrento al primer problema, ¿por dónde debo comenzar? Porque mi infancia está llena de todo tipo de colores, de sonidos distintos, de juegos y de historias; y si tuviera más tiempo ordenaría mi cabeza a fin de escoger uno de ellos para empezar estas memorias, pero el destino me ha puesto en esta jaula dorada de la que no he podido escapar y el tiempo se termina. Porque vivimos bajo los caprichos de un destino implacable que nos trata como juguetes. Lo mismo nos otorga el poder que...

¡Calla, Max, no adelantes tu historia!

Ya sé por dónde empezar. Me permitiré hacer trampa porque el primer recuerdo que habré de registrar no es mío; sin embargo, era un secreto a voces entre los criados del palacio de Austria. El encuentro que voy a narrar sucedió una noche tormentosa de los últimos días del invierno de 1832. La bruma plateada bajaba por el monte y difuminaba los árboles negros, las ramas desnudas se movían como los dedos largos de un demonio impío; aullaba el viento con la misma fuerza con la que los lobos de invierno lo hacen al cielo.

Una sombra se movía inquieta. Era la negra figura de un hombre, apenas perceptible ante un escenario oscuro, pues la luna velada por los nubarrones no compartía ni un ápice de luz. Él llevaba un par de horas esperando, ansioso ante cualquier ruido extraño; escuchaba sus pisadas en la tierra húmeda y se encontraba lleno de preguntas que le zumbaban en la cabeza como abejas furiosas. Su corazón inquieto pronto encontró respuesta a sus inseguridades.

Otra sombra surgió en aquellos jardines como una aparición de ultratumba.

—Tenía miedo de que no vinieras —dijo él.

Ella se colgó de su cuello para sentirlo cerca. Tal vez, para aspirar su aroma.

—Por un momento… también pensé que no vendría —respondió ella.

Ante la mirada incrédula de los criados de palacio que espiaban con morbo aquella escena ilícita, él y ella se fundieron en un abrazo estrecho y compartieron un beso que hubiera ruborizado a cualquier alma piadosa y temerosa de Dios. Se desnudó el cielo estrellado, y la luna brilló menguante sobre los dos enamorados, mas pronto volvió a ocultarse en las tinieblas frías. Los rayos plateados y los truenos amenazantes eran el preludio de una tormenta que estaba por desatar su furia.

—¿Recibiste la carta que te envié hace un mes? —preguntó ella.

—La verdad es que yo…

—Hice tal como me dijiste —continuó—, la envié con un hombre de confianza y, para ocultar mi nombre, firmé como Mesalina. Como la esposa de Claudio, el emperador. Aunque también pensé en firmar como Livia, la esposa del divino Augusto.

Él se rio.

—¿No se te ocurrió otro nombre, querida mía? Tú no te pareces ni a Livia ni a Mesalina. Me recuerdas un poco a Medea, la hechicera griega que se enamoró de Jasón. No importa el nombre. Lo que me escribiste en aquella carta no tenía vanidad alguna, era sólo un reflejo de tu corazón sincero. Mírame a los ojos… siento lo mismo que tú, pero no tengo elocuencia para ponerlo en papel. Escucha, quiero aprovechar que estamos solos para confesarte que yo…

El crujir de una rama los puso en alerta, ya fuera por el viento que soplaba con más fuerza o porque uno de los criados que los espiaba se había vuelto descuidado.

—Será mejor que me vaya —se apuró ella, y antes de que pudiera hacerlo, él la atrajo hacia sí para robarle un último beso, mientras las primeras gotas de lluvia atravesaban el aire cual agujas de plata que caen sobre fieltro negro.

Pocos segundos después, el hombre se quedó solo, como una sombra entre la bruma y la lluvia que enfriaban el mundo. Ella, en cambio, entró al palacio, sus largos rulos castaños goteaban, su vestido blanco estaba enlodado; además, se le había arruinado el maquillaje. Subió corriendo por las escaleras y se apresuró a arreglarse, pues el gran baile estaba por comenzar en cualquier momento. Minutos después entró en el gran salón mientras la pequeña orquesta, a la luz dorada de las velas blancas, tocaba un viejo vals germano.

El paje de la puerta la anunció como la "muy querida y noble" Sofía Federica Dorotea Guillermina de Wittelsbach, archiduquesa de Austria. Mi madre.

El hombre miraba esta escena desde los jardines, a través de una cortina de lluvia y de un ventanal que se empañaba cruel. Gotas frías le empapaban el rostro y le resbalaban por la barbilla. Sobra decir, creo yo, que él no era el esposo de mi madre, sino Napoleón Carlos José, mejor conocido como Napoleón II, un joven con rostro de querubín y rizos dorados que arrancaba suspiros a las damas de toda Europa (y supongo que de algunos caballeros también).

Mi madre pensaba que nadie sabría de sus sentimientos hacia Napoleón II, pero se equivocó; fue, y ha sido, un secreto a voces en Austria y, quizás, en todo el mundo, porque cuanto más alto está uno en el candelabro del mundo, más difícil es esconder los latidos del corazón.

Cuando yo tenía cinco años, uno de los criados me contó del encuentro sucedido aquella noche fría y lluviosa. Bajé a los jardines y estuve paseando entre los árboles, rozando mi mano entre las ramas de los arbustos recién cortados, imaginando cómo había sucedido aquella breve reunión que apenas entendía. Me parecía tan lejana, porque cuando un recuerdo se sumerge más en el pasado, éste tiene que ver más con el reino de la imaginación que el de la verdad o el de la historia. ¿No es así?

Esta escena la escribo tal como me la contaron, pues yo no había nacido, y empiezo así estas memorias, como un intento inútil de embalsamar el pasado para que no se pierda. Aunque bien sabe cualquier estudioso de la historia que los documentos y memorias sobreviven más por casualidad que por la intención de ser preservados.

Empecemos, pues, esta historia por el principio, porque ni siquiera me he presentado. Me llamo Fernando Maximiliano José María de Habsburgo y Lorena, en otro tiempo archiduque de Austria, hasta hace poco príncipe de Hungría y Bohemia, alguna vez virrey de los territorios de Lombardía-Véneto y último emperador de un sueño hechizo llamado imperio mexicano. Aunque si le preguntan a la gente común, también soy el hermano incómodo, el hijo iluso, el poeta aristócrata y el amante desdichado. Llegaremos a cada una de esas máscaras a su debido tiempo.

Tengo la esperanza de que este cuaderno de tapas rojas (que me han traído esta mañana con dos potes de tinta) me sea suficiente para contarlo todo.

Al menos, mientras me encuentre en este encierro involuntario, podré dedicar varias horas a abrir el cerrojo de mi mente para viajar en el tiempo y el espacio. Escribiré sobre mis recuerdos, sobre lo que otros me han contado, sobre los documentos y cartas que yo mismo he escrito, que he recibido o que me han compartido en estricta confidencia. Así reconstruiré mi historia, y volveré a vivir cada vez que mis letras sean leídas.

Otro recuerdo viene a mi mente. No es mío, pero lo escribo tal como lo escuché. El arte de invocar el pasado es impreciso y obedece sus propias reglas.

Sucedió un viernes de julio, el día seis para ser exactos. ¿El año? 1832. Un levantamiento contra la monarquía del rey Luis Felipe I tenía sitiado a París en barricadas y gritos de libertad; mientras que en Austria, en el palacio de Schönbrunn, mi madre leía con sumo cuidado los partes que llegaban de Francia. Reposaba junto a una ventana larga, contemplando de tanto en tanto el rosado que entintaba las nubes de aquel atardecer.

Ella tomó una pequeña taza de porcelana con el asa pintada de oro, y bebió un poco de té humeante (costumbre que recientemente se había importado de Inglaterra), pero una punzada de dolor hizo que la soltara. Al caer y romperse, el ruido alertó a los criados. Entraron corriendo, encontraron a la archiduquesa con ambas manos en el vientre abultado.

Siempre práctica y eficiente para administrar sus sentimientos, mi madre esperó en cama hasta que llegara la partera y el médico, sólo entonces se relajó por completo. Mi nacimiento coincidió con el de la noche, el titilar azul de las estrellas veló mis primeros sueños. ¡La archiduquesa ha dado a luz a un varón sano!, fue la noticia que corrió por los pasillos, las cocinas y los jardines del palacio.

¿Dónde estaba mi padre? Él tenía el estómago hecho un nudo de nervios. Desde que fue informado del parto, se encerró en la biblioteca a beber coñac y encontrar la calma en el aroma añejo de los libros, lomos de piel cuarteada y papel amarillento. No fue hasta bien entrada la noche que me acurruqué en sus brazos por primera vez, aunque él me mirara con desconfianza.

Mis primeras noches dormí entre sábanas de seda, acostumbrándome a los privilegios de la familia. Lujo era todo lo que alcanzaban a ver mis ojos; imagino que cada nueva sensación, cada brillo de la mañana, cada roce de tela, cada cucharilla de plata, me llamaban la atención como si el mundo fuera algo asombroso por descubrir; casi como la cueva de las maravillas que se describe en los cuentos de *Las mil y una noches*. Cuando tenía hambre, como todos los niños, estiraba mis brazos y lloraba para llamar la atención del sirviente encargado de cuidarme. Me envolvía en una manta, y me llevaba hasta el cuarto en el cual mi madre descansaba, siempre junto a la misma ventana larga, añorando el amor en aquellos atardeceres austriacos que han inspirado tantos poemas. Mi pequeña boca se prendía de su pecho y succionaba débilmente.

El día 22 del mes en que nací, sucedió un infortunio que enlutó a todos en palacio. Dicen que comenzó con un grito de horror, con las cocineras corriendo por los pasillos, y rezos a la Santísima Virgen.

Uno de los criados más jóvenes entró intempestivamente en la habitación de mi madre y exclamó:

—¡Ha muerto! ¡El joven Napoleón ha muerto!

Aquello fue suficiente para que a mi madre se le cortara la leche materna y, muy digna, sin mirarlo a los ojos, lo reprendiera:

—¡Se toca antes de entrar! —dijo con voz potente—, que no se vuelva a repetir.

Por supuesto, a mi madre no le importaba asumir esos momentos de autoridad tan impropios para una dama porque, en su visión del mundo, para ser una mujer normal debería tener hombres normales a su alrededor, y eso no era posible si se es parte de la realeza.

Dicen que a mi madre le causó tal tristeza la muerte de su amado querubín que asumió un papel de viuda. Aunque no lloró en público, se vistió de negro, ordenó que los espejos de palacio fueran cubiertos con telas negras y mandó decir misas para que su alma saliera pronto del purgatorio. Escuché rumores, sin confirmar, de que mi madre se levantaba a la mitad de la noche y deambulaba por los pasillos como si se tratara de un alma desencarnada, de aquellas que sólo se escuchan en los viejos relatos de fantasmas. También que llevó, durante varios meses, un relicario al cuello con la imagen pintada del joven difunto. La cadena tenía el largo suficiente para que la joya estuviera muy cerca de su corazón.

La verdad de todo este asunto era que ya se esperaba que Napoleón II muriera pronto. Aunque quisieron esconder los pañuelos blancos en los que tosía sangre, todos sabían que la tuberculosis le arrancaría la vida de un momento a otro. Napoleón II murió suspirando el nombre de Sofía, y seguramente recordando aquella noche fría y tormentosa en la que confirmaron su amor.

En cuanto a mí, tuve necesidad de un ama de crianza para alimentarme de leche materna, y mi madre rara vez se asomaba a mi cuna. Me tomó años entender que yo le recordaba a aquel querubín que ya había expirado su último aliento. Sin embargo, los rumores de su amorío secreto apenas comenzaban a extenderse por todo el imperio.

Y sí, llegó un día en el que tuve la oportunidad de pararme frente a mi madre y preguntarle, con toda frialdad: ¿Quién es mi padre?

La respuesta me rompió el corazón.

Ya llegaremos a esa dolorosa historia. ¡No te adelantes, Max!

Capítulo II

No sé si mis padres alguna vez se amaron o sólo aprendieron a vivir en su matrimonio arreglado. La costumbre en Europa, por siglos, había sido la de mantener el poder por medio de la endogamia, los acuerdos políticos y la complicidad de un dios crucificado que siempre ha otorgado su bendición si hay oro de por medio.

Mi madre nació en Múnich durante los últimos días de enero de 1805, hija del rey Maximiliano I de Baviera y de la princesa Carolina de Baden. Pasó su infancia soñando con las novelas románticas que una cocinera le compartía en secreto, envueltas en trapos viejos. Tantas horas pasó en aquellas letras perfumadas que llegó a imaginar que todos vivían un amor profundo que terminaba en sagrado matrimonio ante el altar.

Qué decepción debió de haberse llevado la noche en la que, después de cenar un exquisito faisán asado con trufas del bosque, su padre le anunció que ya había arreglado su matrimonio y que se llevaría a cabo antes de terminar el año. Mi madre no respondió, esa noche se hundió en un sillón de terciopelo y pasó la noche en vilo. Se consolaba en el tamborileo de la lluvia contra las ventanas, sentía que el mundo entero lloraba por ella... o al menos le tenía lástima.

El consabido matrimonio se realizó el 4 de noviembre de 1824.

Ella tenía diecinueve años.

Él estaba a punto de cumplir los veintidós.

Mi padre, Francisco Carlos José, estaba lejos de ser el marido ideal. No era un hombre guapo, más bien tenía el rostro alargado y labios gruesos sin sensualidad alguna; tampoco destacaba por su inteligencia o su charla ocurrente. Con frecuencia pensaba en la caza y poco le importaba el curso de la política en Austria (o de cualquier otra nación europea). Estaba tan acostumbrado a sus privilegios que ya no disfrutaba nada. Sólo hacía las cosas porque podía hacerlas.

Dicen que la muerte es común a todos los hombres, pero la vida sólo a unos pocos. No en él, claro está. Nunca lo vi experimentar la *joie de vivre*.

Siempre pienso en mi padre como una sombra, presente y ausente al mismo tiempo. En los bailes, callado; parecía distraído en todos los banquetes; nunca daba su opinión sobre algún miembro de la familia. Lo recuerdo ahí, siempre ahí, y nada más.

Así puede entenderse por qué mi madre terminó suspirando en manos de un Bonaparte, mientras mi padre fingía que todo estaba bien. Lo que todavía no sé es cómo lograron concebir diez veces, contando los cuatro abortos que antecedieron a mi hermano mayor. Imagino que para ellos la intimidad era igual de mecánica y rutinaria que su vida social. Un deber, sin placer alguno.

Recuerdo que una vez, en plena tertulia en el castillo de Laxenburg, mi madre le comentó a una de sus damas de compañía:

—La mayoría de las mujeres tarda años en darse cuenta de que está casada con un tonto. Mi desgracia fue descubrirlo el día que llegamos al altar.

Mi padre, con su usual desidia, no dio su opinión sobre aquellas palabras. Prefería disfrutar de sus vacaciones en el castillo, mientras el mundo giraba sin él, siempre alrededor de otros hombres con más ambición de ser la estrella de aquella patética obra de teatro en la que se convierten los eventos sociales de la realeza.

Ésas son las vagas sombras que moran en mis recuerdos infantiles, en que mayormente la pasábamos en Viena, aunque de vez cuando volvíamos al palacio de Schönbrunn y yo era feliz. Siempre tuve a mi hermano Francisco José como mejor amigo y cómplice. Tan sólo era dos años mayor que yo.

Como aquel enero de 1836, en Viena, cuando me levanté de pronto a la mitad de la noche porque una rama seca golpeaba contra la ventana de mi habitación. ¡Qué susto me había dado el ruido aquel! Me levanté de la cama, sentí la duela fría bajo mis pies. Mi respiración estaba agitada. La oscuridad me llamaba como si alguien estuviera ahí conmigo, mas los muebles eran sólo negrura. Caminé hasta la ventana, me asomé por ella. El cielo era un vacío eterno, ni una mota de Luna alcanzaba a filtrarse por aquella penumbra, pero en cuanto mis ojos comenzaron a acostumbrarse a ella me di cuenta de que... ¡estaba nevando!

Fui hasta la cama de mi hermano, puesta junto a la mía. Lo sacudí de los hombros hasta que despertó.

—¡Nieve, nieve! —fue lo único que atiné a decir.

Se talló los ojos y se sentó en la cama. Apenas sacudió la cabeza para despertarse.

—¡Nieve! —repetí.

Mi hermano saltó de la cama y corrió a la ventana, yo lo alcancé segundos después. Con una sonrisa, nos quedamos viendo aquellos copos que caían en la noche y pensábamos en todo lo que haríamos a la mañana siguiente.

Pero mi madre también se había despertado temprano con la noticia de que los jardines, el campo otrora verde y la parte alta de los montes estaban cubiertos por un manto blanco; el agua de las fuentes era hielo duro y los termómetros registraban una temperatura bajo cero en la escala de Celsius. Por eso, había resuelto que ninguno de sus hijos debería salir a jugar; no estábamos para enfermarnos.

Durante el desayuno, apoyó ambos codos en la mesa y nos miró muy seria:

—Ustedes dos se van a quedar junto al fuego, y le diré a la baronesa que los entretenga con cuentos del norte, como los que yo escuchaba cuando tenía su edad. Nada de salir hoy. ¿Me entendieron?

No quiso escuchar nuestros reproches, ella había dado ya su última palabra. Levantó su cuello largo y terminó su té caliente en silencio. Cuando se retiró nos echó una miradita de "más vale que me obedezcan". Y nosotros compartimos un guiño de "no podemos desaprovechar la nieve".

Una vez que dejamos de escuchar los pasos de mi madre, nos escapamos de los criados y corrimos por los pasillos decorados con tapices y paisajes de ríos claros y montañas azules, escondiéndonos de cualquiera que anduviera cerca. La luz irrumpía con fuerza a través de las ventanas, lo mismo que los latidos del corazón por la travesura que íbamos a cometer.

Ya en el vestidor nos calzamos las botas, nos vestimos con los abrigos gruesos, y de los cajones del fondo nos hicimos de las bufandas tejidas y de los guantes de piel. En pocos minutos sentíamos la brisa gélida sobre nosotros. Hasta el gesto más pequeño en el rostro nos causaba dolor.

Dimos nuestros primeros pasos, nos hundíamos en aquel manto de nieve. Pensamos que en cualquier momento nos iban a pedir que regresáramos al palacio, pero no sucedió.

Francisco José y yo nos miramos por un instante, supimos que nos habíamos salido con la nuestra, así que me retó y corrimos hasta el árbol más cercano. Yo sentí las mejillas encendidas, el sol brillaba pálido, pero calentaba poco. Durante un rato largo jugamos, reímos, nos tiramos bolas de nieve en una guerra de juguete, corrimos hasta el árbol más lejano y regresamos lo más rápido que pudimos. Nunca pensamos en cuál sería el mejor momento para volver al palacio, ni tampoco en lo que sucedería sí...

—¡Vengan acá, niños desobedientes! —escuchamos una voz que retumbó con la fuerza de un trueno.

Se me congeló la sangre, mi hermano también se quedó quieto. Por un momento creíamos que era nuestra madre quien nos llamaba, pero más bien era nuestra querida Amie, la baronesa Louise von Sturmfeder, nuestra institutriz, quien cruzaba sus brazos y nos lanzaba una triste mirada de desaprobación.

No quisimos hacer más grande nuestra travesura, regresamos al palacio con resignación. Nos quitaron la ropa y nos hicieron tomar un baño largo de agua caliente. Nos dijeron que la archiduquesa Sofía ya estaba informada de todo y que hablaría con nosotros antes de que terminara el día. Aquello hizo que sintiera un apretón en el estómago como si dos manos fuertes lo estrujaran. Este horrible sentimiento duró por horas.

Nos llevaron a uno de los salones grandes y nos sentaron frente a la chimenea. El baile del fuego me resultó hipnótico, el rojo impalpable iluminaba todo, el crujir de la madera al arder fue lo único que escuché por varias horas.

La luz ceniza se filtraba por las ventanas, los cristales se empañaban en lo que parecían ser formas demoniacas. Mi hermano traía una sonrisa de oreja a oreja, orgulloso de nuestra fechoría. Yo envidiaba su calma.

Conforme pasaban los minutos, el sentimiento de tormenta me invadía hasta desbordarse dentro de mí. Quise llorar antes de escuchar la reprimenda de mi madre, al menos para no hacerlo frente a ella, pero no me salieron las lágrimas.

Amie se sentó en la silla junto al fuego y continuó el bordado que había empezado el día anterior.

—Éste era un niño sin padre ni madre, ni hermano alguno —empezó a contar su historia—. Parado en la cima del mundo, contemplaba un brillo plateado que se elevaba desde el abismo, y calentaba lentamente cada una de las fibras de su corazón.

"El pequeño había nacido miles de siglos atrás, en medio del desierto ardiente, antes de que el tiempo fuera tiempo para los hombres. Ahí, el sol calentó tanto una piedra que la partió en dos y apareció una criatura rosada, hermosa. ¡Un niño! Lloraba hambrienta. Movía sus pequeños brazos en espera de un abrazo que nunca llegó. Los nubarrones de tormenta se apiadaron de él y llovieron sobre su boca para alimentarlo. A falta de leche materna, bebía lluvia, y de pasteles, comía piedras. Por las noches descansaba la cabeza en un cactus, que escondía sus espinas para que no le hicieran daño, y cubría su cuerpo desnudo con una sábana de arena. Entonces el viento lo arrullaba con su brisa dulce.

"Así, los años sin tiempo pasaron, y los días iban y venían. Luz y oscuridad. Luz y oscuridad. Pero hubo una noche en que levantó la mirada y se quedó maravillado por lo que vio: el cielo parecía estar hecho de una sustancia diferente, de un azul sombrío sobre el que brillaban miles de puntitos blancos que titilaban sin cesar, y en medio de ellos el más hermoso de todos. Un glóbulo que no era el sol, sino blanco, sin corona, que derramaba una luz plateada sobre todo el desierto. Tan inmaculada y preciosa era la luna llena, que el niño no pudo dejar de verla toda la noche, admirando su belleza, hasta que se perdió en el horizonte y llegó el día. El chiquillo corrió lo más lejos que pudo tratando de seguirla, pero era muy tarde. Se había ido.

"Ese día lloró por horas pensando en la luna. No encontró consuelo ni en la lluvia ni en el viento, ni en las piedras ni en el cactus. Sentía como si el ardiente sol del desierto no lo calentara. Y al caer la tarde, su corazón saltó de alegría al ver que la luna se asomaba otra vez para verlo. El niño sabía que ella quería estar con él y sólo con él. Mas llegó el día y con él nuevamente la decepción.

"Noche tras noche vio la luna aparecer sobre él, cada vez más pequeña hasta que no la vio más.

"Sin duda, pensó, ella siente lo mismo que yo por ella y es muy tímida para aceptarlo. Ya volverá.

"Y horas después, al desaparecer el sol, el niño observó una pequeña parte de la luna. Estaba volviendo por él, para amarlo. Él sabía que tenía que confesarle su amor. Con toda la fuerza de sus pequeños pulmones le gritó todo lo que había guardado en su corazón. La luna siguió como si nada hubiera sucedido.

"Tal vez es porque no me oye, se dijo, debo acercarme más a ella.

"Se levantó y caminó a través del desierto, el bosque y las primeras ciudades de los hombres hasta que llegó al fin de la Tierra y subió la montaña más alta de todas. Desde ahí, en la cima del mundo, la vio redonda, llena, en toda su plenitud de mujer. Ahora el que concibió timidez fue él, pues sintió que el rostro se le enrojecía al desviar la mirada.

"¡Qué sorpresa! Metros abajo, en el reflejo de un lago que apenas era agitado por una brisa ligera, estaba su luna amada. Había descendido por él, tan sólo para verlo y amarlo. El niño se acercó al borde para gritarle desde ahí que la amaba, pero su pie desnudo resbaló y cayó en el agua. Su cuerpo, sin vida, se hundió hasta las profundidades del olvido, pero su alma se elevó brillante hasta el firmamento, donde titiló en la eternidad junto a su luna amada, al igual que todos los hombres que entregan su vida por amor.

Cuando terminé de escuchar aquella historia, me di cuenta de que respiraba de nuevo con tranquilidad. Me latía más lento el corazón, ya no me temblaban las manos. El crujir de la chimenea parecía estar hecho para arrullarnos. Amie dedicó toda la tarde en aquellos cuentos que ya sólo recuerdan los más viejos, como "Las lágrimas de la Luna" y "Los hombres con corazón de hielo".

Cuando se abrió la puerta vi la figura solemne de mi madre en el umbral, parecía una de esas institutrices rígidas que siempre aparecen en las novelas góticas. Había pasado toda la mañana atendiendo unos asuntos de nuestros hermanos menores, Carlos Luis y María Ana.

Nuestra madre dio tres pasos largos y llegó hasta nosotros. Enseguida nos pusimos de pie y le dimos la espalda al fuego.

—Les di una orden muy clara y me desobedecieron —dijo con voz grave y posó su mirada en mí.

Amie dejó el bordado a un lado para prestar más atención.

—Fue culpa mía —respondió Francisco José—. Le dije a Max que no pasaría nada si nos íbamos a jugar a la nieve y...

Ella torció la boca.

—Puedes guardar tus excusas para otro momento. A los dos les dije que se quedaran en el palacio y los dos me desobedecieron, así que los dos serán castigados sin cenar esta noche. Avisaré a las cocinas para que no se les ponga un plato en el comedor.

Luego partió sin decir más, Amie volvió al bordado y mi hermano a guiñarme el ojo. Todavía se escuchaban los pasos de mamá en el pasillo y Francisco José ya planeaba su siguiente diablura.

Esa noche, mientras el aire transparente desnudaba el titilar cenizo de las estrellas ante un fondo negro, Francisco José se escabulló de la cama y salió del cuarto; pasaba de la medianoche. Volvió veinte minutos después con dos panecillos rellenos de mermelada de moras que se había robado de la cocina. Al menos aquello sirvió para matar el hambre hasta el desayuno de la mañana siguiente.

¡Qué falta me hace Francisco José! ¡Qué dolor me da haberlo perdido! Él siempre estuvo ahí para meterme en toda clase de problemas... y también para sacarme de ellos, para disgusto de nuestra madre.

Nuestro padre permanecía ausente, sin imaginar que un día sus hijos mayores tendrían que separarse con lágrimas en los ojos y un imperio sobre la espalda.

Capítulo III

Yo TENDRÍA CINCO AÑOS cuando acabábamos de volver al palacio de Viena, después de pasar unos refrescantes días veraniegos en el campo, y en una de esas travesuras entramos al cuarto que hacía de oficina de nuestra madre. Decidimos que íbamos a descubrir por qué pasaba tanto tiempo encerrada y escribiendo.

—Serán cartas a sus padres —sugerí.

—No seas tonto —respondió Francisco José—. Seguramente recibe noticias de toda Europa, a lo mejor hasta le sugiere acciones al emperador de Austria.

Yo sabía que mi madre tenía la costumbre de guardar una copia de todas las cartas que escribía, así que esperaba encontrar alguna que le hubiera escrito al Bonaparte, pero por más que busqué entre los papeles del escritorio, no las encontré.

En cambio, me hice de una carta que aún tengo conmigo y que mi madre nunca echó en falta, así que la conservo en mi archivo personal.

Mi bien amado esposo:

Desde tu partida al viaje de cacería en territorio francés, hace veinte días, no he tenido noticias tuyas. Es un silencio que me aflige. Aunque nos hemos distanciado en estos últimos meses por razones que no es prudente escribir en este momento, deseo que sepas que tengo mucho interés en tu salud y en tu bienestar, tanto físico como espiritual.

Estas letras, sin embargo, no son para exponer asuntos del corazón, sino para tocar temas un poco más prácticos. Recordarás que desde finales del año pasado te expuse el importantísimo tema de la educación de nuestros hijos. En aquella ocasión, no olvido que mencionaste que te harías cargo.

pero no he visto avance alguno en este asunto. Mi querido esposo, tengo que insistir en este tema, porque la educación de nuestros vástagos varones no es algo que deba quedar en el aire. Considera que si la Divina Providencia interviene en nuestro favor, alguno de ellos podría convertirse en emperador algún día cercano.

Por lo tanto, es imperativo que esta cuestión quede resuelta antes de que termine el verano. No creo que este tema deba dilatarse más, ni tampoco que haya mucho que discutir sobre ello.

Decidí que habría de tomar prioridad sobre este asunto, y que yo misma habría de encargarme de ello.

He resuelto buscar a los mejores profesores para que eduquen a nuestros hijos en temas de historia, política y finanzas. De los asuntos de la religión, es mi deseo que conozcan sólo lo indispensable, pues sabes mi opinión de que toda superstición y dogma es veneno de la fe y de la razón. También es mi anhelo profundo que ellos aprendan otros idiomas, que lean libros serios, y que sean cultos y educados.

Aprovecho esta carta para preguntarte por los rumores que revolotean en palacio. Dime, ¿qué sabes de las reclamaciones que el gobierno de Francia ha hecho al gobierno de México? ¡Qué tiempos más ridículos! Yo recuerdo cuando era niña y escuchaba las noticias de que allá, en aquella malograda nación, había estallado una guerra civil para emanciparse de España, y que no lo hubieran conseguido de no ser por las maquinaciones de un tal Agustín de Iturbide (a quien la familia Borbónica llama traidor cada vez que puede). Desde entonces, he escuchado referencias inverosímiles que ya no sé si creer o no. Dime, tú que estás cerca de la fuente de esta información, ¿es cierto que entre las compensaciones que Francia demanda a México está la de un pastelero francés al cual unos soldados mexicanos le destrozaron el local y dejaron una cuenta sin pagar? ¡De no creerse! Pensé que este tipo cosas sólo sucedían en las sátiras del escritor británico Jonathan Swift. ¡Una guerra por unos pasteles!

Aquí no ha dejado de llover, los nubarrones fríos son tema común desde la mañana hasta la noche. El aullido del viento no nos ha permitido

dormir en paz, así que mando echar más leña al fuego y pido que las coci-
nas espumen chocolate para todos. ¿El clima está igual por allá? ¿Llueve
por las noches? ¿Piensas en tu amada Austria cuando te encuentras lejos
de nosotros?

Deseo que esta carta te encuentre con bien. Esperaré ansiosa tu respues-
ta en cuanto el tiempo lo permita.

Siempre tuya,

Sofía Federica Dorotea Guillermina

Al traducir aquella carta del alemán he hecho algunos ajustes, eli-
miné algunos párrafos que me parecieron desdeñables y cambié la
forma en cómo ella escribía México, siempre con "j" en lugar de "x".
Quizás algunos modismos se perdieron, pero es normal cuando una
frase cambia de una lengua a la otra.

Si he de ser sincero, aquella fue la primera vez que supe del nombre de aquel país que me resultaba tan lejano y de las desventuras
que sufría al no saber cómo gobernarse. México... Un sueño llamado
México. Lo que no se sabe es si el sueño será dulce o la más cruel
de las pesadillas.

Por aquella carta fue también como me enteré de que mi educación formal estaba por comenzar en unas semanas.

Lo curioso de nuestra travesura en el escritorio de mi madre fue
que duró poco, pues un grito lejano nos asustó. Salimos de aquel
cuarto y corrimos lo más rápido que pudimos, yo con la carta dobla-
da en el bolsillo del pantalón. En cuestión de segundos descubrimos
que aquel grito se debió a que nuestra hermana, María Ana, sufría
uno de sus acostumbrados ataques de epilepsia, sus ojos se habían
tornado blancos y su cuerpecito se agitaba en espasmos violentos
sobre la cama, mientras su cuidadora se cubría la boca y volvía a
gritar. Los médicos fueron convocados a palacio y toda la servidum-
bre rezaba en voz alta a la Santísima Virgen. No sé si entendían la
enfermedad de mi hermana o pensaban que se trataba de algún ataque del diablo.

A mí, la verdad, me llenaba un sentimiento de impotencia, porque
los médicos tardaron demasiado en llegar y Dios jugaba a hacerse el

sordo con nuestras oraciones. Pocas veces he visto a nuestra madre tan preocupada como aquel día; toda su fortaleza y frialdad se derretían al ver a su hija pequeña en tal sufrimiento.

Recuerdo que la lluvia de la tarde resbalaba por las ventanas, y las lágrimas por mis mejillas.

Los ojos mi madre, sin embargo, se mantuvieron secos.

Capítulo IV

¡QUÉ PRIVILEGIO ES SER NIÑO y entretenerse con la lluvia! Al menos cuando uno pertenece a la casa reinante de un territorio tan grande como Austria. En las tardes plomizas de abril me gustaba recordar la historia de cómo Noé construyó su arca para escapar de la ira de Dios, o de la leyenda de Jasón, quien navegó hasta el fin del mundo en su mítico *Argo* para robar el vellocino de oro. Siempre disfruté de aquellas historias, descubrirlas en la Biblia o en los libros de mitología griega, pasar mi mano sobre los grabados impresos e imaginar que yo era capaz de vivir semejantes aventuras. ¡Qué arrullo me daban los truenos de medianoche! Cierro los ojos y recuerdo dormir con el salpicar de las gotas de lluvia sobre los charcos, acurrucarme bajo las sábanas y los edredones y abandonarme a los brazos de Morfeo.

Eso siempre molestó a mi madre, argumentaba que soñar no era práctico ni de utilidad para los hombres que habrían de dedicarse al gobierno, que estaba bien que yo supiera un poco de poesía o de literatura, pero que estas materias no debían ser la razón por la que yo descuidara asuntos de política o economía. Por eso, ella mostró particular interés en que yo empezara mis lecciones lo más pronto posible, no fuera a ser que mis hermanos también comenzaran con las mismas locuras románticas.

Al menos, olvidó aquello durante las veladas literarias en las que el escritor Hans Christian Andersen nos visitaba en el palacio para leernos sus nuevos cuentos, pero éstos (aunque me gustaban) eran diferentes a las historias que yo descubría en los libros sobre la Antigüedad.

¿Cómo pudo mi madre pensar en que mi curiosidad por las criaturas del griego clásico o de los misterios del Génesis bíblico podría ahogarse entre números grises y datos bélicos? ¿Acaso olvidó esas noches de infancia en que se desvelaba a la luz de una vela mientras fantaseaba entre novelas rosas? Ella intentaría ahogar mis delirios de fantasía y·para ello se apoyó en el conde Enrique de Bombelles, quien desarrolló un temario de corte liberal que nos llevaría a la modernidad del siglo xix.

Para tal efecto se adecuó una de las habitaciones de palacio, se hizo traer desde Viena un pesado escritorio de caoba para el profesor en turno y un pizarrón negro para que escribieran sus lecciones. Se arreglaron algunas sillas para que pudiéramos sentarnos por horas sin lastimarnos la espalda y se cubrieron las ventanas con paneles traslúcidos y cortinas largas para que no pudiéramos imaginar que salíamos a jugar a los jardines en tiempos de recreo. Las paredes se cubrieron de mapas de países y territorios europeos, también se colocó un grabado del entonces emperador de Austria, Fernando I. El conde pidió que no hubiera crucifijos, vírgenes piadosas u otra figura religiosa, y que ninguno de los alumnos acudiera con rosarios en los bolsillos.

Con suma ansiedad, mis dos hermanos y yo acudimos a nuestra primera lección, pues no sabíamos qué íbamos a encontrar, era el inicio de una vida nueva. El conde nos recibió con una expresión severa. Llevaba lentes gruesos sobre la nariz y un corbatín bien planchado de color negro. Si mal no recuerdo, tenía el rostro lampiño y ya se adivinaba una calvicie temprana.

Cuando nos encontramos a solas con él, cerró la puerta y se mantuvo en silencio mientras daba la vuelta al escritorio. Al sentarse, nos traspasó con la mirada, parecía que desaprobaba algo en nosotros.

—Es bien sabido que nuestro emperador, Fernando I, tío paterno de ustedes, no tiene una descendencia a quien dejar la corona de este glorioso imperio. Es de suponer que, por ley natural, llegará el día en que cualquiera de ustedes pueda sucederle en el trono y yo me pregunto: ¿por qué no habría de ser así? Mis queridos niños, por sus venas corre la misma sangre que Carlos V, soberano que dejó su huella tanto en el viejo como en el nuevo continente, su corazón late con la misma ambición que otrora lo hicieron los Reyes Católicos cuando le permitieron a Cristóbal Colón cruzar el ancho mar para descubrir América. Ustedes descienden de ellos, un glorioso pasado nos contempla. Por eso, quiero que siempre recuerden que son jóvenes privilegiados, no tengo duda de que la historia les tiene preparado un lugar dentro de ella. Para asegurarlo, aquí aprenderemos inglés, italiano, francés, húngaro y checo, con profesores cuya lengua materna es cada una de ellas. Las mañanas las dedicaremos a aprender los últimos descubrimientos de las ciencias naturales, las reglas más básicas de la economía, los tejidos del mundo que componen la ciencias geográficas. Después de comer, nos sentaremos para discutir las leyes del derecho constitucional, y la historia que nos ha traído hasta aquí, por supuesto, tanto de nuestra querida Austria como la de todo el mundo. Sospecho que encontrarán particular interés en entender cómo funcionaba Europa en tiempos en los que el emperador César Augusto gobernaba el mundo junto a su esposa Livia. Espero que en algunos meses podamos iniciar con su educación militar... ya hablaremos de eso cuando llegue el momento. Mis queridos niños, haré de ustedes tres hombres de bien para la sociedad, aunque se me vaya la vida en ello.

Y aceptamos aquellas palabras como ciertas, pues pasábamos las horas entre libros, largas charlas de profesores, escritos en diferentes cuadernos y un sinfín de datos académicos. Al terminar el día estaba cansado, y con los dedos manchados de tinta.

Supongo que mi madre pensó que yo había olvidado todo lo relacionado a la Hidra, a Medusa o a Poseidón, pero antes de dormir encendía una vela junto a mi cama y leía durante horas sobre aquellas criaturas mitológicas. Hasta tuve el atrevimiento de escribir aventuras nuevas para Heracles o Perseo. Fueron cuentos que no le enseñé a nadie.

También fue la época en la que empecé a llevar un diario para anotar todas las trivialidades de mi vida, por si algún día ésta tuviera algún sentido. Ahí escribí sobre la ideología tan distinta de cada uno de nuestros profesores.

Por ejemplo, Klemens von Metternich, artífice del Congreso de Viena, era defensor del llamado derecho divino, y no perdía la oportunidad de decirnos que todos los hombres que llegaban al poder lo hacían por decisión de Dios. Francisco José estaba de acuerdo con él. Yo, en cambio, soporté una letanía de regaños cuando pregunté que dónde quedaba la soberanía popular si Dios escogía a sus gobernantes.

El teólogo Joseph Othmar Rauscher, quien nos enseñaba sobre filosofía y algunas nociones de la religión católica, condenaba el matrimonio civil y el Estado laico, pero dudaba del dogma que declaraba infalible al santo padre en cuestiones de fe y de moral. A veces me cansaba de escuchar sus cátedras sobre estos temas; en cambio, mis hermanos oían con suma atención, como si se tratara de perlas ancestrales de sabiduría.

En mi diario escribí algo al respecto y lo transcribo como tal: "La religión católica como deber moral es necesaria y consoladora, porque sólo ella mantiene el equilibrio de una persona. En cambio, la religión practicada como pasión es un furor como cualquier otro, y normalmente degenera en fanatismo y tortura a sus víctimas; y muchas veces transforma un evento en el extremo contrario".

Al enterarse mi madre, reprendió a los profesores, puesto que no deseaba que ninguno de sus hijos tuviera una fe supersticiosa.

Por otro lado, los profesores de derecho tenían una visión más liberal de cómo debía funcionar el gobierno y privilegiaban una reforma profunda que colocara el poder del Estado sobre el de la Iglesia católica. Esto permitiría la lucha por los derechos de los trabajadores, de los menos favorecidos, de aquellos que no profesaran la religión del Estado, y una sociedad que caminara en una dirección humana y moral (que no necesariamente significaba menos pecaminosa).

Ahí, en esas clases, me di cuenta de que uno se convertía en una mejor persona por sí mismo, y no porque encendiera cirios y escuchara evangelios de sol a sol; después de todo, los hombres que demuestran más malicia son aquellos que usan sotana. Será que de tanto escuchar y predicar contra las obras del maligno, finalmente le aprenden algo.

La batalla que se daba en aquella aula se repetía en toda Europa: la ideología liberal luchaba por separar la Iglesia católica del poder del Estado, mientras que la ideología conservadora buscaba todo lo contrario. Grandes discusiones se daban en los congresos y en los púlpitos, cada hombre y mujer tenía una opinión al respecto, desde el campesino más pequeño hasta el parlamentario más importante. Supongo que eso sucede en todos los países, las luchas políticas terminan por infiltrarse en las escuelas, de modo que los maestros confunden adoctrinar con enseñar... y los prejuicios de uno pasan a la siguiente generación.

Lo que sí creí (y aún comparto ese pensamiento) fue que la Iglesia católica se siente cómoda en el pasado, y se cierra a las nuevas ideas porque le resulta más fácil imponer dogmas arcaicos a sus feligreses. Por eso no sirve como guía de vida en un mundo con problemas modernos.

Pero basta ya de estas charlas sobre política, porque no todas nuestras lecciones se enfocaban en eso.

Las materias que más disfrutaba eran las de ciencias, porque me maravillé de descubrir que las matemáticas son el lenguaje del universo. Me apasionaron las historias de cómo el hombre descubrió la redondez de la Tierra y su movimiento heliocéntrico alrededor del Sol; también de la Luna y de los demás planetas conocidos. Incluso, en una ocasión, mis hermanos y yo debatimos frente al profesor sobre la posible existencia de vida en Marte.

Una noche de verano nos asomamos por la mirilla de un telescopio para contemplar las constelaciones que los griegos habían asociado a dioses, héroes y ninfas.

Me maravillé de la misma forma cuando le eché un vistazo a la lentilla del microscopio y descubrí el telar de la vida, pues por aquel entonces un par de científicos alemanes habían desarrollado la teoría de que todos los seres vivos estaban hechos de células. Aquellas ideas, por supuesto, causaron furor en toda Europa, tanto por los que entendían el vuelco que daría la ciencia en el futuro como por los que rechazaban que tal cosa pudiera ser posible, por lo general hombres de fe y científicos conservadores.

Y hablo no sólo de lo magnífico del universo, sino también de lo más pequeño, de los insectos de todos colores que se arrastran por la tierra y las mariposas de tonalidades imposibles que revolotean por los jardines de los diferentes palacios y que yo podía encontrar en un libro para clasificarlos y aprender de ellos.

Así, mi infancia tardía y mis primeros años de adolescencia estuvieron llenos de emociones y deseos por descubrir un poco más del mundo. Cada nueva enseñanza atizaba mi curiosidad, y pronto me encontré leyendo la fascinante vida de Copérnico o Galileo con la misma devoción con que devoraba los libros sobre las desbordantes excentricidades de Calígula o de Nerón.

A mi madre, por supuesto, esa curiosidad le importaba muy poco, todo lo que me distrajera de mis estudios era absolutamente innecesario. Cuando los profesores me daban buenas notas o hablaban bien de mi rendimiento, ella decía algo como "es precisamente lo que esperábamos de ti", en cambio, si se trataba de una reprimenda, me tenía que quedar muy calladito, mientras ella repetía por qué me consideraba "irresponsable y desagradecido". Luego concluía que le informaría de todo a mi padre, aunque él nunca me levantó la voz, así que aquélla era una amenaza vacía.

Vaya, siempre consideré que mi madre fue más indulgente con Francisco José, y tal vez por eso lo empecé a ver con otros ojos.

Aunque él tardó demasiado en darse cuenta.

Cuando el conde Enrique de Bombelles consideró que era importante que todos nosotros aprendiéramos dibujo, las clases fueron impartidas por los pintores Dillinger y Peter Nepomuk Geiger. Pronto descubrí que poseía un talento natural en esta materia, pero poco me interesaba copiar los detalles arquitectónicos de los palacios y las iglesias, o los pliegues de carne en los muslos rechonchos de los querubines renacentistas.

Más bien decidí enfocar mi talento en otro lado...

¡Las caricaturas!

Detrás de los pliegos de papel que ya había usado y con un poco de carboncillo, inventé figuras graciosas que resaltaban los atributos de ciertos personajes, como la frente alta de mi tío el emperador o el cuello largo de mi madre. Generalmente iban acompañadas de alguna frase ocurrente. Mis hermanos y yo nos divertíamos mucho con ellas hasta que una de las caricaturas fue a dar a manos de mi madre por un profesor que quiso presumirle mi talento. Me prohibió continuar con ellas o se terminarían las clases de dibujo, así que ése fue el triste final de mi breve carrera como caricaturista.

Como siempre, mi padre fue informado.

Nada sucedió por su parte.

Capítulo V

CARLOS LUIS NACIÓ UN AÑO DESPUÉS QUE YO. Desde niño se parecía mucho a nuestra madre, en su mirada, en su cuello largo y en la forma de sus labios; no así en su personalidad. Recuerdo que siempre andaba detrás de Francisco José y de mí, esperando que le hiciéramos caso, mas sólo era un mudo espectador de nuestras usuales travesuras. Amie siempre le decía:

—¡Cuidado con ese par de diablillos! No les hagas caso, nada bueno puedes aprender de tus hermanos.

Francisco José y yo la arremedábamos y luego salíamos corriendo al jardín, mientras ella intentaba atraparnos y amenazaba con decirle a nuestros padres. Carlos Luis se sentaba en el pasto y se reía. ¡Qué buena era nuestra querida Amie y que dificultosa le hicimos la labor de institutriz!

Poco a poco, Carlos Luis empezó a pasar más tiempo con nosotros, a compartir nuestros secretos y a ser cómplice de nuestras travesuras. Así que nuestra madre decidió que la mejor forma de calmarlo sería que estudiara con nosotros. Él estaba feliz, claro, porque nos tendría cerca, pero lo demostró poco, pues en el aula era sumamente callado. Se sentaba con los labios cerrados y los ojos bien abiertos. Cuando llegaba el turno de que los maestros evaluaran nuestro trabajo, él era quien sacaba mejores notas. Nuestra madre le celebraba los triunfos y le dejaba pasar los fracasos, quizá porque era el más pequeño de los tres y el que era más difícil que llegara a convertirse en emperador.

No es que la relación con mi hermano fuera fría entonces, pero reconozco que me llevaba mejor con Francisco José; después de todo habíamos crecido juntos, nos habíamos quedado sin cenar el mismo tiempo y con frecuencia compartíamos travesuras. Carlos Luis y yo nos llevábamos bien y punto; más como dos amigos que como hermanos. Es más, cuando surgía alguna pelea tonta, de esas que son frecuentes en familias de tantos hijos varones, yo tenía que ser el mediador entre Francisco José y Carlos Luis. Me metía entre ellos para que dejaran de darse golpes y luego les hablaba para que resolvieran el problema que tenían, que solía ser una tontería sin importancia… Había nacido en medio de ellos, ése era mi trabajo.

1840 empezó como un año gris, la neblina serpenteaba entre las cúpulas y las torres de los campanarios, el polvo se movía por las calles de Viena y las patas de los caballos; los nubarrones plateados apenas dejaban que se filtrara la luz ceniza que no alcanzaba a iluminar las sombras del día, y vivíamos a la luz de las velas y las lámparas de aceite de ballena. Después de clases, nos dedicábamos a leer en lo que las cocineras del palacio nos anunciaban que la cena estaba lista.

Todo enero estuve muy inquieto porque María Ana llevaba varios días muy enferma, sudando frío y sin dormir por las noches. Y es que desde su nacimiento en octubre de 1835, la partera se había dado cuenta de que la pobre criatura era más pequeña de lo que debería, lo que por supuesto generó preocupación en toda la familia y en Austria entera. Después de todo, la vida íntima de toda clase gobernante es de dominio público para el morbo del pueblo. Nuestra madre, que entonces estaba llena de esperanza, pensó que con los cuidados correctos no tendría que preocuparse; la rodeó de los mejores médicos que la procuraban día y noche (y fiestas de guardar) y encendió cirios a san Pantaleón, santo patrono de los enfermos, y a san Nicolás, santo patrono de los niños.

Pero su fe en la ciencia y en la fe no la ayudaron. María Ana no creció, permaneció pequeña, pálida, frágil, cual muñeca de porcelana a la que había que proteger para que no se rompiera.

Y entonces comenzaron los ataques de epilepsia, muy parecidos a los que le daban a mi tío el emperador, violentos espasmos que hacían que su cuerpecito se sacudiera sin control; oleadas de un dolor punzante recorrían sus pequeñas extremidades y la dejaban exhausta, sudando frío, pálida, temblando de miedo. Ah, porque estos ataques podían suceder en cualquier momento, y la iban debilitando. Me parecía que con cada una de estas convulsiones, un pedacito de su espíritu dejaba esta Tierra y que su enfermedad era una forma lenta y terrible de morir. El primero de ellos sucedió en el 36, y se fueron haciendo cada vez más frecuentes, hasta que los médicos llegaron a registrar varios ataques por día. Éstos tenían a las damas de la corte, a los lacayos y hasta a las cocineras con el Jesús en la boca.

Algunos médicos le dijeron a mi madre que seguramente sería un problema que pasaría después de que María Ana mudara dientes; otros, que no había cura para la epilepsia y que todo el asunto estaba en manos de Dios. Mas la archiduquesa, con la indómita esperanza que acompaña a toda madre, ignoró los peores pronósticos y comenzó a planear el futuro de su única hija, a llenarle el armario de los vestidos más hermosos que pudo encontrar en París, de muñecas con sonrisas pintadas en el rostro de porcelana. Para ir a cenar la maquillaban con rubor en las mejillas y la peinaban con largos rulos dorados para que se asemejara, precisamente, a una de las muñecas que tanto le gustaban. Sin embargo, ni con estos trucos pudo esconder su piel marmórea o su triste delgadez.

A nosotros no se nos permitía jugar con ella, porque nuestros padres creían que éramos muy bruscos. "Trío de brutos", solían llamarnos cada vez que nos veían correr por los pasillos de algún palacio.

Así, Ana María se fue quedando lejos, como en un aparador de cristal, sin pertenecer al mundo de los vivos, pero tampoco al de los muertos.

Y mientras ella se apagaba, todos en el palacio nos sumíamos en una melancolía que, francamente, era de esperarse.

Así, se entiende que aquellos primeros días del año 40 toda la familia estuviera tan gris como los nubarrones que llenaban el cielo. Yo estaba preocupado por lo inevitable, pero nadie hablaba de ello porque el silencio se había convertido en una forma de eufemismo.

Los ataques de epilepsia fueron tales que en febrero mi hermana empezó a sudar frío, a despertar por las noches, a llorar sin razón cuando la llevaban a misa, y, finalmente, el mediodía del 5 de febrero, mientras el agua nieve gris enlodaba las calles de Viena, mi hermana comenzó a sufrir sus últimas convulsiones, violentas, terribles; cerró los ojos para aguantar el dolor y los labios para no llorar, pero ya no los volvió a abrir. Permaneció sin vida como una de sus muñecas de porcelana, en sus mejillas resbalaban sus últimas lágrimas frías. Su corazón ya no tenía más latidos para el mundo. María Ana

Carolina Pía Anunciada Juana Josefa Gabriela Teresa Catalina Margarita Filomena de Habsburgo-Lorena ya descansaba sin dolor en el paraíso. Tan sólo había vivido cuatro largos y dolorosos años.

Nunca vi a mi madre tan rota como ese día, sin color en los labios, con los ojos inyectados en sangre y los gemidos ahogados de dolor que se le atoraban en la garganta. Yo fui testigo de cómo ella se inclinó sobre la cama y levantó el cuerpecito con ambas manos. La abrazó contra su pecho, le cantó una nana para dormir. Mi padre lloraba también en una de las esquinas del cuarto sin saber cómo consolarnos. Sollozos fue lo único que escuché por horas.

El cuarto de María Ana se convirtió en una capilla ardiente, cirios blancos iluminaban en tono rojizo el cadáver blanco, inciensos perfumados se colocaron al pie de la cama. Los espejos y las pinturas que la representaban se cubrieron con tela negra. Antes de cenar, rezamos con fervor por el eterno descanso de su alma.

En pocas horas, toda la ciudad se había enterado del fallecimiento. Una gran pena se sintió en toda Austria, y después de los funerales comprendí que algo en mi madre había cambiado. Se había tornado más fría, más desapegada a mi padre; se interesó abiertamente por los asuntos políticos y se olvidó por completo de aquella niña que leía novelas rosas para pasar el tiempo. Se volvió tan práctica y distante que en toda Austria comenzaron a decir que ella era "el único hombre de la familia", una frase que ella tomó como un gran honor.

Ese mismo año, en noviembre, mi madre dio luz a un niño muerto y eso la llevó a creer que la rondaba el Ángel de la Muerte. Le disgustaba ver los querubines de mármol que adornaban los palacios, no quería reflejarse en los largos espejos de marco dorado, ni probar los pasteles tan exquisitos que se preparaban los domingos.

Ni siquiera mejoró su humor cuando en mayo del 42 nació el último de mis hermanos: Luis Víctor. Ya llegará el tiempo para que hable de él, de su historia y de sus… "peculiaridades" que provocaron los chismes más escandalosos de toda la capital del imperio.

Ay, Max, ¿por qué te adelantas a la historia?

Capítulo VI

TAMBIÉN, EN 1842, el conde Bombelles decidió que, como parte de nuestros estudios, haríamos un fastuoso viaje a la exótica Venecia. ¡Ah, Venecia! Desde luego había leído mucho de la historia de la ciudad, me había enamorado de los grabados impresos que describían sus rincones y de los relatos maravillosos que se contaban sobre la basílica de San Marcos. Tenía diez años cuando escuché por primera vez del viaje y mis ojos se abrieron como platos. Anduve por los pasillos de palacio con una sonrisa enorme. ¡La posibilidad de visitar una de las capitales artísticas de Europa!

Mis hermanos estaban emocionados por la oportunidad que tenían de salir de Austria para hacer alguna travesura. A mi madre no le gustó la idea, pero lo consideró por varios días. Finalmente, el conde la convenció de que lo mejor sería que pasáramos los últimos días de su embarazo sin nosotros. En cuanto ella aceptó, él empezó a planear el viaje.

Yo contaba los días para partir...

Todo el trayecto soñé despierto con lo que iba a encontrar cuando llegáramos a Venecia. Ya fuera en el coche tirado por caballos o en la ventanilla de los primeros trenes, miraba mi rostro reflejado en el vidrio, silencioso, y me preguntaba sobre los vestigios culturales o históricos que iba a encontrar, sobre los fantasmas que habitaban en aquellos rincones; divagaba sobre los colores que seguramente se reflejaban en el agua de los canales, en las pinturas y los mosaicos que, según los libros, inundaban la ciudad. Venecia era parte del reino de Lombardía-Véneto y éste pertenecía a la familia de los Habsburgo. Mi tío, el emperador Fernando I, reinaba sobre ellos y les asignaba un virrey que gobernaba de forma local, manteniendo una especie de paz en la región. En el 42, el virrey era Raniero de Austria.

En aquel viaje, nuestra primera parada sucedió en Milán donde tuvimos una gran cena con Raniero en el palacio. Recuerdo el dorado de los candiles que colgaban de los techos, los bustos de Napoleón Bonaparte, los frescos a gran escala con motivos griegos, las largas escalinatas neoclásicas. Cada vez que uno miraba en una esquina había arte, en las alfombras, en los tapices, en los techos, en los adornos de las puertas, en los arcos de los salones, en la plaza que se abría ante el palacio y que podía contemplarse desde los ventanales cristalinos.

Mis hermanos y yo nos vestimos de gala para sentarnos a la mesa del virrey, maravillados por aquel escenario de ensueño y por los platillos que iban desfilando ante nosotros, como si se tratara de un festín de Navidad: faisanes asados, conejos ahumados, papas rostizadas con romero y, de postre, unas delicias turcas de avellana perfumadas en agua de rosas, tan exquisitas que se acabaron en cosa de unos minutos. A Francisco José le permitieron beber un poco de vino de jerez en una copa de cristal cortado. Por más que yo le insistí al conde que me permitiera hacer lo mismo, no me dejó.

—Espera unos años, mi querido Max, y descubrirás que vale la pena.

Un cuarteto de cuerdas tocó una sonata para violín de Vivaldi desde que entramos al comedor hasta que nos terminamos la última delicia turca.

Por supuesto, el virrey nos quería consentir, pues cualquiera de nosotros podría convertirse en emperador algún día. Raniero nos preguntó a cada uno por nuestros estudios y aficiones, por nuestros libros favoritos y por el tiempo que dedicábamos a cultivar nuestro espíritu cristiano. El conde dejó que cada uno fuera respondiendo como mejor le pareciera, aunque nosotros competíamos por ver quién daba la respuesta más interesante para agradar al virrey. Éste sólo nos miraba, asentía y nos hacía otra pregunta.

Antes de irnos a la cama, caminamos por la plaza principal; la ciudad estaba en calma, sólo una brisa suave rompía el sopor de aquella noche. La luna azul brillaba en lo alto, y cambiaba de color las piedras en nuestro camino, apenas húmedas por una ligera llovizna que había caído por la tarde.

Los pocos días que estuvimos en Milán me sentí algo desencantado, no porque la ciudad no tuviera rincones que me maravillaran; al contrario, disfruté sus dulces, sus banquetes y sus iglesias como cualquier otro visitante. Mi problema estaba en que anhelaba ver Venecia, me parecía un destino mucho más romántico y libre de las ataduras del tiempo. Hasta comencé a soñar con los grabados de los libros que bien conocía, también con una de las obras de teatro que había visto meses antes de iniciar el viaje, *El mercader de Venecia*.

Por fin llegó el día en que habríamos de partir a nuestro destino final. Mi corazón ansioso no me daba un respiro, latía acelerado como si quisiera escaparse de mi pecho y llegar antes que yo a Venecia. Tenía seca la boca. Nos acercamos a la costa y nos subimos al pequeño barco que nos habría de llevar. Los criados que nos acompañaban en el viaje iban detrás de nosotros.

La ciudad apareció difuminada, los tonos rojizos que llenaban con fuerza el atardecer encendían el agua y bañaban las piedras de los edificios que aparecían en la bruma; aquello parecía un espejismo de historia, un secreto que se develaba ante mis ojos. Los brillos del agua me hipnotizaban; la gente caminaba vestida con coloridos trajes y libros encuadernados en piel bajo el brazo, un músico callejero tocaba la flauta a lo lejos, palomas grises surcaban el cielo. ¡Qué emoción daba sumergirme en ese mundo nuevo!

Cuando desembarcamos, esperamos unos momentos a que llegara el resto de la comitiva en los otros dos botes. Yo quería salir corriendo, conocer los secretos de Venecia, pero el conde me sostuvo el brazo para que no lo hiciera. Me conocía demasiado bien, mejor que a mis hermanos, debo decir.

Una chica se nos acercó, muy guapa, quizá de unos veinte años, cabello negro como el ébano y piel de aceituna. Recuerdo que su cuello y su cintura era muy delgados. Vendía máscaras pintadas y partituras de alguna obra eclesiástica. El conde no dejó que habláramos con ella, le dio las gracias y le pidió que se alejara. Ella lo complació con una mueca de disgusto.

—Sólo quiere sacarles unas monedas a los viajeros que se ven adinerados —nos advirtió.

Aquellos momentos que esperé ahí los sentí como si fueran una eternidad. Si por mí fuera, ya estaría parado a la mitad de la plaza de San Marcos, con los brazos extendidos y mirando las maravillas que se levantaban a mi alrededor.

En pocos minutos, el cielo que otrora parecía estar envuelto en llamas ardientes, iba pasando del rojo encendido al azul negruzco, y las primeras estrellas aparecieron en el horizonte. La brisa se movía sobre las aguas, que salpicaban los primeros escalones.

—Lo mejor será ir a las habitaciones que nos tienen preparadas, cenaremos ahí y dormiremos temprano —exclamó el conde.

Pero notó el brillo apagado de decepción en mis ojos, y una mueca en sus labios pareció ser la sombra de una sonrisa forzada.

—Así lo ordenó su madre, la archiduquesa Sofía —añadió, como si tuviera que explicarse para evitar un reproche mío.

Supongo, conociendo al conde, que no tenía órdenes de mi madre, sino que la usaba de excusa para mantenerme calmado. Así, con los pantalones y el saco azul marino, caminamos entre las calles, para evitar que cualquier persona nos reconociera.

La noche cayó rápido. Antes de que nos diéramos cuenta, las luces de la calle estaban prendidas; por las ventanas se veían las velas que otros encendían, el penetrante aroma del agua me llenaba. Oh, lo que hubiera dado en ese momento por separarme del grupo y correr, perderme en la inmensidad, en los misterios, descubrir algún personaje abstraído del teatro impalpable de Shakespeare o el fantasma anónimo de un compositor olvidado.

Después de cenar algunas viandas en las habitaciones que habían preparado y que pertenecían a la familia, nos dijeron que debíamos dormir porque había mucho que hacer a la mañana siguiente, pero ¿quién podría dormir en tales circunstancias? Tenía la mente llena de todo lo que iba a hacer, di vueltas entre las sábanas, intentando acomodarme, pero cada vez que me cubría con una manta, una nueva idea llegaba a mi cabeza… un nuevo descubrimiento… una revelación sobre todo lo que iba a ocurrir en los próximos días. Se me escaparon las horas entre los dedos, porque con el primer átomo de rosa pálido que entró por la ventana, supe que había pasado la noche sin dormir.

Bajamos al comedor que nos habían preparado. Ya sentados a la mesa, nos llevaron una tarta de naranja, un pan seco con pasas y un chocolate caliente para romper el ayuno. El conde nos acompañó con varias tazas de café, y nos preguntó si queríamos que nos prepararan una taza de humeante té negro para despertar; le respondimos que sería más conveniente por la tarde.

Pero aquél no sería el viaje que yo había pensado, no descubriría los manjares de sus restaurantes, ni podría sentarme por horas en la basílica de San Marcos, tampoco me sería posible contemplar un atardecer desde la plaza principal. El viaje del conde (debía haberlo previsto desde Milán) tenía que ver más con la política y el protocolo, con cómo debíamos comportarnos en un evento público o al conocer a un hombre importante, con poner a prueba nuestra cultura. Muchas reuniones se organizaron para los hombres más importantes del reino de Lombardía-Véneto. Nosotros, como invitados de honor, recibíamos toda la atención posible, se nos preguntaba sobre el emperador, sobre nuestros padres, sobre nuestras clases de historia y astronomía, y debíamos responder con suma cortesía, cuidando las palabras y los gestos, nunca hablando más de lo que debíamos ni expresando emoción alguna.

Ay, desde una de aquellas ventanas veía yo a lo lejos la basílica de San Marcos, inalcanzable; escuchaba el reloj, cada hora era una oportunidad menos de conocer lo que después se convirtió en mi querida Venecia.

Como escribí antes, el conde me conocía bien, entendía mis intereses por el arte y por la historia y se esperó hasta los últimos dos días para anunciar que al fin podríamos conocer todo lo que nos diera tiempo. No sabía por dónde empezar, me subí a una góndola pintada de rojo y navegamos por el gran canal, mientras mis hermanos y yo íbamos contando cada uno de los puentes, las ventanas de las casas, las personas que caminaban con la bolsa de la compra, los músicos callejeros que endulzaban nuestros oídos, los hombres que cantaban por unas monedas, las doncellas que se asomaban desde los techos para suspirar por algún amor perdido, los pequeños destellos de colores que bordeaban el agua... ¡me sentía inspirado como nunca en mi vida! Algo me llamaba, ¿una musa, quizá?

La última noche en Venecia la pasé junto a una ventana, contemplando los rastros de la luna menguante, que llegaba desvanecida hasta el escritorio en el cual escribía mis primeros versos; burdos, claro. Era sólo un niño, y mis letras, un merengue literario; pero me gustó la sensación que me daba transformar ideas y sentimientos en tinta.

La mañana que partimos de Venecia, una bruma blanca inundó las calles. El cielo estaba cubierto también por pesadas nubes del mismo color que no dejaban que pasara ni una partícula de sol. Nos abrigamos bien, y subimos al bote. Cuando nos alejábamos de la ciudad, escuché las campanadas del reloj, el agua salpicar contra el bote. Venecia desapareció en la bruma blanca, se desdibujó como un sueño... y mientras mis hermanos veían hacia delante, yo lo hacía al pasado, a la nostalgia blanca de una ciudad que volvería a visitar, pero en una situación muy diferente y en tiempos más revueltos.

En unos días más nos encontramos en el palacio de Schönbrunn, contándole a nuestros padres todo lo que habíamos visto, las personas que conocimos y los manjares que probamos. Yo, en cambio, hubiera preferido hablarles de mi poema, del viaje en góndola, de las obras de arte, del atardecer encendido... pero aquello no es conveniente cuando tus padres son más aristócratas que padres.

El resto del mes lo pasé entre libros, descansando para volver a las clases con el conde, y los diferentes maestros, a las batallas ideológicas entre los liberales y los conservadores, que también tomarían protagonismo en las cenas familiares.

Hay personas que creen que uno escoge su familia antes de nacer. Si ése es el caso, pobre de Luis Víctor, recién nacido por esas fechas; no sabía qué familia tan extraña tuvo el mal tino de escoger.

Siempre me apiadé de él.

Capítulo VII

DE AQUEL VIAJE regresé con un silencio nuevo dentro de mi espíritu. Cambiaba de piel, dejaba de ser un niño, mi sangre era otra, no reconocía mis latidos. De vuelta en Viena comencé a buscar tiempos para mí, para estar solo, pasear por los jardines con las manos metidas en los bolsillos de mi pantalón, mientras el viento dorado del otoño empujaba las hojas secas bajo mis pies.

No dejé de pasar tiempo con mis hermanos, sólo decidí que también necesitaba horas para mí, para pensar, para entender por qué yo ya era otro.

Una tarde, en la que había terminado mis deberes antes de tiempo, mis caminatas usuales me llevaron hasta la reja de palacio, mis dedos se cerraron en los barrotes. Allá fuera había otro mundo, de artistas callejeros, de diversas profesiones, de gitanas que leían la buenaventura, de niños que podían correr por las calles después de una tarde lluviosa, de fieles que rezaban un rosario por las calles para conseguir un favor de lo divino… un mundo tan cercano y, a la vez, inalcanzable para quien ha nacido en cuna (por no decir jaula) de oro.

—No deberías estar aquí —escuché una voz detrás de mí—, en el palacio van a pensar que quieres huir.

Me volví, ahí estaba un joven más o menos de mi edad, un poco más bajito que yo y con el pelo muy negro. Carlos era uno de los hijos del conde de Bombelles.

—No planeaba salir sin pedir permiso, nos lo tienen prohibido —respondí.

—¿Quién?

Levanté la mirada a una de las ventanas de palacio, su interior estaba oculto tras unos pesados cortinajes.

—Mi madre.

Aquello no pareció sorprenderle.

—Papá dice que la archiduquesa es como Lady Macbeth.

—¿La de la obra de Shakespeare?

Asintió, luego se puso pálido. Había cometido una indiscreción bastante peligrosa. Yo, en cambio, tomé el comentario con humor, me llevé las manos al estómago y reí.

Pronto, Carlos reía conmigo.

Me sentí feliz, al fin tenía un amigo fuera de la familia.

—Ven, vamos —le dije, y lo animé a acompañarme hasta la entrada, pero la reja estaba cerrada y no quisimos arriesgarnos a saltar. Sólo nos quedamos ahí, viendo ese mundo exterior, de grandes caserones de piedra, tertulias musicales y ríos vivos, al que no se nos estaba permitido entrar. De lo que Carlos y yo nos percatamos de inmediato fue que las carretas y los carromatos abiertos que pasaban frente a nosotros estaban medio vacíos. Las pocas papas, cebollas, coles y rábanos que transportaban eran muy pequeños.

Tragué saliva.

—Apenas alcanza para las tiendas y los mercados.

—Papá dice que en el campo las cosas se están poniendo cada vez peor. Surgen plagas en toda Europa.

¿Cómo no pude saberlo antes?

—Aquí nunca ha faltado comida —dije de repente.

—Porque eres un Habsburgo y por eso nunca pasarás hambre... mas si fuera otro tu apellido... o tu país...

Jamás pensé escuchar mi apellido como una ofensa y que tendría que darle a esa otra persona la razón.

Aquella noche me mordí la lengua para no hablar de las carretas vacías. Mi tío, el emperador, había decidido cenar con nosotros y se había sentado a la cabecera, mi padre estaba en la otra. Mi madre se había colocado frente a mí, vestida de negro porque todavía llevaba el luto por la muerte de mi hermana; su mirada me atravesó. Parecía leerme la mente.

—Te veo perdido en algo, Max. ¿En qué piensas?

Me tomó por sorpresa, posé la mirada en uno de los tantos candelabros de oro que iluminaban la mesa, las pequeñas llamas parecían estáticas. Yo sabía que los temas políticos no eran apropiados para la cena. Además, no estaba bien hablar de los problemas del imperio precisamente frente al emperador.

—Leímos a Suetonio hoy en la clase de historia; él vivió durante el imperio de Tiberio César —mentí.

—Espero que hayan aprendido algo al respecto —sonrió mi tío.

Mi madre, en cambio, me echó una mirada de desaprobación, pues sabía que yo estaba mintiendo. Sin embargo, no volvió a tocar el tema. El resto de la noche sólo escuché los cubiertos de plata chocar entre sí al cortar la carne, y los pasos de los criados de la cocina que nos llevaban diferentes platillos. La escasa conversación que se llevó a cabo fue solamente entre mi padre y su hermano.

Cuando ellos se fueron a otro cuarto a tomar una copa de "vino quemado", o brandy, mi madre nos mandó a dormir. Ya, entonces, tenía mi propio cuarto. Me recosté bajo las sábanas y pensé en lo que había visto aquella tarde. El mundo cambiaba, o tal vez siempre había sido así y yo nunca me había dado cuenta. La burbuja de cristal en la que había crecido comenzaba a romperse, y me emocionaba esa nueva libertad.

La plaga en los plantíos apenas empezaba y la hambruna recorrería toda Europa durante el resto de la década.

El desastre no pudo ocultarse mucho tiempo, y los periódicos comenzaron a publicar todo lo que sucedía. Klemens von Metternich, canciller de mi tío, le endulzaba el oído con una idea muy peligrosa: es más fácil controlar la información sobre la plaga que la plaga en sí.

Mi tío cedió. Políticos conservadores de toda Austria estuvieron de acuerdo. Pronto, comenzó una dura restricción contra todos los medios impresos, ya fueran libros o periódicos, para que no se tocara ningún tema que criticara a la familia imperial, al emperador mismo o a su gobierno. Lo último que quería mi tío era un partido de oposición en Austria, porque él todavía se sentía con el derecho divino de reinar y no permitiría que cualquier persona del pueblo (especialmente alguien que no llevara un apellido importante) cuestionara su forma de gobernar.

Por si las dudas, prohibió también las fraternidades en cada una de las universidades. No fuera a ser que algún grupo de jóvenes tuviera ideas radicales y quisiera ponerlas en práctica.

Pronto sabría que los ideales de juventud no pueden esconderse por decreto.

Los meses pasaron, empujados por el viento frío; mi cuerpo comenzó a cambiar en formas que nunca hubiera esperado. Mi torso y mis piernas se alargaron, de tal forma que me convertí en el más alto de todos mis hermanos. Mi voz se engrosó, no la que brotaba de la garganta cada vez que respondía preguntas en las clases, sino la voz narrativa con la que escribía mi diario cada noche y los poemas que ocasionalmente se me ocurrían.

Como cualquier chico de esa edad, también me sentí diferente a mis hermanos. Francisco José pasaba sus tardes enfrascado en libros de historia militar, pues había empezado su entrenamiento en la milicia y mostraba particular interés por maniobras tácticas y movimientos estratégicos. Es más, cuando cumplió trece años fue nombrado coronel del Regimiento de Dragones. Carlos Luis mostraba un desinterés por la política y por la milicia, lo que más le interesaba era la fe. Le gustaba leer la Biblia, escuchar a los teólogos desmenuzar las cartas de san Pablo y encontrarle significados ocultos a la vida de los santos. Aquello, extrañamente, tenía a mi padre muy feliz porque llegó a pensar que tal vez se dedicaría al sacerdocio, pero al conde de Bombelles le resultaba un poco molesto, pues prefería que nuestra educación fuera más científica o política como lo había ordenado mamá. Sobra decir que esas manías se le quitaron a Carlos Luis con los años.

Yo, en cambio, al interesarme más por el arte y la literatura, me sentí diferente a ellos, completamente ajeno. Mi madre insistía en que perdía el tiempo al componer poemas, pero a mí no me importaba. Entonces (al igual que en este momento) escribir era un acto liberador, de exorcizar malos sueños y entender la vida como un todo, y no como una colección de escenas.

Al charlar con Carlos, mi nuevo amigo, descubrí que él también se sentía de la misma forma, diferente al resto de su familia. Ese sentido de no pertenencia nos unió. Éramos dos estrellas arrancadas del firmamento que pasábamos las tardes en los jardines o en la librería, de ninguna forma ocultos ni manteniendo un romance de ninguna clase, sino desarrollando un sentimiento más intenso, una amistad que germinaba desde un lugar insospechado y que tenía raíces muy largas.

No dudo que si Carlos hubiera nacido con otro género, o que si mis inclinaciones fueran otras, habría aprovechado aquellos momentos para detenerle el rostro con ambas manos y darle un beso, pero aquello, aunque fue un rumor que circuló en la corte de Viena, no sucedió. No existió nunca un sentimiento romántico entre nosotros. Por suerte, mis padres no escucharon aquellas escandalosas habladurías, o se habrían asegurado de que Carlos y yo dejáramos de hablar por las buenas... o por las malas.

Esos comportamientos no estaban bien vistos entre las familias de alcurnia en todo el mundo.

Coincidió que, por aquellos años, apareció un libro en Inglaterra que rápidamente se propagó por toda Europa. Se trataba de un texto incendiario que tocaba temas, a mi parecer, peligrosos: la lucha de clases, el proletariado empobrecido por la burguesía autoritaria y el futuro inevitable en el que todos seríamos iguales. El hambriento pueblo europeo devoró aquellas promesas de justicia social y reaccionaron a ellas. Me refiero, por supuesto, a *Manifest der Kommunistischen Partei* o, mejor dicho, *Manifiesto del Partido Comunista*, escrito por dos filósofos prusianos, Karl Marx y Friedrich Engels, y publicado en Londres el 21 de febrero de 1848.

Ni el conde ni mi madre me hubieran permitido leer semejante panfleto que era un ataque directo contra el reinado que nosotros representábamos, pero Carlos se hizo de uno de esos ejemplares, publicado en alemán. Lo escondí en uno de los cajones de mi escritorio y lo leía por las noches, cuando nadie se percataba de lo que hacía. Tres noches me tomó adentrarme en ese mundo. Entendí lo que había pasado en toda Europa desde la Revolución francesa, el grito de un pueblo que se negaba a callar, que buscaba derechos y que (¿por qué no decirlo?) quería que sus gobernantes sufrieran igual que él.

Las ideas del *Manifiesto* circularon por todos los territorios gobernados por nuestra familia, ya fuera porque alguien del pueblo leía aquel libro o porque sus ideas se transmitían de boca en boca. Esto fue fuego, el descontento social, la pólvora... y la situación social explotó.

Aunque los primeros levantamientos sociales se dieron en Londres y París, el emperador, por medio de sus hombres de gobierno, hizo todo lo posible para que no aparecieran en los periódicos, o bien, que se les restara importancia. En la mesa no se podía mencionar nada del asunto, menos cuando estaba presente mi tío; incluso mi madre le pidió al conde que no se tocara el tema en nuestras lecciones diarias.

Como en aquel año yo también había iniciado mi entrenamiento militar, a Francisco José y a mí nos contaban acerca de cómo los otros países habían resuelto aquellos levantamientos... ¡por medio de las armas!

El emperador callaba y sonreía. Su complacencia era preocupante. ¿Pensaba que nada le sucedería a él? ¿Pensaba que los Habsburgo habíamos hecho lo suficiente en aquellos tiempos de hambruna?

Cuanto más se acercaban las revueltas, más fiestas organizaba... para que el ruido de palacio no lo dejara escuchar las protestas en el exterior. Sus sentimientos de negación fueron evidentes para todos aquellos que vivíamos con él. Mi madre, en cambio, tramaba lo que iba a suceder en unos meses.

El que me sorprendió fue mi padre, pues uno de los criados fue a contarle que cuando limpiaba mi escritorio encontró mi ejemplar del *Manifiesto*, y se había preocupado por las ideas que podría haberme dado aquel texto.

Entonces, mi padre me mandó un mensaje para decirme que hablaría conmigo a la tarde siguiente.

Como bien dice el dicho, lo mejor para el mal paso es darle prisa... y en este caso sucedió todo lo contrario. Comencé a imaginar lo que me diría mi padre, cada escenario era más catastrófico que el anterior. Mis ideas dieron vueltas, cada vez más negras y venenosas.

No dormí, se me fue el apetito.

Cuando, por fin, entré al cuarto en el que me esperaba él, lo vi sentado en un sillón; leía el *Manifiesto*. Se veía tranquilo.

—¿Me llamó? —pregunté.

Esperó uno segundos más, bajó el libro, dobló la esquina de una de las páginas y lo cerró.

—Aunque no lo creas, Max, te conozco bien. Ya sabía que tarde o temprano tendrías este ejemplar en tus manos. No pongas esa cara, que eso no es una reprimenda ni un regaño, pero debes ser más cuidadoso con tus libros y tus ideas. Fue una suerte que vinieran a contarme que te habían encontrado este libro, porque si le hubieran ido con el chisme a tu madre... no estarías aquí tan tranquilo escuchándome.

Asentí. Mi padre continuó:

—Yo no te voy a juzgar por lo que leas, prefiero que estudies este libro a que llegue alguien a contarte quién sabe qué de él, que tus ideas sean tuyas y no las de alguien más. Toma, llévatelo, pero promete que esta vez lo guardarás mejor. Si alguien te pregunta por él, miente. ¿Sabes? Todos creen que soy un tonto o un desobligado, porque yo he querido que así lo piensen. Así es como me he podido escapar de las intrigas y conspiraciones palaciegas, esas que no se escriben en los periódicos ni tampoco en los libros de historia. Es menos peligroso que te crean tonto o idealista.

—Sí, padre.

Me entregó el libro, sonrió para que me relajara un poco.

—Ya estamos rodeados de humo, es señal de que viene el fuego. Anda, ve a descansar y piensa en lo que te dije. Ah, y ¡por Dios!, guarda bien ese libro y cualquier escrito que pueda molestar a tu madre. No queremos un escándalo, ¿verdad?

Asentí, y volví a mi cuarto. Sudaba frío, tomé la jarra de porcelana y dejé caer un poco de agua fresca en la palangana. Varias veces me lavé la cara hasta que me sentí un poco más tranquilo. Luego recordé las palabras de mi padre.

Esta vez, encontré una tabla suelta debajo de mi cama y ahí escondí el libro. Hasta donde sé, ahí debe seguir mi ejemplar, envuelto en telarañas plateadas. No lo volví a leer por miedo a que lo encontraran y también porque mi entrenamiento militar requería cada vez más tiempo y energía de mi parte.

Con el transcurso de los días le di la razón a mi padre. Las protestas en otros países eran humo, preludio de un fuego que habría de incendiar el país. En marzo de ese 1848 el reino de Lombardía-Véneto se levantó en armas, buscaba su independencia; el emperador envió tropas para calmar el asunto, pero éstas fueron muy débiles para tratar con los rebeldes. Después de cinco días, nuestras tropas debieron realizar una poco honrosa retirada y aceptar que habían fallado, aunque no perdimos aquellos territorios.

A finales de ese mismo marzo se dieron las primeras protestas en Viena, encabezadas por miembros de la clase alta; los más moderados pidieron la renuncia del canciller Metternich y los más jacobinos exigieron la libertad de credo y prensa. Desde luego no pedían que el imperio se convirtiera en una república, que pudieran elegir a sus gobernantes por medio del sufragio popular ni que se escribiera una nueva Constitución, pues aquello atentaría contra sus privilegios.

Aún recuerdo estar en un salón del palacio de Viena, lustrando las botas de mi uniforme militar, mis padres leían alguna novela y mis hermanos hacían los deberes. El emperador bebía un té que le habían llevado para que se le asentara el estómago después de una comida pesada. Un militar de alto rango entró corriendo, lo cual molestó sumamente a mi madre.

—Excelentísimo... emperador... —exclamó sin esperar un segundo a recobrar el aliento—, crecen las protestas en Viena... los soldados ya resguardan este palacio... ¿Qué debemos hacer?

Mi tío respiró tranquilo, como si no sucediera nada. Dio un sorbo largo a su té, y curveó sus labios. Se volvió hacia el soldado y respondió:

—Ya, pero ¿tienen permiso para protestar? Yo no se los di.

Se esperó a terminar el té antes de dar una orden militar.

En unos días, mi tío sacrificaría la carta más importante de su baraja, le pediría la renuncia a su secretario Metternich y lo mandaría a Londres al exilio, para ver si las protestas se calmaban un poco.

No lo hicieron.

Escalaron rápido...

Recuerdo estar sentado, una tarde, en una de las bancas del jardín. Mis hermanos estaban ahí conmigo, Francisco José caminaba en círculos y Carlos Luis intentaba leer una traducción al alemán de *Vidas de los doce Césares* de Suetonio:

—¿No tienen miedo? —pregunté.

Francisco José se detuvo, Carlos Luis bajó el libro y me respondió:

—¿Miedo? ¿De qué?

Les expliqué que mi querido amigo Carlos de Bombelles me había dicho esa mañana que había algunas zonas de Viena en las que el ejército había dispuesto barricadas, que ya se hablaba de muertos en las calles y que se había reportado más de una explosión en edificios públicos. Mis hermanos sólo sabían lo que mi madre decidía.

No, ellos no tenían miedo, porque la ignorancia es la felicidad del ser humano.

Francisco José volvió a caminar en círculos por el jardín y Carlos Luis volvió a su lectura. Los distraía con mis problemas. Que me creyeran o no, era irrelevante; mientras las protestas estuvieran lejos y los soldados marcharan por las calles, no tendrían de qué preocuparse.

Meses después, cuando se escuchó una explosión cerca del palacio imperial de Viena, y mi madre vio a un muchacho de quince años muerto en la calle, entendimos que el peligro estaba cerca... cada vez más. Mi miedo crecía; por las noches soñaba que hombres con cuchillos y armas largas entraban al castillo a la fuerza, tiraban las estatuas de mármol, rompían los espejos con marco de oro, quemaban las pinturas y nos hacían prisioneros. Por supuesto, no ayudó que por esos días yo leyera el recuento de cómo el rey Luis XVI y su esposa, María Antonieta, fueron arrestados y decapitados durante la Revolución francesa.

Aquel acontecimiento, y lo que conocíamos de las guerras de emancipación que sangraron a América, eran eventos muy recientes. Mi tío y mis padres decidieron que debíamos salvar nuestras vidas. Así que se tomó la decisión de huir. La familia imperial y la corte encontramos una oportunidad de salvaguardarnos.

Cuando mi mamá nos lo dijo, estábamos en uno de los salones más pequeños del palacio de Viena y nos explicó la decisión que se había tomado. Sentí un hueco en el estómago, un extraño vacío en la cabeza. Minutos después, las manos me temblaban mientras armaba los baúles en los cuales habríamos de llevarnos, apresuradamente, ropa y libros.

En medio de una noche de otoño, escapamos a Innsbruck.

Capítulo VIII

Para los libros de historia, la ambición es un sentimiento que debe tener todo hombre para alcanzar las metas que se ha propuesto en la vida; es un deseo desmedido de siempre mejorar en el trabajo, en el salario, en la escala social, en la fortuna personal, o en las facultades políticas, es algo que todos quieren para sus hijos. No así para sus hijas. La ambición en las mujeres suele considerarse defecto, casi un pecado, una atribución que no les corresponde por su sexo. Por eso, los historiadores le aplauden a Julio César o a Alejandro Magno, mientras que a Cleopatra se le considera una meretriz que usaba su inteligencia para llevar a los hombres a la ruina. Casi como una sirena mitológica. Sin embargo, es posible aceptar que la ambición es uno de los aspectos más humanos, sin importar que se mire con el cristal del sexo, de la clase social o de la religión.

¿A qué voy con todo esto? Bueno, mi madre era tan inteligente como era ambiciosa. Cuando llegó a la familia se dio cuenta de que su cuñado, el emperador, no tenía descendencia directa, y que sería alguno de sus hijos quien se convertiría en heredero y ascendería al trono. Lo normal hubiera sido que nos tocara gobernar a Francisco José o a mí, por eso se preocupaba tanto por las lecciones de historia y política, por eso teníamos entrenamiento militar y cenábamos con mi tío en cada ocasión posible, para escucharlo hablar de gobierno.

Todos pensábamos que el cambio de emperador se llevaría a cabo en un futuro lejanísimo, pero una de las consignas de las revoluciones europeas del 48 era el cambio de gobierno... siendo que siempre el pueblo equivocadamente cree que un cambio de gobierno es un cambio de país. Aunque la petición no se había hecho expresamente en nuestro imperio, era sólo cuestión de tiempo para que llegaran esos reclamos. Todos lo sabíamos.

—El emperador es fuerte —nos dijo el conde Bombelles una tarde, en aquel exilio—, los rebeldes no tendrían autoridad moral para exigir su renuncia.

Su hijo estuvo de acuerdo, yo no tanto. Mi madre, en cambio, que entendía mejor que nadie los vientos de cambio, comenzó a maquinar un plan para lo que habría de venir.

El futuro era, en ese momento, incierto.

Cuando nos enterábamos de que alguna protesta se acercaba al palacio de Viena, se me quitaba el apetito, y a mis hermanos les daba por decir que debíamos aumentar los soldados en las calles para detener la sublevación, mas el ejército austriaco no podía con ellos. Sus movimientos tácticos eran torpes e ineficientes. Por suerte, los soldados rusos nos apoyaban, bajo las órdenes del zar, para contener ciertos levantamientos.

Hubiera preferido irnos al palacio de Schönbrunn hasta que terminara aquel enredo, pero aquello no fue posible. Debíamos mantenernos en aquel breve exilio para conservarnos a salvo, y porque una noche calurosa en la que silenciosamente cenábamos alguna sopa fría de tomate, mi tío se secó las gotas de sudor de la frente y anunció con voz quebrada:

—Ha llegado el momento de abdicar del trono.

Las protestas crecían a lo lejos, los gritos subían al cielo.

Mis hermanos y yo nos miramos en silencio, se nos secó la boca de repente, sentimos un tirón largo en el estómago. No teníamos palabras para aquel momento. Mi padre se mordió la lengua, y mi madre continuó comiendo, con un brillo de triunfo en la mirada. Sólo la emperatriz intentaba esconder sus lágrimas en un pañuelo blanco de seda, iba a extrañar los bailes y los banquetes a la luz de la luna.

Toda mi vida daba un vuelco brusco, y yo estaba atrapado en un momento vertiginoso.

Llega la incertidumbre cuando un hombre pierde el control de su futuro, deja de dormir, se le terminan los sueños, imagina que lo peor está por llegar… debe aprender a lidiar con la ansiedad que día a día le come el estómago.

—¿Qué sucederá con nosotros? —preguntó Francisco José.

—Volveremos a Viena y nos acostumbraremos a ver a papá como el nuevo emperador —respondí.

—Yo no creo que pueda hacer eso —agregó Carlos Luis.

Luis Víctor era muy niño para entender qué sucedía en el país, pero debía intuir algo, porque lloraba a todas horas y sin razón alguna.

Dos noches después, mientras esperábamos a que nos sirvieran la cena y estábamos a punto de rezar para dar las gracias por nuestros alimentos, mi madre simplemente rompió el silencio con un reproche para mi padre:

—No entiendo por qué no tienes ya una respuesta a lo que conversamos anoche. No pienses tanto, que no se te da.

—Amada mía, no es el momento —replicó él.

—El poder no te interesa y no te corresponde porque...

Aquella escena fue interrumpida por un grito de mi tío:

—Ya sé que los albaricoques están fuera de temporada, pero ¡yo todavía soy el emperador y quiero albóndigas de albaricoque para el postre!

Los criados de la cocina corrieron para complacerlo, pero no lo lograron. La emperatriz sólo lloraba.

Pasaron los días. Las protestas no permitieron que mi padre viajara a Francia a uno de sus típicos viajes de caza, así que se la pasó inventándose excusas para no hablar con mi madre, desde cartas que debía responder hasta malestares estomacales ficticios que lo tenían en cama toda la tarde, pero ella lograba encontrar el tiempo para repetirle que lo pensara bien, que era muy poca cosa para ocupar la corona austriaca.

Si cierro los ojos y busco en mi memoria, puedo escuchar la voz de mi madre en alemán:

—No estás listo para un imperio que nunca te ha interesado gobernar.

Él callaba.

En menos de tres semanas, mi padre rechazó el imperio que por derecho le correspondía, y nosotros comenzamos a preparar el regreso a Viena.

Una nueva incertidumbre me arrebató el sueño, el destino del imperio pendía de un hilo.

—Tú o yo... alguno de nosotros será el siguiente emperador de Austria —exclamó Francisco José.

—Yo no quiero —respondí.

—Ni yo... al menos no ahora.

Nos quedamos, por un rato largo, mirando el atardecer encendido que nos regalaba aquel otoño. Las nubes de rojo satinado se extendían rasgadas a través del firmamento ardiente... no sé por qué, pero recordé aquella remota mañana en la que Francisco José y yo nos escapamos para jugar en la nieve.

Quizás él también hacía lo mismo, compartimos una mirada cómplice y una sonrisa. Por largo rato nos quedamos en la ventana de aquel pasillo, hasta que nos llamaron a cenar.

Viena esperaba nuestro regreso.

Capítulo IX

La razón por la que ni siquiera fui considerado candidato a convertirme en emperador de Austria y el resto de los territorios que gobernaba mi tío es muy sencilla. La vieja historia del romance ilícito entre mi madre y el Bonaparte pusieron en duda mi paternidad, en un momento en el que se necesitaba unidad y tradición. El único que podía ofrecer aquellos sentimientos en los convulsos tiempos que vivíamos era mi querido hermano mayor.

Éste era el momento en el que se podría alimentar un mito insulso, de esos que abundan en los libros de historia y que enseñan en todas las escuelas, de que mi hermano nació bajo una luz dorada, que siempre soñó con convertirse en emperador de una patria grande, que llegó al poder glorioso entre vítores del pueblo y que desde el primer momento se supo que se convertiría en el siguiente Alejandro Magno de un pueblo herido. Sí, mentir es muy fácil cuando se debe hacer una crónica de sucesos que ya pasaron, y sirve para alimentar nacionalismos absurdos entre aquellos inflamados ignorantes. Sin embargo, debo ser fiel a la verdad del momento.

En el 48, con Lombardía-Véneto pidiendo su independencia y media Europa exigiendo derechos, democracia y algo que llevarse a la boca, la situación no era nada sencilla. Estábamos parados sobre un polvorín que podría explotarnos en cualquier momento. Todos lo sabíamos.

Cuando mi tío anunció su renuncia de forma pública, mi padre suspiró aliviado porque sabía que él no tendría que enfrentar aquel problema, en cambio... mi madre tuvo lo que tanto deseaba, uno de sus hijos se convertiría en el siguiente gobernante.

Así se anunció: Fernando I abdicaba en favor de Francisco José, sin saber si las protestas terminarían en que nuestra familia debía concluir su reinado en toda Austria.

El 2 de diciembre de aquel año se llevó a cabo la propia coronación. En primera fila, en aquella catedral decorada de oro y plata, estábamos mis hermanos, mis padres y yo. Francisco José en el altar, arrodillado, temblaba; llevaba las manos juntas a la altura del pecho y levantaba la mirada a nuestro tío, con el deseo de que todo aquello se tratara de un vil juego. Mi tío, en cambio, estaba seguro, de pie, con la mirada orgullosa y la sonrisa grande. La música del órgano se elevaba grave entre querubines caducos, santos de miradas pétreas y figuras de abolengo vestidas de negro, como si se tratara de un funeral, en lugar de una coronación.

¿Quién diría que el siguiente gobierno empezaría así? Con el nuevo emperador arrodillado ante el viejo emperador. Mi tío, solemne, le dio la bendición a Francisco José y luego le impuso ambas manos sobre la cabeza. Cerramos los ojos y rezamos para que Dios Todopoderoso cuidara y le diera la bendición a mi hermano, para que lo iluminara en momentos de duda y para que le enseñara cuál era el camino más justo en momentos de duda.

Siempre, en los momentos de larga solemnidad, dedicaba mis pensamientos a admirar aquella catedral, a imaginar que las gárgolas que resguardaban el templo tenían alguna historia que contar, los techos abovedados en gótico esplendor, las columnas altas de piedra gris, los candiles dorados que iluminaban a los pecadores, los pasajes bíblicos representados en una y mil maneras... mientras mi hermano consagraba su próximo reinado a nuestro Señor, y mi madre me echaba una mirada de reproche para que yo prestara atención.

Entonces, a la catedral de Viena no le habían puesto las vidrieras neogóticas y se reconstruía la aguja de la torre sur.

Cuando el órgano volvió a tocar sus amargas notas eclesiales, la ceremonia había terminado, y una larga procesión se preparó para salir de aquel lugar. Yo conocía a mi hermano mejor que nadie, entendía que su rostro serio era sólo una careta, que debajo de la corona había un muchacho con miedo al que le temblaban las piernas. Comprendí que la solemnidad era sólo una máscara más del poder, un intento vano de ahuyentar toda imagen de debilidad. ¡Qué falsedad! Los emperadores son tan humanos y frágiles como el más pobre de sus súbditos, aunque no quieran aceptarlo.

Al pasar cerca de donde estábamos, esperé pacientemente a que me volteara a ver, al menos para dedicarle una sonrisa, pero mi hermano estaba serio, miraba la alfombra larga sobre la cual se movía. Estaba frío, distante; parecía que aquel hombre ya no fuera mi hermano, sino uno de esos santos de mirada pétrea que decoraban los altares.

Personas de todas las clases sociales se juntaban cerca de los portones, dispuestas a ver a su nuevo emperador, aunque fuera por un momento. Detrás de mi hermano, iba mi tío y la otrora emperatriz, luego mis padres, seguidos por mis hermanos y por mí. El resto de la familia real, primos y tíos lejanos, iban detrás de nosotros. Debíamos prepararnos para el banquete, que se llevaría a cabo esa noche.

Al entrar por la puerta principal del palacio, me llené del aroma de aquel banquete, de la carne que se preparaba al fuego, de los pasteles de frambuesa que se iban al horno, de las patatas perfumadas en romero. Hasta hambre me dio de imaginar lo que iba a suceder.

Subí corriendo la escalera y fui a mi habitación. Un criado, ayuda de cámara, me tenía preparado un traje azul marino que me pondría aquel día, estaba limpio y bien planchado, sólo le faltaba lustrar los zapatos. En cosa de hora y media estuve listo para la gran fiesta.

¿Y Francisco José, cómo se sentía? ¿Qué pensamientos cruzaron por su mente cuando las miradas del mundo entero se habían posado sobre sus hombros? ¿Es doloroso entrar, así, a los libros de historia?

Asaltado por aquellas dudas, salí de mi habitación y fui hasta la suya. Quería escuchar sus impresiones de la ceremonia, charlar un poco, intercambiar algunos chismes.

Toqué a la puerta y esperé. Yo sabía que al día siguiente se mudaría a la habitación grande, la que mi tío había usado por varios años, y en la que ahora se encontraba empacando para salir del país y vivir una mejor vida.

Dos minutos después, escuché un rechinido y se abrió la puerta. Me encontré con el rostro frío de mi madre.

—¿Qué se te ofrece, Max?

—Quería hablar un momento con mi hermano.

Su rostro no se movió, ni siquiera un músculo. Tenía la quijada tensa y se le empezaba a agrietar la piel sobre los labios.

—El emperador está ocupado y no puede recibirte.

No esperó a que yo le diera una respuesta, tampoco supe qué decirle en ese momento. Cuando se cerró la puerta frente a mí, sentí el pedazo de alma que me había arrancado, mi hermano no era ya mi hermano... lo que había presentido en la catedral de Viena era lo correcto.

Cuando entré al gran salón en el cual se llevaría a cabo el banquete, pocos notaron mi presencia. No era mi fiesta ni mi celebración. No era yo el invitado de honor. Entre aquellas notas rancias de un vals olvidado se encontraban diplomáticos, músicos, representantes políticos de otros países, personajes de abolengo, grandes damas que portaban collares de perlas y agitaban abanicos pintados a mano, de importantes jerarcas de la Iglesia, todos los maestros que alguna vez me dieron clase y hasta el conde de Bombelles.

La luz era dorada, los cuchillos de la mejor plata y la vajilla de porcelana.

Carlos cruzó el salón para encontrarse conmigo.

—No sé si acabamos de coronar a un emperador o estamos celebrando por la llegada de un nuevo papa —me dijo.

—No bromees, yo estoy feliz por mi hermano.

Me alargó la mano y me dio una copa pequeña con un líquido del color de las hojas de otoño. Se trataba de un jerez de amontillado con un delicioso tenor seco que inundó mi garganta desde el primer sorbo.

—Es bueno, ¿eh? Por lo visto hoy servirán lo mejor de las bodegas de la familia. Anda, Max, al menos intenta sonreír, los demás van a decir que no estás feliz por Francisco José.

Me costó reconocerlo:

—Claro que estoy feliz por Francisco José, le deseo todo lo mejor.

De un trago, bebí el resto del jerez, algo que cualquiera de mis padres hubiera visto como un acto reprochable. Dejé la copa en una de las charolas de plata que portaban los criados, quienes con suma atención a los detalles atendían en aquella celebración. Por supuesto, me ofrecieron otra copa.

Puesto que mi hermano aún no entraba en el salón y tampoco mis padres, aproveché aquel momento para saludar a todas las distinguidas personalidades que aquel día estaban ahí reunidas y que se mostraron tan amables conmigo. La duda, por supuesto, surgió de inmediato en mi mente: ¿eran educados conmigo sólo porque era el hermano del nuevo emperador o porque yo era el mismo Max de siempre?

Quise alejarme de la entrada, pero no pude; en cuanto empecé a saludar a los primeros invitados, los demás se acercaron a hacer lo mismo. Agradezco a Carlos que no se alejó de mí en ningún momento.

Cuando ya pensaba en cómo escaparme de ahí, escuché el anuncio de que mis padres entrarían al salón, y se escucharon los modestos aplausos de todos los presentes, y el vals que tocaban los músicos al fondo del salón cambió a uno más dulce...

¡Gran aclamación causó la entrada de mi hermano al salón! Los aplausos se escucharon por casi diez minutos, mientras él hacía el esfuerzo por continuar sonriendo y movía las manos en educados ademanes para agradecer las muestras de cariño.

Compadecí a mi hermano, aquella larga noche tuvo que aguantar muchas muestras de zalamería y de falso halago. Como señal de su educación, de la que el conde estaba muy orgulloso, Francisco José respondió educadamente a cada uno de estos personajes.

Pasadas las tres y media de la mañana, según escuché del gran reloj que se encontraba al fondo del salón, me excusé de la mesa, pretextando que me encontraba ya muy cansado. Felicité a mi hermano por su nombramiento, aunque él no me hizo mucho caso, pues se encontraba hablando con el embajador español.

Aunque no había sido una velada con muchos bailes, acepto que me dolían terriblemente los pies y no podía esperar ya para meterme en las sábanas.

—¡Max, espera!

Me detuve, ya tenía el pie derecho en el primer escalón y una mano en el barandal. Me volví con lentitud para encontrarme con los ojos de mi madre.

—Dígame...

—Podrías haber puesto una mejor cara durante la cena.

Me mordí el labio para no responderle algo peor. Pensé muy bien las palabras antes de abrir la boca.

—Madre, sabe que soy muy feliz por mi hermano. No le deseo más que felicidad en su reinado.

Aquello no pareció gustarle, su rostro se descompuso de repente.

—Me sorprenden tus palabras, ¿acaso no te educamos y a ti y a tus hermanos para ser los reyes del mundo? Pues bien, ningún gobernante que se precie de serlo se dejaría llevar por un sentimiento tan vulgar como la felicidad. Los reyes no son ni han sido felices. Apréndetelo bien, porque hasta que no haya un heredero tú eres el siguiente en la línea de sucesión. Ningún rumor te quitará ese derecho. Tu corona debe ir antes que tu satisfacción personal.

Iba a preguntarle si los rumores sobre Napoleón II eran ciertos, pero se dio la vuelta y volvió al salón.

Capítulo X

CERCANO EL INVIERNO DE AQUEL AÑO 48, en las mañanas se podía contemplar la bruma serpenteando entre los techos rojizos de Viena y las agujas de las iglesias. Puesto que mi hermano estaba siempre muy ocupado con temas de gobierno y tenía poco tiempo para la familia (ni siquiera era posible verlo durante la cena), enfoqué todas mis energías en el entrenamiento militar que entonces recibía. Según mis gustos y aficiones, me inclinaba más por seguir una carrera naval y para ello debía abandonar Viena en algunas ocasiones para aprender a navegar, para conducirme en un barco, para leer coordenadas y para otros menesteres propios de la vida en el mar. Por más que se les dijo a los otros marineros que no se me tratara de un modo especial por ser el hermano del emperador, aquello no pudo evitarse y con frecuencia me veía rodeado de hombres que me preguntaban cada detalle de la vida de Francisco José. Yo aprovechaba los tiempos de soledad para acurrucarme en el silencio y en el rumor de las olas.

Entonces era yo un joven de dieciséis años, larguirucho, con el rostro lampiño demasiado ovalado y la mirada un poco perdida. Caminaba con pasos grandes, y siempre tenía una expresión como de no entender lo que sucedía a mi alrededor. Mi querido Carlos con frecuencia se burlaba de mí, y decía que si alguna vez me convertían en emperador seguramente iban a pensar que era un iluso, un tonto o un soñador. Yo le respondía, en broma, que eso no sucedería a menos que Francisco José tropezara bajando las escaleras de alguno de sus palacios o mientras caminaba cada domingo al altar para tomar la santísima comunión.

Luego, los dos nos reíamos de la cantidad de tonterías que se nos iban ocurriendo. Los oficiales del barco han de haber sufrido cuando escuchaban aquellas bromas que bien podrían ser calificadas de traición, pero callaban porque sabían muy bien quiénes éramos.

El ascenso al poder por parte de mi hermano Francisco José coincidió con el fin de las revoluciones, al menos en nuestros territorios. Por un lado, creció la esperanza de que la situación fuera a cambiar al tener un emperador joven y, por el otro, comenzó a regularizarse el comercio y el clima, lo que permitió que la hambruna terminara poco a poco. Por supuesto, la poca organización que tenían los hombres sublevados, que no pudieron ponerse de acuerdo en las prioridades de su movimiento, ayudó a que éste fuera perdiendo fuerza.

A inicios de la primavera, cuando yo regresé a Viena, los tiempos estaban ya calmados. Entré al palacio con la esperanza de encontrarme con mi hermano, pues tenía la idea de que tendría ya menos trabajo y podría charlar con él. Tuve suerte, pues el día que llegué le pedí a unos criados que por favor le informaran a mi hermano de mi llegada, y coincidió con que mi madre, quien siempre se reunía con él, había ido a buscar uno de sus abanicos para refrescarse.

—Sí, que venga mi hermano de inmediato —exclamó Francisco José.

Para mi desgracia, cuando llegué a su despacho, mi madre había vuelto. Abrí la puerta y entré. Mi hermano estaba sentado frente a su gran escritorio de fina caoba, mientras mi madre se paseaba por la habitación con su abanico, su gran vestido negro y su gargantilla de perlas finas.

—Sí, madre, eso había pensado que podríamos hacer con los revoltosos...

Mi madre se detuvo y lo miró con cierto enojo.

—No hay nada que se te ocurra a ti que no se me haya ocurrido a mí.

Recuerdo que Francisco José apretó los labios mientras pensaba qué responderle, cuando me vio ahí, parado en la puerta. Se levantó del escritorio y corrió a abrazarme. Sentirlo cerca me hizo tener nueva vida. Me sonrió y luego se volvió hacia nuestra madre.

—Hemos estado asignando puestos de gobierno y pensando en el ejército, pero no hemos considerado a mi queridísimo Max.

Mi madre me barrió con la mirada y se sentó en uno de los sillones de terciopelo púrpura.

—Bien podrías haber saludado, en lugar de escuchar conversaciones que no te ocupan —me reprendió.

Sentí que la sangre corría por mi rostro. Me acerqué a ella y le di un beso en la mejilla fría.

—Que nos cuente un poco de su vida en el mar, ¿no, madre? Creo que debe ser interesante conocer el humor de las olas, el sentido del viento o la personalidad de uno de nuestros barcos militares.

Mi madre apretó los labios, y descansó los brazos en el sillón como si éste fuera en realidad el trono de una reina.

—Lo siento mucho, Max, pero tenemos todavía mucho trabajo que hacer. Supongo que en los próximos días encontraremos tiempo para que nos cuentes tus hazañas. Me han dado buenos comentarios de ti; si te mantienes como hasta ahora tendrás un buen futuro en la marina. No necesitas estorbarle a tu hermano en el gobierno.

—¡No es así, madre! —protestó Francisco José—. Imagina todo lo que puede hacer nuestro querido Max por Austria.

En cambio, ella no me quitaba los ojos de encima, me sentía incómodo entre ellos. Hice una pequeña reverencia y me dirigí a la puerta:

—Debo desempacar todavía. Seguramente tendremos mucho de qué hablar en estos días. No me gustaría distraerlos de su complicada agenda.

Ya en el pasillo, escuché sus voces a través de la puerta, volvían a discutir cuestiones de gobierno que no podían esperar más. En ese momento comprendí que si Francisco José gobernaba el imperio austriaco, mi madre gobernaba a Francisco José y aquello era un movimiento político muy importante.

A partir de ese día comencé a sentirme incómodo en el palacio, como si ya no fuera mío, como si mi habitación no me perteneciera y como si mi hermano no compartiera mi sangre. ¿Había cambiado él o yo?

Durante la siguiente semana no tuve oportunidad de compartir la mesa con mi hermano o con mis padres, estuvieron siempre (convenientemente) ocupados en diferentes reuniones, a las que no me habían invitado. Sintiéndome lleno de un coraje que, en su momento, no supe explicar, decidí hacer mi maleta y volver al mar.

Había ya terminado mis estudios académicos y deseaba enfocarme en mis actividades militares.

Capítulo XI

En julio de 1850, dos días después de cumplir los dieciocho años, escribí dos cartas.

La primera llegó a Austria por conducto oficial:

Queridísimo Francisco José:

En estos meses, en los que la obligación y el deber me han orillado a permanecer lejos del palacio que por muchos años llamé hogar, me he permitido reflexionar sobre el estado actual de nuestra muy querida armada austriaca.

Tras los estudios militares que he recibido, primero bajo la tutela del muy estimado conde de Bombelles y más tarde por parte de los hombres de rango superior, almirantes y vicealmirantes, que me han educado oportunamente, he llegado a la conclusión de que la escuadra de Austria necesita ser reformada para mejorar su rendimiento. Bien sabes, hermano, que en los complicados tiempos que corren un levantamiento civil o una guerra imprevista podría dañar cualquiera de nuestros territorios, por eso debemos ser cautelosos y estar preparados.

Deseo que tu conciencia tome en consideración una propuesta, que se me permita ser oficial de marina, de forma que pueda entender mejor el funcionamiento de este órgano militar y eso me permita hacer justas recomendaciones sobre el sentido en el cual debemos evolucionar.

Permíteme aprovechar también estas palabras para agradecerte por el regalo que me enviaste por mi cumpleaños. El reloj de plata es de un trabajo artesanal realmente exquisito, lo atesoraré hasta el último de mis días.

Espero que esta carta te encuentre con bien, y comparte mis saludos con nuestros padres y con nuestros hermanos.
Te llevo siempre en mis oraciones.
Max

La segunda carta la envié por medio de un marino que iría a Viena a visitar a un tío suyo:

Hermano, Carlos Luis:
Hace unos minutos me encontraba en la cubierta de la corveta Minerva, contemplando los brillos de colores sobre la superficie del agua, cuando recordé las charlas que teníamos cuando nuestro tío era todavía empera-dor. Aunque nuestro hermano mayor no pueda acompañarnos, quisiera, al menos por un momento, continuar con nuestros lazos de hermandad. He pedido permiso para que a principios del próximo año pueda navegar por el Mediterráneo y descubrir aquellas ciudades que otrora visitó Julio César, y donde el pasado y el presente no tienen una línea divisoria. De-seo, pues, que tú seas mi acompañante en este viaje, que veamos juntos lo que queda de los templos en los cuales los antiguos dioses griegos ofrecían sus palabras de castigo o de consuelo: las costas italianas que contempló Marco Antonio antes de lanzarse a los brazos de Cleopatra y los territo-rios ibéricos que alguna vez pertenecieron a nuestro antepasado Carlos I de España, nieto de los Reyes Católicos. Mientras lees estas palabras sé que te imaginas tal travesía, los templos dedicados a las antiguas deida-des, las tumbas de ilustres personajes del pasado y las iglesias sin parangón que encontraremos en nuestro andar, pero sobre cualquiera de estas ideas, creo que si viajamos a otras tierras descubriremos nuestro origen. Sé, por tu naturaleza, que lo consultarás con nuestros padres para pedir permiso y consejo. Esperaré ansioso tu respuesta para semejante aventura.
Tu hermano, Max.

Desde luego mi madre, al enterarse de la primera carta, hizo sus in-vestigaciones. En diez días recibió por parte de Karl von Tegetthoff, padre de uno de mis compañeros de marina, el joven Wilhelm, futuro almirante, el siguiente mensaje:

Siempre admirada archiduquesa Sofía, madre de nuestro sabio emperador Francisco José, de acuerdo con la solicitud que me hizo en días recientes, he consultado con mi hijo sobre las distintas opiniones que compañeros y superiores tienen de su hijo, Maximiliano de Habsburgo. De acuerdo con lo que él me dice, Max está lleno de energía y afición para el servicio en la marina y lo ha probado en diferentes ocasiones, haciéndose acreedor de las pretensiones más justas de agradecimiento y respeto de todos los oficiales de marina. El archiduque Maximiliano despliega muchísimas habilidades, dando motivo para las mayores esperanzas. Entra en todos los detalles y con su afición a la profesión y su afán de hierro será capaz de conseguir una reorganización más profunda de nuestro cuerpo, donde sus predecesores chapucearon en cosas nimias.

Ya con el visto bueno de mi madre, Francisco José aceptó mi nombramiento como oficial de marina. Sospecho que me querían lo más lejos posible de Viena, para no hacerle sombra a mi hermano.

Por lo visto, todos comenzaban a ver una rivalidad entre nosotros. Todos, menos Francisco José y yo.

Capítulo XII

COMENZABA 1851, un invierno con poca nieve y un frío templado nos recibió en enero. La ilusión del viaje que haríamos por el Mediterráneo hizo que Carlos Luis y yo disfrutáramos unas navidades charlando sobre todo lo que habríamos de encontrar en nuestra dichosa travesía. Por supuesto aquello no le sentó bien al resto de la familia, pues mi madre opinaba que debíamos tener otros temas de conversación y mi padre sólo pedía que ofreciéramos una oración por Austria en cada iglesia a la que entráramos. Luis Víctor, a punto de cumplir ocho años, nos escuchaba con atención y siempre decía que quería acompañarnos.

—Si Dios nuestro señor lo desea, algún día llegarás a mi edad y podrás viajar por todo el mundo. Conocerás cómo visten las mujeres de Atenas y de Sevilla, y no dejarás de soñar con aquellos recuerdos.

Mi madre frunció los labios.

—Deja de llenarle la cabeza con algodón de azúcar, Max.

Por ser una fecha especial, junto al pino iluminado por velas blancas y adornos rojos de cristal cortado, seguí contándole a mi hermanito sobre las maravillas que habríamos de encontrar en aquellas tierras que yo consideraba lejanas.

Y Luis Víctor soñaba con las faldas de aquellas mujeres de las que yo tanto hablaba...

El mar Mediterráneo nos recibió con el rumor de las olas como si fueran liras de tiempos antiguos, los destellos del sol sobre la superficie acuática me parecieron verdes como las aceitunas griegas, azules como los decorados portugueses, rojos como la sangre de los toros que se derramaba en las fiestas de la península ibérica, amarillos como las pequeñas flores francesas que llenaban los campos. El día calentaba sin quemar nuestra piel.

—¿Listo? —pregunté.

—Creo... que sí —tropezó Carlos Luis con las palabras, un poco nervioso, pero en cuanto la fragata se alejó de tierra, los marinos que nos acompañaban como parte de la tripulación se hicieron cargo de todo, de acuerdo con las órdenes que yo les había dado previamente.

En cubierta sentimos el vaivén benigno que nos acompañaba y una brisa fresca que con toda gentileza nos acariciaba el rostro. Cerré los ojos e imaginé que tal vez en aquel viento había algo más que aire, quizá se trataba del espíritu de Dios que bendecía nuestro viaje. Carlos Luis me imitó, levantó el rostro y sonrió, dijo que era como sentirse una gaviota en un cálido día de verano.

Pude notar cómo se relajaba, su espalda dejaba de encorvarse, su cuerpo se llenaba de energía. Comprendí que él también necesitaba alejarse de la familia por un tiempo para recobrar la cordura, que ansiaba estar solo para escuchar la voz interior de su conciencia.

Grecia fue nuestra primera parada en aquel viaje, antiguos caminos de sueño se abrían ante nosotros. Pasear entre columnas de mármol, aunque estuvieran rotas y erosionadas por el tiempo, me hicieron ser parte de aquellos mitos griegos que había leído en mi niñez. Los reyes de Grecia nos recibieron con todos los protocolos posibles y asignaron a un mayordomo de su casa real para que nos acompañara a cada uno de los sitios que otrora habían pertenecido a la civilización clásica. Imaginaba yo a la Hidra, a la que le crecían dos cabezas cada vez que una era cortada, a Medusa con su cabeza llena de serpientes, al Minotauro escondido en su laberinto, a la sacerdotisa del oráculo de Delfos, sentada sobre una piedra sagrada, descalza, cubriendo su cuerpo con una delgada seda púrpura, transmitiendo las palabras del dios Apolo entre vapores plateados.

Carlos Luis me acompañaba en silencio, con una mirada curiosa descubría el pasado que se abría ante sus ojos, y luego en las cenas que nos organizaban los reyes de Grecia no dejaba de hablar sobre la comida de Viena, las historias de las montañas del norte y todo lo que habíamos aprendido en las clases. Otón, rey de Grecia, y Amalia, su queridísima esposa, siempre preguntaban sobre nuestros padres y sobre Francisco José.

Por aquel entonces comenzaba a desarrollar los hábitos que me acompañarían el resto de mi vida. Siempre dormía temprano y procuraba no beber alcohol en las cenas, porque no me permitía descansar por las noches. Por eso me excusaba con toda la naturalidad que me permitían mis modales y me retiraba de la mesa. Dejaba atrás a Carlos Luis para que charlara con la familia real griega.

¡Estambul se abrió ante nosotros!

Fue grato conocer aquella mezcla entre Europa y Asia, entre el mundo cristiano y el musulmán, probar los dulces de pistache y los humeantes tés con especias. En un local de café espeso, una anciana muy sabia nos leyó las tazas una vez que terminamos de beber.

Primero se refirió a mí:

—Tu maldición será la corona de Cristo.

Y a mi hermano le advirtió:

—Tu maldición será no llevarla.

Y aquello nos resultó tan críptico que ni siquiera discutimos su significado.

En cambio, quedamos ensimismados por la vida enigmática de aquella ciudad, de los mercados que se llenaban de vida, de los niños que corrían con sus perros, de los panes con semillas que se vendían a las orillas del río Bósforo. En una fiesta a la que acudimos probé el opio por primera vez, una piedra pulverizada que fumé en una pipa y que me llevó, por un par de horas, a imaginar de forma vívida todos esos monstruos de la mitología griega de los que tanto hablaba. Desde aquel momento me volví aficionado a probar esa sustancia en los tiempos en los que me encontraba solo.

En los últimos días en Turquía comencé a sentirme muy cansado, y durante el día me aquejaban fuertes dolores de cabeza. Visitábamos una antigua biblioteca que contenía antiguos manuscritos romanos, cuando tuve que sentarme en una banca de madera que había por ahí. Me sentí mareado, mi hermano pidió un poco de agua fresca. Mientras me la traían, sentí la cabeza ligera, mis ojos se posaban sobre los colores cromáticos en el vidrio de una ventana, atravesada por un rayo blanco de luz, que luego caía sobre mí en un velo multicolor intangible. Tomé el vaso de agua y bebí. No me ayudó.

—Estás pálido, Max. Será mejor que descanses un poco —me dijo Carlos Luis, mientras me ayudaba a levantarme.

Me apoyé en él para caminar a la salida. Me subí al coche de caballos con el techo descubierto. El aire fresco tampoco me ayudó. Conforme nos acercamos al hotel, intenté contar cada una de las ventanas alineadas en la fachada para mantenerme despierto, pero mi mente se quería escapar. El mundo entero me parecía irreal.

Recostado en la cama de la habitación comencé a sentir dolores agudos en el vientre y unas náuseas terribles. Me pareció, por un instante, que el mundo entero se movía en círculos, cada vez mayores, y que yo me agitaba con él. Eran las fiebres que invadían mi cuerpo, que me hacían delirar, que mezclaban los sueños con la realidad, y en ellos aparecían medusas acuáticas, púrpuras, escondiéndose en las sombras y cantando en griego. Era como estar entre los vapores del opio, sin haberlo fumado.

El diagnóstico del médico, según se le informó a Carlos Luis y éste se lo hizo saber a mi madre mediante una carta, estaba sufriendo de una fiebre tifoidea por comer algún alimento en mal estado, quizá durante nuestros ires y venires en las tabernas en las que comíamos panes tradicionales y cordero y las visitas al mercado, el calor había hecho sus estragos.

Es poco lo que puedo relatar en estas memorias respecto a lo que sucedió en los días siguientes, pues no podía distinguir entre lo real y las quimeras de la mente. Mi madre envió a su médico personal, y éste me revisaba cada mañana. Cuando terminaba de diagnosticarme, me ofrecía pócimas verdes y bebedizos amargos, para que se me asentara el cuerpo, pero de poco servía, pues desde el primer día sentí el estómago hinchado y sufría de poderosas diarreas que me tenían muy apenado. Para no molestar de forma alguna el estómago, llevaba una dieta especial y debía dormir boca arriba. Durante el día sentía como si el estómago me fuera a reventar, como si hubiera terminado de comer un gran banquete de pura grasa animal, cuando en realidad apenas había probado bocado. Todo el tiempo debía consumir muchísima agua, para no deshidratarme.

Lo malo es que me quedé con ganas de seguir descubriendo otras ciudades de Turquía, pues cuando me encontré mejor, realicé un viaje de vuelta a Austria y convalecí durante dos meses.

Desde aquel año, mi estómago quedó resentido. Digamos que se volvió enfermizo y en cualquier momento me daba problemas.

Al sentirme recuperado, le dije a Carlos Luis que debíamos seguir con el viaje.

Él no estaba muy de acuerdo. Mi madre tampoco:

—Es una locura, deberían volver y quedarse en el imperio. Además, querido Max, deberías terminar de reponerte y volver a tu puesto.

Yo no quería volver a mi puesto, sino lanzarme de vuelta a la aventura. Por eso, a pesar de las dudas de todos, volví al mar, y Carlos Luis me siguió los pasos.

Italia fue nuestro siguiente destino... Oh, contemplar los mismos montes que Julio César, las costas que alguna vez bañaron los pies de Octaviano, el circo romano, las ruinas de Pompeya y el monte Vesubio. Mi hermano leyó, entonces, la epístola de Plinio el Joven sobre la erupción del volcán y la destrucción tanto de Pompeya como de Herculano. Aquélla fue la primera visita que hice a la basílica de San Pedro, y en esa ocasión no vi al santo padre (luego contaré cuándo lo conocí). Tal como mi padre me recomendó, encendí una veladora ante la imagen de san Pedro, para pedir por el porvenir de Austria y de los Habsburgo. Italia fue un viaje de arte y de historia, Carlos Luis siempre me animó a probar las delicias de la cocina italiana, pero no quise tentar mi propia suerte comiendo algo que pudiera molestar a mi estómago.

Después de quince días, volvimos al mar y esta vez nos detuvimos en el sur de la península ibérica. Llevo siempre en mi memoria las tardes doradas que pasé en Sevilla, bailando con las gitanas y viéndolas contar la buenaventura a todos los que llegaban a la ciudad. Escuché leyendas, y me sentí vivo por primera vez en mucho tiempo. Apenas si me acordé de mi madre o de Francisco José.

No tengo duda, Sevilla es una de las ciudades más hermosas de toda la Tierra.

El último día que pasamos en la ciudad, acudimos a la catedral para rezar y caminamos por sus calles bañadas del atardecer dorado. Sopló un viento fresco que no mitigó el calor que subía por la tierra caliente. Encontramos a un grupo de gitanos que bailaban afuera de un bar, y nos invitaron a unirnos a la fiesta.

—No, Max, estoy muy cansado —me dijo Carlos Luis, pero yo deseaba quedarme, exprimir ese último día en Sevilla, hasta que la noche no tuviera más jugo.

Una morena con un largo vestido rojo que se plegaba cada vez que daba vueltas sobre una tabla de madera, me hipnotizó, palmeaba sus manos a la cadencia de la música. Zapateaba en un compás mágico, me invitó a subir con ella y me uní al baile. Carezco de ritmo y no soy muy bueno sintiendo la música (una carencia que heredé de mi padre). Sin embargo, aquel día no me importó. No sentí el cansancio, ni me importó que el sudor del calor y de la fiesta pegara la camisa a mi pecho.

Al caer la noche, otro de los gitanos se hizo de una botella de aguardiente y comenzó a servirlo en pequeños vasos de vidrio. Fluyó entre todos nosotros, y cuando llegó mi turno, repetí lo que otros hacían. Levanté el vasito y lo bebí completo de un solo trago. Era poco natural en mí, pero no me importó. Sentí un fuego que me quemaba el paladar, que me calentaba al bajar por la garganta y llenaba mi cuerpo de todos los colores posibles.

Dos tragos más... tres tragos más...

Antes de que me diera cuenta, estábamos rodeados del aire nocturno, de las estrellas que habían bajado para mirarnos, y los ojos verdes de la morena se posaron sobre los míos y sus labios se encontraron cada vez más cerca. Sus manos expertas recorrieron mi espalda. Los que se encontraban alrededor de nosotros aullaron como lobos cuando la morena me besó de repente, y sin pedir permiso. El perfume de su aliento se entremezcló con el mío, los latidos de su corazón contra mi pecho.

Una extraña energía nos mantenía juntos, como si nuestras almas danzaran juntas, al mismo ritmo que lo hacían nuestras lenguas.

Cuando se alejó de mí, mordiendo mi labio inferior, me invadió un sentimiento de orfandad. Deseaba probar más de aquella muchacha, que volvía a bailar de forma seductora frente a mí para tentarme... me sentí Herodes ante Salomé.

¿Qué me importaba la hora? No sabía si eran las once de la noche o las dos de la mañana, sólo sabía que necesitaba beber más vida de aquellos labios, pero la morena seguía bailando.

No hablaba yo su idioma ni ella el mío, pero por el calor de aquella noche nos entendíamos con sólo mirarnos, tocarnos, y cuando los demás gitanos estuvieron bailando, la tomé de la mano y ella se dejó guiar por mí por las calles de Sevilla hasta el hotel. El guardia de la entrada me miró con reproche por haberlo despertado tan de noche para que nos dejara entrar. Muy sigilosos, subimos por las escaleras hasta el segundo piso. Suerte que mi hermano y yo no compartíamos cuarto.

Me recosté en la cama, por la luz ámbar de las velas que encendimos me fue posible contar los tablones de madera del techo, antes de entregar mi espíritu a la más sublime de las pasiones, a la exploración carnal de otra boca, de otro pecho, de otro sexo... y así como la noche se desnudaba ante nosotros, también la morena y yo lo hicimos en un sublime arrebato de todos nuestros sentidos.

No sé qué tanto fue la embriaguez del alcohol y qué tanto la embriaguez de la primera pasión, pero aquel momento fue un éxtasis. Bebí de las gotas que rodaban por el cuello de la morena, mientras ella acariciaba el vello de mi vientre y jugaba con mi ombligo. La tomé de las caderas, y entré en ella lentamente, hasta llegar al fondo de su ser. ¿O era ella quien penetraba mi alma?

Aquella noche, la morena y yo humedecimos las sábanas en múltiples ocasiones, siendo la luna nuestro testigo. Me enseñó a tocarla, a sentirla, a besarla en los rincones más insospechados y a dormir aferrado a su fantasía.

Cuando desperté por la mañana, ella ya se había ido y mi hermano tocaba a la puerta para apurarme a ir al comedor. Estaban por servir el desayuno.

Nunca supe el nombre de aquella gitana morena, existe sólo en mi recuerdo. Esta historia no la había contado hasta ahora, pero que estas memorias sirvan para confesar mi alma y sacar todo lo que hay en mi mente.

Después de visitar Sevilla, Carlos Luis y yo viajamos hacia el norte. Tenía yo mucha curiosidad por conocer la tumba de mis antepasados.

Tras dos días de viaje llegamos a Madrid, desde donde enviamos una carta a nuestros padres para informarles que estábamos bien y contarles un poco de nuestra visita a Sevilla. Encontramos a la población española muy alterada. Carlos Luis, que entendía un poco de español, me contó que había mucha tensión por las leyes liberales que se habían impuesto desde unas décadas antes, con la puesta en función de la Constitución de Cádiz. Por supuesto, un pueblo tan católico, como el español, no estaba de acuerdo. Por lo pronto, decidí callarme mis opiniones sobre la separación de la Iglesia y el Estado, pensando en que no serían bienvenidas.

Desde Madrid, hicimos un viaje de medio día a caballo al monasterio de El Escorial, entonces administrado por la orden jerónima. El Escorial era muy importante porque antaño había sido utilizado como la residencia imperial de los reyes y también como un cementerio de la familia real. Mi principal interés era el de visitar precisamente la tumba de Carlos V, pues él también era un Habsburgo y era mi antepasado.

Ante la explicación de Carlos Luis, quien realmente no estaba interesado en aquel peregrinaje, ya que sólo me acompañaba por la relevancia histórica del edificio, los monjes jerónimos nos permitieron el acceso. Antes de ver la tumba, nos pasearon por los jardines que tanto cuidaban, ya fuera por el interés de hacer crecer flores o legumbres para sus alimentos diarios. Nos enseñaron la capilla, las vistas del horizonte, los aposentos que habían servido alguna vez a los reyes. Aquella impresionante obra arquitectónica debía ser uno de los edificios más impresionantes de todo el orbe, de ello no había duda.

Uno de los monjes nos mencionó que debíamos haber acudido con una vestimenta más presentable para conocer a Carlos V, pues mi hermano y yo íbamos en pantalones de vestir y camisa blanca. No se nos ocurrió que nos plancharan nuestros trajes militares para tal ocasión.

En un primer momento se me hizo un nudo en el estómago, porque pensé que nos enseñaban todo el edificio para darnos largas, y que habían hecho el comentario de la ropa como mera excusa para no dejarnos ver el ataúd en el que reposaba uno de los reyes más grandes de la historia, pero pronto comprendí que aquello no sería así, puesto que la última parada de aquella visita fue precisamente la que tanto había esperado.

Nuestros anfitriones nos hicieron bajar por una complicada escalera de caracol hecha de piedra, que nos llevó a un espacio frío. La luz que penetraba pálida por las ventanas iluminaba el mármol de las diferentes tumbas. Ahí descansaban los reyes fallecidos, sus esposas y el resto de su familia. Tal vez haya sido mi imaginación, pero me pareció que el aire se encontraba muy pesado, como si nos viéramos rodeados por la presencia de ánimas en pena, de susurros blancos, y me sentí acompañado de personas que no podía ver. Me persigné, por temor y seguí adelante.

Cuando me encontré frente al ataúd de piedra, no pude evitar arrodillarme como si estuviera ante un santo con manto de oro. Supe que aquel peregrinaje había valido la pena e intenté rezar un padrenuestro, pero la emoción no me lo permitió. En cambio, decidí hablarle con el pensamiento, como si estuviera conmigo, como si pudiera sentir el miedo de mis palpitaciones y escuchara todo.

En aquel momento de duda, le hablé al rey Carlos V, le conté de cómo estaba todo en mi familia, de mi madre, de Francisco José, del futuro incierto que me esperaba. Una hora, aproximadamente, estuve ahí, ante la mirada silenciosa de los frailes y de mi hermano. Al terminar, me levanté, sintiendo un gran dolor de piernas y agradecí todas las atenciones que nos habían brindado.

Volvimos a Madrid cuando apenas anochecía y cenamos bajo un cielo estrellado, sin luna ni nubes. Comenzaba la primavera…

Antes de volver a Viena, visitamos una ciudad más, la esplendorosa Granada. Una tierra hecha de sueños, de música, de historia. Una de las visitas obligadas fue a la Alhambra y sus misterios de antaño. Las tardes las dediqué a recorrer iglesias y a admirar el arte que en ellas se guardaba. A diferencia de mi hermano, yo rezaba poco y sólo contemplaba la piedra tallada y los altares.

No fue sino hasta el atardecer del último día que logré ver los ataúdes de mármol de Carrara en los que habían depositado los restos de los Reyes Católicos, Isabel y Fernando, cuya pasión y fe cambiaron el rumbo de la historia. Ahí estaban sus efigies, blancas, recostadas, con las manos sobre el pecho en oración permanente. Sobre ellos se derramaba una tenue luz rojiza que penetraba por uno de los vitrales.

Al dedicarles una oración, me dio la impresión de que el mármol podría tomar vida, levantarse y volver a gobernar el mundo. Imagino que pensamos que todo tiempo pasado es mejor, aunque no lo hayamos vivido, porque la nostalgia es una de las drogas más adictivas que ha experimentado el género humano.

Capítulo XIII

CUANDO ESCRIBES SOBRE EL PASADO, tienes la vana ilusión de que puedes cambiarlo, ponerlo en orden, comprenderlo por primera vez. Qué fácil sería para mí decir que aquel viaje duró más de lo que fue, sólo porque ahora lo deseo. Nada me gustaría más que despertarme mañana y no encontrarme en este convento húmedo, sino en los brazos de la morena que conocí en Sevilla... pero ninguna historia tiene fin, porque todas continúan cambiantes hasta la tumba. A todos nos duele comprender que no existe el felices por siempre.

La felicidad de mi viaje se vino abajo cuando, al abordar de nuevo la embarcación, me entregaron una carta de mi madre. Era sólo un papel con su letra, no tenía fecha ni firma.

Max, he recibido tu última carta. Me hubiera gustado que tu hermano y tú estuvieran aquí para contarme todo lo que vieron, hacerlo a través de unas palabras me parece impersonal. En cuanto llegues a Viena, ven a verme. Tenemos que hablar.

"Tenemos que hablar", aquellas tres palabras me encogieron el estómago, me trajeron de vuelta a la realidad. No eran para mi hermano, no eran para la tripulación que nos acompañaba, sino un balde de agua fría para mí.

Todo el viaje de vuelta lo recorrí silencioso. Sé que Carlos Luis quería hablar de lo que vimos en aquellas semanas y reconstruir, a través de los recuerdos, los bailes, las comidas, los edificios; yo, en otras circunstancias, le hubiera confesado mi última noche en Sevilla. Sin embargo, no pude. Dedicaba mis horas a pensar en qué era lo que mi madre quería de mí, y cuanto más tiempo lo hacía, más ansioso me sentía. Me abstraía en mis pensamientos. Dejé de disfrutar los brillos del sol sobre el agua y la brisa fresca, los beneficios de dormir una noche completa.

El tiempo se percibe diferente cuando uno siente ansiedad, y el viaje de unos días me pareció durar semanas.

Tenemos. Que. Hablar.

No podía pensar en otra cosa cuando llegamos a la costa italiana, y de ahí nos movimos a Viena en tren. Ni siquiera el paisaje me alegraba o me conmovía. El silencio de Carlos Luis era doloroso, me compadecía por lo que estaba sufriendo, pero no sabía cómo alegrarme. Ni estaba yo para que me dijeran algo al respecto.

Cuando llegamos a Viena, el cielo estaba gris, con un tinte verdoso como las algas nos rodeaba y el tufo de humedad nos llenaba la nariz. Las calles estaban cubiertas de charcos. Me pareció que había estado lloviendo los últimos días, pues casi no encontré personas en las calles. Mi hermano iba en un coche de caballos y yo en otro, mi madre ordenó que nos fueran a buscar a la estación. Sevilla se sentía tan lejana... Turquía... Granada... el anhelo de alejarme de todo...

¡Una visión apareció ante mí! Ojos negros muy pequeños, una nariz larga, unos labios delgados, muy curveados, el pelo recogido en un delicado moño detrás de la cabeza; su delgada piel era tan lunar que se le veían algunas venas delgadas en el cuello, sus manos eran como las de una muñeca de delicada porcelana; su vestido, una brisa de blanca primavera.

Me miró de reojo, me reconoció como el hermano del emperador. Sonrojada, notó que yo la miraba, bajó el rostro y apuró el pasó por una callejuela. Este intercambio duró tan sólo unos segundos, pero me bastó una pequeña fracción de tiempo para que mi aliento se cortara de pronto, alentado por el apurado palpitar de mi corazón enamorado. Me mordí el labio inferior, retuve mis deseos de seguirla por la calle para pedirle que subiera a mi coche y llevarla a donde ella quisiera. (¿A la Luna? Sí, lo hubiera hecho.)

Sin embargo, mi madre esperaba en el palacio. Impaciente como era ella, seguramente estaría viendo el avance del segundero, tic... tic... y:

—Llegas tarde, Max —me dijo en cuanto entré en su despacho.

—Un ligero retraso en el tren, madre —le respondí.

Asintió con una mueca, y me mostró su mejilla. Le di un beso. Sentí que su piel estaba fría.

—¿Quiere que le cuente sobre nuestro viaje? —pregunté.

—Luego... seguramente Carlos Luis tiene muchas anécdotas, pero ahora lo que nos entretiene es otro tema. Tu hermano ya debería estar aquí, le dije que lo iba a esperar a mediodía en punto. ¡Tarde como siempre! Tú y Francisco José están cortados con la misma tijera.

Me senté frente al escritorio de mi madre, al tiempo que Francisco José entraba por la puerta; me levanté por un momento para recibirlo. Me llamó la atención que comenzara a dejarse la barba en mi ausencia, según me enteré días más tarde, para verse mayor y varonil en los actos públicos.

—Madre, Max... gusto en verte. No tengo mucho tiempo. Me espera el embajador alemán en mi despacho. Así que hagamos esto rápido.

Se volvió hacia mí y continuó:

—Max, la próxima semana se tiene pensado realizar un baile en honor a nuestros embajadores. Yo tengo que viajar al norte para atender unos asuntos de... bueno, eso no te importa. El tema es que yo no estaré. Mi madre y yo pensamos que tú podrías estar ahí en representación mía. Dirías algunas palabras en mi nombre y podrías retirarte después de la cena. Sólo eso.

No había aceptado siquiera, cuando mi hermano ya salía apurado por la puerta.

Mi madre recostó ambos brazos sobre el escritorio y arqueó las cejas. Esperaba mi respuesta. ¿Acaso tenía opción para negarme? ¿Acaso tenía una verdadera excusa?

—Si usted me lo pide, madre, y mi emperador me lo solicita. Ahí estaré.

Aquella respuesta pareció agradar a mi madre, porque sonrió levemente. Acto seguido comenzó a tomar los papeles que tenía sobre el escritorio. De un momento a otro levantó la vista, sorprendida de que yo siguiera ahí.

—Puedes retirarte, Max. Seguramente tienes mucho que desempacar.

Hice una pequeña reverencia y caminé hacia la puerta. Justo antes de girar la perilla, me volví hacia el escritorio.

—Madre, ¿quién es realmente mi padre? He escuchado rumores y yo...

Sin levantar la vista de los papeles, me interrumpió:

—No olvides cerrar la puerta cuando salgas.

Capítulo XIV

¿QUIÉN ERA ESA MUCHACHA? ¿Qué pensamientos cruzaban por su alma al verse al espejo y delinearse el párpado con un tenue color rosa? No podía sacarme de la cabeza sus labios delgados y su nariz de botón, su forma de barrerme con la mirada. Carlos Luis se dio cuenta de que yo había enmudecido, que rumiaba mis reflexiones, que nuestras comidas se habían vuelto silenciosas.

Las personas hablan de lo maravilloso que es el amor a primera vista, pero no hablan de lo que duele, de cómo recorre el cuerpo como un veneno. ¿Cómo liberarse de aquel hechizo? Después de la tercera noche comencé a soñar con ella, siempre llevaba un vestido hecho de notas musicales, un collar de perlas en su largo cuello blanco y el pelo suelto sobre los hombros desnudos. Bailaba sobre las estrellas y yo, vistiendo mi traje militar, me deslizaba con ella entre los vapores de la noche. Repentinamente desaparecía, se apagaba la Luna y yo me encontraba cayendo, desnudo al vacío eterno.

Despertaba de golpe, no asustado, sino con un calor que me recorría el cuerpo. Perlas de sudor bajaban por mi cuello, me temblaban los labios y el corazón me palpitaba con el mismo ritmo que aquella ocasión que la vi por primera vez. Oh, si pudiera tenerla entre mis brazos, sentir el calor de su pecho y descubrir los misterios de su inocencia palpitante.

Me distraje en la fiesta que habría de realizarse. Mi madre me evitó, con justa razón, por varios días. En la mesa, solamente escuchaban las historias de Carlos Luis; cuando era mi turno de hablar, ella bajaba su rostro al plato de sopa o se las ingeniaba para cambiar el tema de conversación. Sí, parecía silenciosa con respecto a mi persona, pero yo sabía que su mente maquinaba, tramaba... nunca podía estarse quieta con asuntos de familia y de gobierno.

Mi mayor preocupación, si puede decirse así, era que mi madre estuviera presente el día de la fiesta. Sin embargo, aquella mañana, anunció que se iría unos días con mi padre a descansar al palacio de Schönbrunn.

¡Qué alivio sentí, entonces! No tendría ninguna figura de autoridad que me criticara o me recordara que yo estaba en la línea para suceder a mi hermano. Pensándolo bien, si no le tuviera tanto cariño a mi hermano y esto fuera una historia de intriga medieval, seguramente hubiera podido envenenarlo y quedarme con la corona. Aquello habría sido la base de una buena obra de William Shakespeare.

Para la fiesta usé mi uniforme militar de gala y, aunque se me informó que el salón estaba lleno de personas que esperaban ansiosas mi presencia, dilaté unos minutos más mi aparición, pues a uno de los criados del palacio se le había olvidado lustrarme los zapatos.

Una vez que me sentí bien con la imagen que veía ante el espejo, salí de mi habitación. Estaba emocionado, el corazón me palpitaba al ritmo de algún vals que había escuchado en mi tierna infancia o de alguna sinfonía violenta del buen Beethoven. Me temblaban un poco las manos, pero no era de miedo sino de excitación. ¡Era el primer evento en el cual yo estaba a cargo! Decidí manejarlo como si se tratara de un barco, dando órdenes firmes, demostrando mi autoridad con una buena presencia, levantando el pecho con orgullo y repitiendo en mi mente: "Tú eres un Habsburgo, ellos han venido a verte, no tú a ellos"… "Tú eres un Habsburgo"…

El crepúsculo púrpura delineaba el horizonte, las líneas rectas de la escalera me esperaban con singular quietud. Bajé cada escalón escuchando el eco de mis pisadas y esperé unos segundos afuera del salón. Debían anunciarme primero. Sí, era el mismo salón en el que se había celebrado la coronación de Francisco José, mas éste era mi momento para brillar.

Entré, y las miradas se posaron sobre mí. Me aplaudieron, aunque yo nunca había hecho algo en mi vida que mereciera un aplauso. Las personas se me acercaban o giraban a mi alrededor. Era yo el sol en aquel pequeño universo, y el resto de los invitados eran tan sólo planetas menores. Los reflejos de los candiles brillaron en los espejos con marcos de oro, las viejas pinturas de héroes griegos parecían contar mi historia. Estaba yo en un Olimpo dorado.

Por supuesto, nos acompañó la música, los meseros que ofrecieron pequeñas viandas y vinos espumosos de burbuja muy fina; yo me acerqué al susodicho embajador de Alemania para atenderlo en nombre de mi hermano. Estuvo muy interesado cuando le conté del viaje que había hecho por el Mediterráneo, y Carlos Luis complementó mis historias. Estaba ahí con nosotros, pero había llegado tarde.

El crepúsculo se transformó en una noche estrellada, pero apenas cálida. Así que ordené que se abrieran las puertas a la terraza para que circulara el aire. Eso alentó a muchos de los invitados a salir a fumar sus pequeños cigarrillos rusos de tabaco negro; un acto, desde luego, fuera de protocolo, pues muchos caballeros solían esperar hasta que terminara la cena para hacerlo.

Durante un par de horas actué como anfitrión. No bebí mucho del vino espumoso, no fuera a ser que el alcohol se mezclara con la emoción del momento, y luego diera yo un espectáculo lamentable.

Cuando nos sentamos a la mesa, me ofrecieron el lugar de la cabecera, a mi lado derecho estaba el embajador de Alemania, y a mi lado izquierdo, mi hermano Carlos Luis. El resto de los invitados lo hizo de acuerdo con sus cargos, rangos o clase social, según iban dictando las consabidas normas de formalidad... ¡Ah, pero sucedió lo impensable! La joven que había visto a mi regreso de Austria se encontraba ahí, en la mesa, luciendo un hermoso vestido color esmeralda y portando un collar de plata al cuello. Ahí, casi al otro lado de la mesa, brillaba su tez blanca frente a una vela; cerraba los párpados con tal lentitud que pareciera seducir a la noche.

—Max, ¿estás bien? —escuché la voz de mi hermano, y me sacó del trance en el que me había sumergido.

—Es que encontré a la joven de la que te había hablado, es ésa de allá. ¿La ves? La que usa el vestido verde.

Mi hermano me dio unas palmadas en la espalda.

—Ay, Max. Siempre el romántico, si no es un libro de mitología o de poemas, se trata de unos ojos bonitos. Si te viera nuestra madre... ¿Sabes quién es esa mujer que te ha embelesado?

Negué con la cabeza.

—Pues te lo voy a decir —continuó con una sonrisa socarrona—. Esa joven es la condesa Paula von Linden, hija del ministro de

Wurtemberg. A él lo conoces, ¿no? Bueno, pues ella es su hija. Ha estado en estas fiestas varias veces.

—Es la primera vez que la noto.

El embajador de Alemania, al escuchar aquella conversación, exclamó:

—Quién pudiera volver a seducirse por el amor fácil que siempre aparece en la juventud de todo hombre.

No pude evitar levantar mi copa y brindar por la juventud, aunque ahora, pensándolo bien, creo que el embajador no me estaba ofreciendo un cumplido, sino una crítica. Una que me hago ahora... pero en aquel momento era yo joven e ingenuo. Recuerdo la emoción del momento, las miradas furtivas entre Paula y yo durante la cena, los destellos dorados de las velas... poca atención le presté al embajador o a mi hermano, porque dedicaba mis silencios a aquella deliciosa criatura que no podía dejar de contemplar. ¿Por qué? ¿Qué me atraía de ella? ¿Por qué el amor nos arreba el control de nuestros pensamientos de una forma tan absoluta que no importa nada más? ¿Qué lugar tenía la mente en contraste con el corazón?

Poco recuerdo de la perfumada crema de tomate, de las croquetas de langosta o del ciervo asado, tampoco del helado de limón y menta que sirvieron entre los platos para que se limpiara nuestro paladar. Incluso ahora cierro los ojos y, por más que pienso, no logro recordar cuál fue el postre que sirvieron aquella noche. En cambio, aparece ella, abriendo sus labios inocentes para decir:

—Con muchísimo gusto compartiré el primer baile con usted, mi buen señor.

Y su padre ni siquiera se atrevió a objetar.

Era uno de los momentos más esperados de la noche, y puesto que yo no tenía una esposa oficial de la cual disponer en aquel momento o una pareja, me atreví a ofrecerle un baile a la condesa.

Aún puedo sentir mis dedos en su cintura, su mano en mi hombro, su dulce aliento cerca del mío, su mirada tímida. Temblaba, al igual que yo. Todas las miradas estaban puestas sobre nosotros, y aquello nos daba más miedo. Comenzó a sonar la música, los violines hicieron su aparición en el aire, y yo me quedé congelado por un segundo. No sabía si seguir adelante o salir corriendo.

Cerré los ojos y di el primer paso.

Ella lo siguió.

Todo se hizo más fácil, nos deslizamos torpemente por el salón, pues nunca he sido bueno para escuchar el ritmo en la música, pero no me importó. La tenía muy cerca de mí. Cada vez que la miraba, ella bajaba el rostro para no encontrarse conmigo.

Poco a poco, el salón se fue llenando de otras personas que querían bailar, mi hermano tomó a otra joven aristocrática y yo mismo bailé en una ocasión con la esposa del embajador. Luego, volvía a los brazos de mi pequeña condesa, porque sin ella me invadía un extraño sentimiento de orfandad.

No sé cuánto tiempo estuvimos ahí, dando círculos, girando, evitando que nuestros ojos se cruzaran, ajenos a cualquier conflicto y a la celebración que se llevaba a cabo en ese momento, incluso a la orquesta que nos iba marcando el ritmo al que habríamos de movernos a lo largo del salón. ¿Qué vino o copa necesitaba para embriagarme si podía beber del sentimiento que me desbordaba?

No sé cuándo se vació aquel salón, no me importó. Apenas quedábamos pocos hombres, los criados comenzaban a recoger los restos de la cena. Después de una noche larga, el silencio me pareció devastador, sabía que la condesa habría de alejarse de mí... ¿y qué podía hacer yo?

Vi a lo lejos el filo gris en el horizonte, sentí el frío de la madrugada, levanté la barbilla de la condesa, la miré a los ojos y le robé un beso.

Mi corazón era como el aleteo de un colibrí.

Capítulo XV

ENAMORARSE, CONECTAR CON EL UNIVERSO, caminar como si flotara el mundo... Carlos Luis tenía razón, era yo un empedernido romántico. Y lo peor que un hombre puede hacer es ver la vida con ojos de enamorado, porque se pierde la cabeza, no nos damos cuenta de la rueda del tiempo que gira y gira hasta aplastarnos de golpe.

Días después del baile, me encontraba en los jardines del palacio sentado junto a una fuente. Me gustaba sentir la brisa fresca alrededor de mí, escuchar el agua salpicar, el movimiento del césped; sentía que el mundo no estaba quieto, que la muerte jamás podría tocarme.

Con el recuerdo de aquel baile, había escrito un poema:

> Cuando las notas de la cítara emergen suavemente
> con el delicado poder seductor
> de las olas plateadas de un lago
> en el escenario de un prado florido.
>
> Luego se levantan arrastrando
> hacia el cielo el pobre corazón
> que flota con débil tintineo
> y sigue las notas hasta las nubes.
>
> Pero las nubes se mueven rápidamente
> y la canción se va con las nubes
> cuando la canción y las nubes se desvanecen
> el anhelo arde en el corazón.

Lo leí en silencio y en voz alta. Pensaba que pronto tendría la oportunidad de reunirme con la condesa y recitarle estas palabras al oído.

Imaginaba sus dulces labios curveándose ante mis susurros. Oh, imaginaba tantos escenarios sobre las reacciones que tendría ella, que comencé a llenarme de una terrible ansiedad.

¿Sería premonición o miedo genuino? Estaba de espaldas al palacio y, al volverme, a través de la caída del agua, vi una figura negra distorsionada que se acercaba a mí. Era, por supuesto, mi madre portando su luto. Apretaba los labios, tensaba la quijada y llevaba la cabellera suelta, algo raro en ella.

Llegó hasta mí, pero no se sentó. Me traspasó con la mirada como si pudiera leer mi mente y juzgarla.

—Te llegó una carta, Max. La acaban de dejar en el palacio.

Me extendió la mano y vi el sobre de papel.

—¿Por qué no me la trajo uno de los criados o de los ayudantes de mi hermano?

Mi madre no respondió. Permaneció estática.

Tomé el sobre y leí "Max" en él, con una delicada caligrafía.

Abrí el sobre y comencé a leer:

Mi querido Maximiliano:

No tengo palabras para agradecer el ramo de violetas que me hiciste llegar ayer por la tarde. Causó gran impresión en toda la familia. Es un gesto que sólo puede venir de un corazón tan noble como el tuyo. Yo tampoco he podido dejar de pensar en aquel baile maravilloso que coronamos con el amanecer. Ojalá todo esto hubiera podido terminar de otra manera, pero la decisión no está en nuestras manos. Hasta siempre, mi amado. Te llevaré siempre en la memoria del corazón.

Paula von Linden

Doblé la carta y la volví a meter en el sobre.

—Madre, imagino que me trae esta carta porque usted ya la leyó. No quiero saber sus excusas para hacerlo, pero me gustaría que me explique a qué se refiere con sus últimas palabras. Parece una carta de despedida, y yo quería invitarla a cenar la próxima semana para que usted y mi padre la conocieran.

Arrugando los labios, como si le molestara que yo le hubiera pedido una explicación en aquel momento, finalmente habló:

—Tu hermano, el emperador, consideró largamente que el padre de la condesa nos podría ser de mucha utilidad en Alemania; después de todo tiene buenas relaciones allá y se comportó magistralmente en la cena que se dio hace unos días. Leí los reportes de cómo sucedió todo. Mañana por la mañana, toda su familia partirá hacia el norte.

Mientras iba escuchando aquellas palabras, se me iba secando la boca. Pareciera que mi respiración se iba cortando y ¿qué podía hacer? Me levanté de improviso con un gesto de terror en el rostro, dispuesto a salir a las calles de Viena, a buscarla y pedirle que me permitiera acompañarla. Sin embargo, sentí la mano de mi madre en el brazo.

—El emperador confía en que entiendas sus razones y permanezcas en Viena durante los próximos días. No son tiempos para perseguir una falda.

El "sí, madre" que respondí en ese momento fue uno de los más difíciles que salieron de mis labios. ¿Qué podía hacer entonces? Cuando entendí que mi madre estaba detrás de todo eso, supe que, si seguía a la condesa, habría represalias. No sobre mí, sino sobre ella.

Nunca me hubiera perdonado si mi querida Paula hubiera sufrido algún mal por causa mía.

Dejé la carta caer en el agua y regresé al palacio con paso firme. Estaba listo para hacer mi maleta y desaparecer de ahí. Más me valdría alejarme de todo ello. Quizá en el Mediterráneo podría encontrar un poco de paz, así que decidí volver a mis responsabilidades navales, para seguir mis planes de reestructurar todo aquello.

Le escribí una nota a Francisco José, pero no para pedirle permiso, sino únicamente para informarle que planeaba irme. ¿Qué ganas podía yo tener de verlo en persona? Ah, pero lo hice, sin quererlo. Sí, lo hice y fue lo peor que me pudo haber sucedido en ese momento.

Porque estaba ya por salir del palacio, mi equipaje estaba en el coche y la escolta se había preparado para acompañarme a la estación de tren. Caminaba hacia la entrada, cuando escuché voces. ¡Discutían! Mi madre y mi hermano eran muy descuidados al permanecer en una habitación abierta mientras cada uno le levantaba la voz al otro.

—Dijo que lo dejara todo en sus manos, madre. Usted me juró que iba a proteger a Max, y ahora acabo de recibir esta nota de que regresa a sus obligaciones navales. Yo prefería tenerlo cerca para que me ayude en cuestiones de gobierno.

Mi madre le respondió:

—¿Crees acaso que no lo hice? ¿Sabes lo que se dijo en toda Viena después del espectáculo que dio tu hermano en la fiesta? Max bien podría haber hecho con esa mujer lo que todos andan sugiriendo, que no hubiera existido diferencia. Un gobernante que no cuida su imagen y la de su familia está condenado a ser el hazmerreír de su pueblo y del porvenir. ¿Acaso no te enseñé a cuidar las formas y evitar el chisme?

—Pero Max...

—¡Ya se lo explicaré yo a Max cuando llegue el momento! Cuando alguien te pregunte por su vida privada, niégalo todo. Si cualquier cosa que haga tu hermano se convirtiera en un escándalo, recuerda que la disculpa es la única política si no quieres asumir las consecuencias de actos que no son tuyos.

Al escuchar aquella discusión desde el pasillo, sentí que se me caía una pesada piedra en el estómago. No sólo se me había negado el poder, se me había alejado de mi hermano y de la mujer que había comenzado a amar; también deseaban hacerse cargo de cada parte de mi existencia.

Mi vida, mi corazón y mi mente les pertenecían, y hasta ese momento no me había percatado de ello.

¿Somos todos esclavos de nuestra sangre y apellido? ¿Podemos escapar de un destino que otros han escrito para nosotros?

—¿Max? —Francisco José susurró al verme en el marco de la puerta.

Mi madre se mantuvo en silencio.

—Les avisaré en cuanto llegue al puerto —fue lo único que les dije, luego fui hasta la puerta de palacio y me alejé de ahí. Nadie hizo el intento por detenerme, por enjugar las lágrimas de impotencia y coraje que se me iban acumulando en las lumbreras vidriosas de mi rostro. La decepción siempre logra romper algo dentro del ser humano, siempre arde y quema... y te hace sentir que eres la persona más imbécil del mundo.

En ese momento... ¡yo lo era!

Capítulo XVI

Con el rumor de las olas, escribí el siguiente poema:

Duele, duele el pobre corazón,
todas las alegrías pasan
y se convierten en dolor
en el amargo tiempo del sufrimiento.

Hoy está ese bromista de Cupido,
quien juega a la pelota con tu corazón
mañana la muerte viene a ti
apuntando más seguro que el ángel.

Siempre, ante el miedo, ante la incertidumbre, ante los golpes de la vida, ante los malos sueños y ante los momentos difíciles de mi existencia que no alcanzaba a comprender, he encontrado consuelo en la tinta.

Así como ahora, en que debo escribir mis memorias para entender en dónde erré el camino.

Capítulo XVII

¿QUÉ PERSPECTIVA PUEDE TENER un ser sobre su propia vida? ¿Cómo puede ver las olas y saber en qué sentido sopla el viento del destino? Me miraba al espejo y no me reconocía, me sentía como un niño jugando a ser un adulto, mi rostro lampiño, mi frente amplia... y decidí que había llegado el momento de ser un hombre. Así que comencé a dejarme crecer la barba, como tantos antepasados míos, mi padre y mi hermano Francisco José. Por supuesto, los primeros días de no rasurarme fueron una locura, me picaba toda la cara y, a fuerza de rascarme, terminaba con la piel roja. Después de algunas semanas dejé de sentir el escozor.

Me costó varios meses volver a Austria, y me tomó más valor del que yo hubiera aceptado. Pronto comprendí que me daba pena reclamarle cosas a mi hermano, como si él se hubiera convertido en un extraño y los dos tuviéramos vergüenza de hablar sobre el tema de la condesa. Mi madre continuaba como si nada hubiera pasado, su frialdad no cambió.

En lo que a mí respecta, tengo que confesar que aún estaba herido. No es de extrañar que hiciera todo lo posible por mantenerme cerca del mar, por dejar que fluyera el tiempo dentro de mí... Las olas no envejecen, pero yo sí iba adquiriendo madurez, sobre todo en aquellos temas personales en los que había despertado tal pasión.

Me he de adelantar un poco en el tiempo para zanjar estas cuestiones antes de que irrumpan los terribles momentos que he de describir a continuación y que alteraron, aún más, el estado de mi alma.

En marzo de 1856 le escribí a Francisco José por medio de los canales oficiales. Mi carta era tan eficiente y carente de sentimientos como podría esperarse de mí en ese momento. Le solicité que se creara una institución de algún tipo que resolviera todo lo relacionado con los asuntos de marina. Accedió de inmediato, y creó la

"Suprema Autoridad de la Marina", de la cual formé parte y custodié durante su formación. Los reportes de cómo se iban adecuando los hombres a ese nuevo organismo los envié con mi nombre y pronto recibí una carta de mi madre y de mi padre para felicitarme por lo que estaba haciendo, y me recomendaban que me quedara en el mar Adriático, "resolviendo aquellos menesteres tan propicios e importantes para el imperio".

Entendí que lo que querían decir en realidad era que cuanto más lejos me encontrara de la capital del imperio, menos le estorbaría a mi hermano.

Años después, al terminar la década de los años cincuenta, resolví escribir un informe anónimo sobre el estado del poder naval del imperio austriaco, pues no estaba yo para poner mi nombre en algún documento que terminara siendo una crítica a mi hermano.

A pesar de los avances logrados, en ese informe describí el lamentable estado de aquella rama de la milicia; exigí que se creara una marina más grande y moderna, acorde con los tiempos que estábamos pidiendo. Solicité que se asignara un presupuesto extraordinario para tales fines.

Una de las principales razones que tenía para hacer tal petición era un miedo que me había surgido de repente. Italia trabajaba entonces por mejorar su flota; si conseguía hacerla más grande que la nuestra, estaríamos en riesgo. Austria no podría hacer nada frente a un embate marítimo.

Pues bien, hasta donde sé, el informe fue leído y tomado por la obra de un quejoso cualquiera. Claro que firmarlo con mi nombre le hubiera dado otra autoridad, pero qué pocas ganas tenía de tratar con mi familia, después de lo de Paula von Linden.

Esperé y esperé alguna respuesta para mi informe anónimo, pero sólo escuché el rumor de las olas. Me daba la impresión de que mi hermano se dormía en sus laureles.

Creí, como todos los hombres críticos del poder, que yo hubiera hecho un mejor trabajo como gobernante, y que no me dejaría controlar y aconsejar por mi madre. Cada noche, antes de dormir, fantaseaba con las decisiones que yo hubiera tomado de ser el emperador... pues entonces comencé a creer que el poder se me estaba negado en esta vida. Ya con el tiempo me he dado cuenta de que más bien la vida es terriblemente irónica, basta abrir cualquier libro de historia para comprender que Dios tiene un pésimo sentido del humor.

Decidí tomar medidas más enérgicas con respecto al tema militar y envié a la Cámara baja un proyecto que permitiera que el Ministerio de la Marina fuera independiente del poder militar. Aproveché también y sugerí un organigrama y una nueva estructura de mando para este proyecto. Era necesario que nos nutriéramos de los adelantos técnicos y científicos que se daban en todo el mundo.

El proyecto fue discutido y aceptado.

Bien, fue a lo largo de la década de los cincuenta que me dediqué en cuerpo y alma a profesionalizar todo el sistema naval.

¿Había encontrado mi profesión y mi lugar dentro del imperio? Así lo sentía. Al menos las felicitaciones tenían más que ver con mi trabajo que con mi apellido, aunque no todo era trabajo. Como escribí anteriormente, mi vida estaba por dar un vuelco.

Pero no es menester que adelante mi historia, así que vuelvo al tiempo que narraba antes. Si alguien está leyendo estas memorias y conoce mi historia, sabe que estoy a punto de caminar por tinieblas sombrías.

Capítulo XVIII

A PRINCIPIOS DE FEBRERO DE 1852, le escribí una carta a Carlos de
Bombelles.

Mi querido amigo:

*No sabes qué consuelo me han dado tus cartas durante los últimos meses.
Desde que paso poco tiempo en Viena, por las razones que te he compartido en estricta confidencia, me entero de las noticias acerca de los naci-
mientos, casamientos, las muertes, los romances, el acontecer de la vida
diaria y hasta las decisiones que mi hermano, el emperador, toma por
consejo de tu padre y de mi madre.*

*En el transcurso de diez días, tendré que partir a Portugal para realizar
simulacros en alta mar con las nuevas embarcaciones que hemos construido. Por fortuna, tenemos buenas relaciones con aquel país y podremos
anclar en el puerto de Lisboa. Aprovecharé para visitar a una prima de mi
madre, Amelia de Beauharnais, esposa del emperador Pedro del Brasil (y
otrora rey de Portugal), y también a su hija María Amelia. A ella la cono-
ciste también, hace dos años, en una fiesta privada que se organizó en el
palacio, cuando mi tío, que Dios lo conserve en buena salud, gobernaba.
Amelia tiene una charla agradable, y estoy seguro de que me llevará a conocer los mejores lugares de la ciudad. Lo que más me interesa es descubrir
los vinos y la comida de aquella región.*

*No quiero imponer mi presencia en Portugal más allá de lo necesario,
así que no molestaré mucho a mis parientes. Prefiero enfocar todos mis esfuerzos en los simulacros que haremos en el mar, para seguir profesionali-
zando la marina austriaca en caso de un ataque que vulnere la seguridad*

de nuestro imperio. Mi madre ya sabe de mi viaje, y lo ha aprobado. Me imagino que espera que le cuente, con todo detalle, sobre mi visita a Portugal, si no es que buscará enterarse por otros medios. Mi madre tiene ojos donde uno menos lo espera.

Maximiliano de Habsburgo

Capítulo XIX

¡QUÉ SUAVES SON LAS OLAS EN PORTUGAL! Azules como en ningún otro rincón del mundo, de cresta blanca como la nieve y una profundidad nocturna. El calor que baja del sol te rodea en cualquier momento del día y, a pesar de la brisa marina, sientes el cuerpo entero sudar debajo del traje naval.

Recuerdo que el día que llegamos al puerto crujía la madera de la fragata en la que yo viajaba, las velas níveas estaban desplegadas por completo, el aire soplaba fresco, me latía con mucha rapidez el corazón. Estaba emocionado por la idea de visitar otro país. Siempre que viajo, ya sea por cuestiones navales o personales, intento averiguar todo lo que puedo sobre ese país. Además de la historia y la cultura, como he mencionado en otras ocasiones, también me intrigaba el tipo de comida que se servía, los aguardientes que se disfrutaban después de una buena cena, los tipos de vino que inundaban las cavas, la música que se escuchaba en sus ratos de ocio, y la forma en cómo los niños levantaban la cabeza y miraban a las estrellas.

Portugal me había fascinado desde hacía varios años, desde que leí algunas descripciones en un viejo y raro libro que papá guardaba en su librero. Me pareció una lástima que no se me haya ocurrido Portugal en aquella ocasión en la que estuve de vacaciones con Carlos Luis, pero ya se prolongaba demasiado el viaje, y sé que a mi madre nunca le gustó que yo derrochara el dinero.

Entramos al puerto, que había sido reconstruido un siglo atrás, cuando un terrible terremoto destruyó parte de la ciudad, pero en aquel momento no vimos mucho. Lo que sí me pareció curioso fue la enorme cantidad de marineros que venían del Brasil, ora visitantes que buscaban recorrer iglesias o tugurios de mala muerte, ora comerciantes que traían exóticas especias y maderas del nuevo mundo.

Me pareció que los brasileños eran una raza de piel tostada, quizá por el sol, bien formados, de ojos claros y muy atractivos a la vista. Se distinguían de inmediato de los portugueses, quienes ofrecían un porte mucho más europeo, vestían de colores más sobrios y caminaban más lento.

Adentrándome más en la ciudad, con el resto de los marineros que nos acompañaba, tuve la fortuna de entrar a un restaurante en el cual bebimos de lo que ellos llaman *vinho verde* y varios platillos preparados principalmente con mariscos. Si la memoria no me falla, nos sirvieron un plato de pulpo con aceite de oliva, almejas, pan fresco, algo que llaman *caldo verde* y un buen trozo de bacalao.

Santa María Mayor, la catedral de Lisboa, fue la visita de aquella tarde. Daríamos gracias por el buen viaje. Desde que vimos la estructura de piedra a lo lejos, sentí no sólo la solemnidad de aquel edificio, sino la historia. Se asemejaba a los grabados medievales que con frecuencia había encontrado en libros y novelas, pero con la diferencia de que en ese momento lo tenía enfrente de mí. Qué delicia fue que mis dedos pasaran por sus piedras viejas.

Tenía esta loca idea de que visitar edificios de otros tiempos era como si aquellos que habían vivido en la antigüedad nos contemplaran y nos juzgaran banales. ¿Pensaba, acaso, que todo tiempo pasado era mejor? Tal vez no mejor, pero sí más interesante. Y dentro de la iglesia me quedé pensando en cómo se había construido, qué nobles sentimientos movieron a los gobernantes a levantar estas piedras, qué ideas cruzaron por su mente para crear las pinturas o las otras obras de arte.

Imagino que quienes opinan que la historia de un pueblo es aburrida, es porque les han despojado de toda humanidad y sus pasiones.

Como siempre me sucede, estaba tan enamorado de mis propias ideas que el tiempo pasó sin que me diera cuenta. Pronto noté que desaparecía la luz que iluminaba los vitrales, que el aire comenzó a sentirse más fresco.

¡Por Dios! Sentí el estómago un poco hecho nudo porque tenía una cita para visitar a mis parientes, y yo estaba perdiendo el tiempo. Les dije a mis compañeros que volvieran ellos solos al puerto, al tiempo que yo me adentraba en las calles de Lisboa para buscar la casa en donde vivía la prima de mi madre. Conocía el nombre de la calle, por supuesto, pero desconocía la manera de preguntar cómo llegar a ella.

Qué podía hacer, mas que detener hombres en la calle y repetir el nombre de la calle y esperar a que me señalaran el camino con el dedo. Caminaba un poco y repetía la acción.

Por fin llegué a una casona de dos pisos; desde luego, una de las más grandes de toda la ciudad. Llevaba puesto mi uniforme naval, puesto que no me había dado tiempo de cambiarme. Toqué a la puerta. Un hombre mayor, calvo y con los ojos muy parecidos a la aceituna de oliva, me abrió. Por la mueca que hizo al recibirme, me dio la impresión de que no aprobaba mi aspecto.

Me hicieron pasar a un vestíbulo en el cual habían encendido las velas de un largo candelabro hecho de plata. Después de unos segundos me invitaron a sentarme en uno de los sillones de la enorme sala, llena de vitrinas de madera, piezas de porcelana representando pastores y pescadores; en la pared, colgaba una pintura de bodegón.

Aquel espacio también estaba iluminado con velas, que formaban graciosos claroscuros en aquella tarde roja que estaba por terminar en cualquier momento.

—Lo siento mucho, Max —Amelia de Beauharnais dijo en alemán al entrar a la sala; su acento era muy gracioso porque arrastraba las palabras—. Espero que no hayas esperado mucho tiempo. Mi hija y yo hemos pasado el día realizando varias diligencias que eran importantes. No sé cuándo volveremos a Brasil. Estos viajes a Portugal deben aprovecharse para que valga la pena cruzar el mar. Ay, y nos tardamos más de lo planeado cuando visitamos la tumba de mi querido esposo.

Me levanté, y le di un beso en la mejilla a forma de saludo.

—No se preocupe, llegué hace unos momentos.

Sonrió. Se sentó en un sillón y yo me senté en otro. Ordenó que trajeran un poco de té negro, y un joven criado la obedeció. Trajo además, en una charola de plata, platos y tazas de porcelana, también unos chocolates azucarados en forma de diferentes flores.

—Sí, me escribió mi prima para decirme que venías de visita a Lisboa. Es una suerte que mi hija y yo estemos para recibirte. Espero que tengas tiempo, mi querido Max, porque queremos enseñarte los edificios más bonitos de toda la ciudad, y estamos invitadas a algunos recitales. No son tan fastuosos como los que tienen en Viena, con música de Beethoven y valses heroicos y románticos, pero creo que te van a gustar. Aquí se cantan *fados*, se baila y se rasga la garganta con las canciones... Ya lo verás, mi querido Max. En una de ésas te gusta tanto Portugal que hasta decides quedarte. Ah, mira, aquí viene mi hija. ¿Hace cuánto que no la ves?

Me levanté, estaba embelesado por aquella visión tan maravillosa. Era una figura dulce, de cintura pequeña, cabellos dorados cual rayos de sol, cayendo sobre los hombros, y rojos labios cual carmín. Su piel lisa parecía hecha de la porcelana más fina de todas... ¡Ah, esos ojos! Era como si reflejaran siempre un pedacito de la luna.

Tan sólo de verla una vez, me arrebató todos los pensamientos. ¿Se trataba de aquel amor a primera vista del que tanto abusan las novelas rosas? ¿Sería un hechizo, un estado de embriaguez, una locura o tal vez un estado de aparente lujuria? ¿Cómo describirlo? ¿Cómo detener el tiempo para contemplarlo?

—Hace poco, señora. Hace poco —respondí.

La joven criatura, María Amelia, se ruborizó al verme.

—Era yo una niña, madre —dijo ella, se sentó junto a su madre y se sirvió una taza de té negro. Tomó un chocolate y lo colocó en su plato, pero no se lo comió—. ¿Acaso olvidó ya los días que pasamos en la primavera entre las casonas de piedra en la hermosa Viena?

—Bueno, querida, de eso ya pasó mucho tiempo. Ahora te has convertido en una joven inteligente y hermosa. ¿No crees, Max?

Aquella pregunta me tomó por sorpresa. Di un sorbo a mi té y respondí:

—Lo que usted diga, doña Amelia.

Ella continuó:

—Mi hija tiene varios pretendientes. Yo creo que en cualquier momento te estaremos invitando a ti, a todos tus hermanos y a mi prima a una gran boda. Me imagino que será en Lisboa, así podremos invitar a toda la realeza europea. Ay, ¿te imaginas...?, la iglesia llena de flores... el reflejo del sol rosado bañando una imagen de la Santísima Virgen... los himnos sagrados...

María Amelia se sonrojó y bajó la mirada. Me entraron unas ganas de abrazarla.

—Madre, por favor.

Pero Amelia ignoró la súplica de su hija.

—...la novia caminando por el pasillo hasta el altar... la música del órgano... la bendición del sacerdote... ¡el beso al final de la ceremonia!

—Madre, todavía no he escogido marido y usted ya planeó hasta el menú del casamiento. Además, ahora que está en Portugal, se le olvidó que debería vestirse de luto. Mire nada más, ya ni siquiera usa los vestidos negros o el velo para ocultar su rostro cuando estamos en las fiestas. Con razón hay personas que la llaman "la viuda alegre".

No pude aguantar más, se me salió una risa. María Amelia se levantó ofendida y salió de aquella habitación. Su madre se sirvió más té.

—No le hagas caso. Estos días se encuentra un poco molesta, creo que le sentó un poco mal el viaje desde Brasil. No te preocupes, le gusta mucho estar en Portugal, así que nos quedaremos aquí varias semanas. Creo que tu presencia le sentará muy bien. ¿Cuánto tiempo te quedarás? Di que al menos dos semanas.

—El tiempo que duren las maniobras navales. Ése es el propósito de mi visita.

—¡Vamos! El hermano del emperador de Austria puede disponer de un poco de tiempo para sí. No me vayas a quedar mal, Max. Soy capaz de escribirle a mi prima para hacer la petición.

Le sonreí, asentí.

No estaba dispuesto a decepcionarla.

Nunca olvidaré aquella cena, la romántica luz de las velas, la extraña tonada de un músico callejero que tocaba una guitarra a lo lejos. Los saleros de porcelana, el brillo metálico de los candelabros y la cubertería de plata reflejaban el pequeño fulgor rojo de las velas. En la cabecera se encontraba María Amelia; se había cambiado de ropa y ahora llevaba un vestido blanco y una peineta negra pintada a mano para detener el moño del peinado.

El platillo fue un arroz caldoso. Cuando me lo sirvieron me llegó un aroma de tomate asado, mejillones, camarones, chipirones, rape, almejas, berberechos, vino blanco y un toque de azafrán. El platillo era rojo, el aroma, intenso. Me sirvieron una copa de vino verde en una copa baja de vino, me lo llevé a la nariz y me llegó un aroma a laurel, pera y manzana verde. No quise decepcionarlas y bebí un poco:

—Es vino de primera calidad... —dije.

María Amelia le echó una mirada a su madre.

—Si es buen vino es porque algo quiere...

—¿Qué voy a querer? Sólo me da gusto tener aquí al hijo de mi prima. Hija, ¿a ti no te da gusto?

María Amelia soltó una risita medio sarcástica, tomó uno de los tenedores de plata y dio el primer bocado al arroz caldoso. Su madre le siguió. Yo fui el último en hacerlo, aunque el olor que llegaba a mí revelaba la abundancia de tomate y la elegancia de los mariscos, temí que el sabor fuera diferente. Ah, pero no lo fue... los cocineros de la prima de mi madre eran muy hábiles con el manejo de sus ingredientes,

—Dime, Max, ¿aún tienes contacto con Paula von Linden? —preguntó doña Amelia.

—No, mi... bueno, no quiero culpar a nadie. Sólo puedo decir que las circunstancias de la vida hicieron que cada uno tomara su camino. Prefiero dedicarme al mar, a la reestructuración de la flota austriaca, a dotarla de los descubrimientos militares que se hacen todos los días. Al menos, ahí es donde me siento útil.

Doña Amelia me escuchaba atentamente. Esperó unos segundos antes de retomar la charla.

—Es admirable. Sí, muy admirable, pero en asuntos del corazón, ¿qué te aflige? ¿Hay algún nombre que quieras compartir con nosotros?

—Ninguno, señora.

—Ninguno —repitió para sí, mientras una sonrisa se iba dibujando en sus labios, y yo sabía perfectamente qué pensamientos pasaban por su mente—. Entonces, no se diga más, porque el amor puede encontrarse a la vuelta de la esquina. Creo que lo más prudente es que mañana...

Me aclaré la garganta.

—Mañana estaré en alta mar.

—Entonces que sea pasado mañana. Vendrás con nosotras, querido Max. Hay poco tiempo y mucho que ver. ¡Muchísimo!

Tomé la copa de vino por el tallo, y le di un buen trago al vino. María Amelia, con las mejillas sonrosadas, había bajado la mirada y se reía de todo aquel asunto.

Por supuesto, no me extrañó cuando dos días después llegué temprano a la misma casa y únicamente apareció María Amelia (y una dama de compañía) con la excusa de que su madre estaba indispuesta y que lo mejor sería que siguiéramos con el plan sin ella.

—No nos hace falta mi madre, yo puedo enseñarte toda la ciudad —dijo aquella criatura de extraña belleza.

Con un leve temblor en las piernas y un corazón que amenazaba con detenerse en cualquier instante, respondí:

—Supongo que podría hacer el sacrificio de ir sin doña Amelia.

María Amelia me tomó del brazo y caminamos por la ciudad.

Su dama de compañía iba siempre dos pasos atrás de nosotros.

Sentí un temblor en los labios, un miedo mezclado con emoción, un calor en el pecho que no puedo describir con palabras.

Capítulo XX

A LA SEMANA SIGUIENTE ESCRIBÍ ESTA CARTA:

Mi querido Carlos:

Hace un tiempo caluroso en Portugal. No tanto como en los días en que estuve en Roma comiendo pescado frito junto a la costa. Aquí se siente la humedad en el aire, la música llena el ambiente y cada vez que tengo que pasar tiempo en alguna de nuestras embarcaciones sueño despierto con la oportunidad de probar los manjares, y... no sé si debería confesarte esto, pero también quiero estar con ella. Sí, sabes bien de quién te hablo, porque los chismes seguramente ya recorren Viena. Sobre ella deseo escribirte.

Ya no es la cría que conocí en Viena hace unos años, sino una joven doncella que más parece un sueño que una dama de carne y hueso. Sé que dirás que tu amigo se ha vuelto enamoradizo, que he levantado una nueva pasión muy rápido, sobre todo después del terrible asunto de la condesa, pero, ay, querido amigo, ¿cómo podría la mente gobernar el corazón?

No sólo el rostro de María Amelia parece estar confeccionado en el mismísimo Olimpo, sino que su charla es graciosa e interesante. Caminando por las calles de Lisboa, nos hemos pasado las tardes discutiendo sobre religión, sobre la historia de las casas reinantes de Europa, sobre lo que siente sobre su difunto hermano y su difunto padre, que Dios los tenga en su santa gloria. Cuando no está con su madre, se le suelta la lengua. Creo que es un poco irónica, muy religiosa y tiene grandes sueños en la vida.

Cuando me encuentro con ella, una luz que no conozco me hace sentir que todo en esta existencia tiene un sentido, que todos los dolores y las decepciones tienen un porqué y pueden llegar a buen puerto. Ya me conoces, amigo mío, para mí el apellido que tengo y mi cercanía al poder no es más que un accidente en la vida. ¿Cómo puedo sentirme orgulloso de algo que se me ha dado sin que yo lo haya pedido?

Ah, pero amigo mío, sí pedí la llegada del amor. Mi alma de poeta requería que una fantasía le diera vida, que lo inspirara a escribir poemas sin fin cada noche, un ángel que me llevara hasta el paraíso y me regresara, que me enseñara todos los colores del cielo con un solo beso. María Amelia es este ángel, esta luz que me ha devuelto una razón de vivir. Y lo mejor, querido amigo, es que lo he charlado con ella, me he permitido convertir en palabras ciertas cursilerías y he tenido el atrevimiento de susurrárselas al oído. He sido correspondido en mis sentimientos. Ella me ha revelado que también siente lo mismo por mí, que también ha experimentado palpitaciones en el pecho desde la primera vez que me vio en Lisboa, le gustaron mis labios gruesos, mi barba dorada, mis ojos que llevan mucho mar dentro de ellos.

La primera vez que ella me dijo: "También yo te amo" me quedé sin aliento. Fue un golpe de realidad que no esperaba, pero que anhelaba al mismo tiempo.

Oh, qué miedo tan terrible me poseyó en ese momento. Y si mi madre se enterara de lo que hay en mi corazón, ¿volvería a repetirse la historia? Bien dicen en la corte que ella es como una bruja, pues siempre se entera de todo lo que ocurre, aunque sea lejos de casa. Tiene ojos donde menos lo esperas. Alguna vez la escuché advertirle a mi hermano que, cuando se tratara de alguno de los Habsburgo, las paredes siempre tienen oídos... y a veces son de los mismos Habsburgo. Le creo. Tú y yo sabemos de lo que ella es capaz.

Ay, pero esta vez no dejaré que ella o mi hermano arruinen mi felicidad. Por María Amelia sería capaz de renunciar a todo lo que poseo y pedirle que nos fuguemos al fin del mundo, para casarnos en secreto y vivir lejos de cualquier injerencia imperial. Esta vez, si ella se fuera, la seguiría hasta Brasil, hasta Argentina, hasta China si fuera necesario, y no obedecería a mi madre, incluso si me pidiera volver a Austria.

¿Acaso se me está negado el amor por pertenecer a esta familia?
¿O esta familia ha cargado con tanto veneno durante el transcurso de las
generaciones que ya no sabe cómo experimentar los deseos más nobles de
un corazón henchido?

Quiera Dios que se logre, al menos por unos días, ocultar esta relación
de mi madre y llegue a buen término. ¡Quiera Dios!

Tu amigo que te estima,

Max

Sin esperarlo, dos días después recibí una carta en Lisboa. En cuanto vi la letra en el sobre supe que se trataba de mi madre. El corazón me dio un vuelco y sentí un duro apretón en los intestinos. Sin siquiera haber leído aquella misiva, me llené de una cólera descomunal. ¡Otra vez haría lo mismo!

Mi queridísimo y amantísimo hijo:

Las noticias que han llegado al palacio de Austria son favorables. Mi pri-
ma me ha informado que tú y su hija han estrechado relaciones, y que la
correspondencia que los une va más allá de una frugal amistad pasajera.
Cuando leí aquella carta, me sentí llena de gozo, pues siempre he tenido
el mayor interés que buscar tu felicidad, aunque las circunstancias te han
dado a creer que la situación es otra.

Quiero que sepas que tanto tu padre como yo estamos de acuerdo con
este cambio tan repentino, y tus hermanos anhelan conocer los detalles
de cómo se han dado las cosas. No me arrepiento de ninguna de mis ac-
ciones. El día que escuches lo que tengo que decirte entenderás por qué las
decisiones de una madre suelen ser más difíciles que las de un gobernante.

Tanto mi prima como tu padre y yo, creemos que los tiempos no son
propicios, y por lo tanto te pedimos que esperes, al menos un año, antes de
tomar una decisión. Eso nos permitirá a las dos familias hablar de cómo se
llevará a cabo esta santa unión, y discutir cuál será el futuro de los tórtolos
enamorados. Sólo un año, querido hijo, es todo lo que te pedimos.

Tu madre

Una última nota: Francisco José me cuenta que está muy complacido con el trabajo que has hecho como parte fundamental de la milicia del imperio. Te pido que no te duermas en tus laureles y trabajes más duro que nunca. Y, por lo que más quieras, Max, controla tus gastos personales. De todos tus hermanos, eres el que más dinero gasta, entre viajes, cenas de gala, regalos a tu futura prometida y anillos de plata. Debes ser más ordenado con tus finanzas.

Capítulo XXI

AL TERMINARSE LAS MANIOBRAS EN ALTA MAR, no tuve otro recurso que despedirme de María Amelia de la manera más dulce que se me pudo ocurrir: le di un beso suave en los labios y le prometí que en menos de un año tendría una propuesta formal de matrimonio. Ella se quedó complacida, no hubo una mueca de tristeza ni siquiera un dejo de que odiaba alejarse de mí, pero yo sabía que así era.

Ella, por su lado, prometió no volver a Brasil. Deseaba quedarse en Portugal a esperar noticias mías, y yo tenía ganas de escribirle cada mañana para contarle mis sueños, mis sentimientos y mis deseos para el futuro.

Volví al Mediterráneo, pero mis pensamientos no estaban, de momento, en la mejora naval, en la tecnología bélica, en la construcción de nuevas embarcaciones o en el aprendizaje de técnicas y estrategias de navegación. Ella llenaba todos mis pensamientos; en ella me encontraba pensando durante la cena y cuando le escribía a Carlos Luis o a Carlos de Bombelles.

Ella, siempre ella.

Mi amada María Amelia.

Ah, incluso ahora puedo cerrar los ojos y recordar, sin dificultad alguna, el dulce aroma de los jazmines en su cuello, sus delicadas manos sosteniendo los naipes, aquella noche cuando jugamos a la baraja española, los rizos dorados que le caían sobre la frente cuando se soltaba el pelo. La forma en que se curveaban sus labios y sus delicados dedos que a veces tomaban una pluma para escribir una carta.

Capítulo XXII

En junio de 1853 recibí esta carta:

Max:

No he dejado de ver tu rostro en las gotas de lluvia que cada verano resbalan por mi ventana. Me haces falta en los bailes, en las cenas, en los paseos que hago cada tarde. Nunca pensé que me haría tanta falta estar con alguien como tú y, a la vez, es algo que esperaba. Mi corazón estaba destinado a unirse al tuyo, más allá de las aguas del tiempo, creadas por nuestro Señor, desde los albores del tiempo.

En estos días, en los que tu ausencia se me ha hecho más honda, me he encomendado al santo rosario para que te devuelva sano y salvo a mi lado. Un año es todo lo que debemos esperar, y podremos anunciarle al mundo que nuestro matrimonio no será otro burdo enlace entre un hombre y una mujer de la nobleza europea. Lo que tú y yo sentimos por el otro es especial.

Además de escribirte para expresarte lo que en este momento se halla en mi corazón y, no tengo duda, que también en el tuyo, quiero confesarte algo. No deseo que te preocupes, pues no es un menester de gravedad. Después de un largo paseo por el muelle de Lisboa, he contraído la fiebre escarlatina. Los médicos se dieron cuenta después de que le dije a mi madre que mi cuerpo se había llenado de un sarpullido rojo, que ni siquiera los polvos de arroz pudieron ocultar en mi rostro. No me siento mal, tan sólo un poco fatigada por las fiebres que por ahora aquejan mi cuerpo, pero no se trata de nada grave. Aún me encuentro fuerte y llena de energía.

Por consejo de los médicos, haré un viaje a la isla de Madeira, donde podré descansar unos días y recuperar mi salud. El descanso y los medicamentos deben hacer lo propio en menos de un mes. Te mantendré al tanto de mi salud. No tienes que venir a verme. Max. Lo digo de verdad. Mucho insistieron los médicos en que me pondré bien antes de que lleguen los últimos días del verano.

Tu amada

María Amelia

Capítulo XXIII

Max:

Te escribo estas palabras desde Madeira.

¡Excelente noticias! Este tiempo en la isla me ha servido para recuperar mis fuerzas. He dedicado estos días a la reflexión y a la contemplación de la Pasión de Nuestro Señor Jesucristo. Me concentro en aquellos pasajes de los Santos Evangelios que más me evocan sentimientos sobre el sacrificio y la bondad de Cristo. Todas las mañanas, antes de desayunar, he bajado a la capilla y, de rodillas, he pedido por tu bienestar y el mío.

Le he dicho a mamá que, cuando haya recuperado mis fuerzas por completo, saldremos a caminar por este rincón del mundo. Todos han sido muy amables con nosotras. Nos recibieron con gran júbilo en el puerto, y nos acompañaron en una pequeña comitiva a la casa que nos prestó el alcalde para descansar. Aquí hay sirvientes que nos ayudan con la limpieza y con las labores del hogar. No hay día en el que no coma bien, y cuente los días para reencontrarme contigo.

He aprovechado este confinamiento para soñar con la boda que tendremos. Mamá se ha hecho de un cuadernillo y hemos empezado a escribir las ideas que tenemos. Rosas blancas en el pasillo serían ideales, y queremos pedirle a tu madre que escoja un vals para la cena. Desde luego, mi padre y tu hermano deben tener un lugar de honor. ¡El vestido! Ése debe ser el más importante, lo encargaremos a París; diremos que es importante que el hilo sea de oro. Pediremos al compositor de la corte de Viena que escriba algo para nosotros y.... ¡Estoy tan emocionada, Max! Ya llegará el momento en que empecemos a planear todo esto.

Tu amada

María Amelia

Mi respuesta llegó pocos días después:

Amada mía:

Te llevo en mis pensamientos desde el alba hasta el crepúsculo. Mi alma navega hacia aquel dichoso futuro en el cual podremos unir nuestras vidas en sagrado matrimonio. He pensado, contra los deseos de mi madre, en construir un castillo para que vivamos ahí, juntos, mirando el mar hasta el fin de los tiempos. Atesoro cada una de tus cartas, y las leo en mi mente, con tu voz perfumada en gardenias. Imagino que las estrellas no son tal, sino el brillo de tus ojos; así la noche es más pasadera aunque no estés a mi lado. Quisiera hacer tantas cosas: visitar Brasil de tu mano, recorrer los misterios del norte de Europa, sentarme frente a una chimenea en un día frío de invierno y contarte todas aquellas historias con las que mi institutriz me consolaba cuando era tan sólo un crío. Mis amigos me llaman soñador, porque vivo en el futuro... sin saber que allá soy feliz, porque estoy contigo. Espero visitarte antes de que termine el invierno. Tengo muchos regalos que ofrecerte.

Tu querido, Max

Capítulo XXIV

El 6 de febrero de 1853 recibí la siguiente carta:

Ruega por el eterno descanso de María Amelia Augusta Eugenia Josefina Luisa Teodolinda Eloísa Francisca Xavier de Paula Gabriela Rafaela Gonzaga, quien falleció la madrugada del cuatro de febrero, tras una larga agonía en la que no dejaba de pensar en ti.

La fiebre escarlatina que sufrió durante los últimos meses se complicó con una tuberculosis violenta que apareció repentinamente y le arrebató todas las fuerzas a la joven princesa. En cuanto se dio cuenta de que los pañuelos de algodón bordado se manchaban de sangre cada vez que tosía, comprendió que no le quedaban muchos días de vida y, temiendo que tú pudieras caer en una melancolía de la cual no podrías reponerte, prefirió mantener un tono más carismático en las cartas que te escribía religiosamente.

Después de las navidades, comenzó a darse cuenta de que el final estaba ya muy cerca. Repetía con frecuencia que el frío se le metía hasta los huesos y sentía cómo el alma se le quería escapar del cuerpo. Todos los días se confesaba, por miedo a que la muerte la fuera a sorprender en medio de la noche, y por la mañana rezaba un rosario para agradecerle a Dios por haberle permitido vivir un día más.

Ella sabía que sus fuerzas se le iban día con día, que estaba llegando el principio del fin. Ni siquiera su fe o sus rezos podrían ya salvarla.

Después de pasar varios días en cama, el cuatro de febrero, después de medianoche, me pidió que corriera por un sacerdote para que le aplicara la extremaunción.

"Hija mía", le dije. "Aún puedes curarte si Dios hace el milagro."

Ella me miró con los ojos convertidos en vitrales rotos y me respondió:

"No llore, deje que la voluntad de Dios se haga, que venga en mi auxilio en mi última hora."

Fervorosamente, confesó todos sus pecados y renunció por última vez a las pompas de Satanás. Poco después, pálida y con la frente cubierta de perlas de sudor frío, cerró los ojos y comenzó a respirar muy rápido. Sus labios habían perdido todo el color.

Sentí una presencia muy pesada en aquella habitación, apenas salpicada por la luz de unos cuantos cirios blancos. La muerte estaba entre nosotros, era parte de la noche. Sólo nos quedaba contar los minutos antes de que llegara el fin.

Alrededor de las cuatro de la madrugada su pecho dejó de moverse. Ya no había más aliento en sus pulmones. Estaba quieta, como una muñeca de cera. Los médicos presentes constataron su muerte y comenzaron a preparar el cadáver.

El amanecer nos encontró con las cortinas cerradas y los espejos cubiertos. Las iglesias de la ciudad entonaron campanadas para anunciarle a toda la población que la princesa María Amelia dormía, ya, el sueño de los justos.

El cuerpo permanecerá en la capilla hasta que podamos llevarla a Lisboa para su enterramiento. Mientras tanto, celebraremos misas para rezar por el eterno descanso de su alma. Tal como ella lo hubiera querido.

Lamento que haya tenido que escribirte esta carta. Me hubiera gustado tenerte como yerno, fuiste la única luz que tuvo mi pequeña durante sus últimos años.

Ruega por su alma, Max. Ella ya se encuentra en paz.

Amelia

La noticia se corrió por toda Europa.

Capítulo XXV

No pude... no quise... no estaba listo para ver el cuerpo sin vida de un ser tan hermoso. Nunca había sentido tanto dolor en toda mi vida. No sólo por la nostalgia y la tristeza que me invadieron de repente y me arrebataron la luz del día, sino por el dolor físico. Sentía punzadas agudas con cada movimiento de mis brazos, de mis piernas, de mi cuello. Tal parecía que me hubieran golpeado, pateado, que me hubieran arrebatado las energías y las ganas de vivir.

¡Me habían quitado la única oportunidad de ser feliz! Y esta vez ni siquiera podía echarle la culpa a mi madre por todo esto... Esta vez había sido Dios el que se había burlado de mí.

Los primeros días callé, no quería hablar con nadie. Recibí una carta de Francisco José, luego una misiva de mi madre y otra más de mi padre. No las abrí. Carlos de Bombelles no se atrevió a escribirme, sabía que no estaría de humor para escuchar lo que otros tendrían que decirme. Las palabras de consuelo, mientras el duelo era tan intenso, sobraban. Mejor dicho, estorbaban.

Después dos o tres semanas de esa falta de ánimos por vivir, llegó un nuevo sentimiento de rabia y enojo. Odiaba la vida por no permitirme vivir el amor, le grité a Dios por haberme arrebatado lo que más quería, incluso llegué a culpar a María Amelia por no decirme que estaba grave... ¡habría recorrido media Europa por estar en su lecho y tomarle por última vez la mano!

Pero ya no había forma de echar atrás el reloj, de albergar culpas, resentimientos o la idea de si hubiera hecho esto o lo otro. Entendí que todo hombre debe aprender a vivir sin calma o consuelo, porque la muerte es el único fin inevitable al que llega cualquier historia de amor.

Convencido de que todo lo que me esperaba era amargura, esperé a que llegáramos al primer puerto, me bajé del barco con una maleta en la mano y desaparecí entre aquellas personas. No le avisé a nadie, no le pedí permiso a mis superiores ni a mi hermano. Simplemente desaparecí.

Se me termina el cuaderno rojo, no tuve el tiempo ni el espacio para contarlo todo. Mucha memoria y poco papel, la tinta descansa. Ni modo...

Capítulo XXVI

CARTA ENVIADA POR LA ARCHIDUQUESA SOFÍA a mi hermano Francisco José, el 11 de junio de 1853.

Querido hijo,

¿Has tenido noticia alguna de Max? Me parece muy infantil de su parte desaparecer tan repentinamente y cuando más se le necesita. ¿No estaba preparando un reporte sobre las nuevas naves que habría de tener nuestra flota? Pues que se haga responsable y lo entregue en tiempo y forma.

Lo que más me tranquiliza de todo este asunto es que nunca se anunció formalmente el compromiso de tu hermano, así que nos ahorraremos las explicaciones innecesarias de por qué no se llevará la boda a cabo. Tampoco perdimos dinero en la planeación de una ceremonia destinada a no realizarse. Desde luego, hay que ser prácticos en esta vida, también en el duelo y en los sentimientos. Lo que tenemos que hacer, en cuanto yo regrese a Viena, es encontrarle una esposa a tu hermano. No podemos permitir que se repita el asunto de la condesa. Max es demasiado romántico, incluso en estos momentos podría estar en los brazos de alguna mujer que no nos conviene. Recuerda que, si llegaras a faltar tú, él se convertiría en emperador. No podemos permitir que una familia real débil gobierne un imperio tan fuerte como el nuestro. Debemos hacernos cargo de este asunto a como dé lugar, y debemos darle prioridad.

Espero que Max aparezca pronto. El duelo público no es propio de una persona que podría ostentar la corona algún día. A veces me habría gustado que su padre se hubiera comportado de una manera decente, y lo hubiera encaminado por otro lado. Entonces no tendría que ser yo la que pone orden en esta familia.

No todos podemos ser amados, por las personas que queremos o por el pueblo que gobernamos. Ésa es una lección que, tarde o temprano, tu hermano debe entender, aunque le duela.

Te quiere,

Tu madre Sofía

CUADERNO
DE TAPAS VERDES

Capítulo XXVII

Poema escrito en 1854, semanas después de la muerte de mi amada:

Quien nunca ha sentido dolor
movido por un fuerte veneno,
quien nunca ha sentido su corazón caliente
tomar un baño de lágrimas,
no conoce la tierra
con la noche y la luz del sol.

Quien nunca ha sido destruido
con el ánimo fresco de vivir,
que se mantiene a flote
sobre las ondas de las olas,
Ve sólo la superficie,
pero no profundiza.

Parece amargo hundirse
en el oscuro mar dolorido
y es maltratado
y el corazón crucificado y traspasado,
pero en un abismo de barro
a menudo se encuentra un tesoro.

Y cuando resurja
la perla en la mano feliz
te lleva a una nueva vida, serena,
que conoce el dolor de la noche
y atesora el esplendor del sol.

Capítulo XXVIII

TRES LARGAS JORNADAS HAN TRANSCURRIDO desde que terminé de escribir en el cuaderno de tapas rojas. Jamás pensé que necesitaría más de unas cuantas hojas para narrar lo que ha sido mi vida, si es que así puede llamársele a mi breve existencia. Hasta que un hombre no saca sus recuerdos a orear, no comprende la magnitud de las heridas que el pasado ha dejado dentro de sí; que una vida, por más importante o desdeñable que sea, no es capaz de alterar la posición de las estrellas y que no hay muerte alguna que logre detener el movimiento del mundo. Somos, a toda luz, irrelevantes. Sin embargo, ¿qué importancia tiene la mente cuando está en juego el corazón? Pensé que no me dolería la muerte de mi amadísima María Amelia. Incluso escribir su nombre hace que sienta un dolor en el pecho, como si no pudiera invocar una rosa sin pincharme con sus espinas.

Espero que este cuaderno de tapas verdes permita que termine de contar la historia de mi vida. En estos días, encerrado en Querétaro, he tenido la oportunidad de pensar un poco mejor qué es lo que voy a escribir, aunque no siempre es tan sencillo como parece. A veces un recuerdo nos remite a otro, más perdido en la memoria, y luego reflexionamos sobre lo que hemos vivido y dejamos que la nostalgia nos envenene por completo. Así me sucedió a mí, porque había un sentimiento muy poderoso: el dolor de una muerte.

Y toda pérdida que no sana se agusana.

Es común a todo el género humano el sentimiento de la pérdida. Cierro los ojos y pienso que el ser al que amé con toda mi alma, el que me hacía sonrojar con una sonrisa y con el que esperaba compartir años de feliz existencia, de golpe haya desaparecido, que su voz no pueda escucharse más. Y ¿acaso es una desgracia para la historia del mundo que una persona desaparezca? ¿No es un consuelo pensar que la mayoría de los hombres que han vivido ahora se encuentren en el olvido? En la historia de la humanidad, el número de muertos sobrepasa, por mucho, el de los vivos.

Yo no pensaba en aquel momento. Me dolía, incluso, respirar. Necesitaba a alguien que comprendiera que mi vida se había hecho añicos en cosa de unos segundos; sin embargo, no lo encontré porque temía que nadie, amigos o hermanos, entendiera lo que sufría. Por eso decidí desaparecer por unos días, alejarme de todos aquellos que no pudieran comprender mi dolor. Lo último que deseaba era escuchar los reproches de mi madre y de mi hermano. Sobraban los comentarios de "un Habsburgo desde estar a la altura de su apellido, no de su corazón".

Si mi madre se guardó las lágrimas cuando murió mi hermana y su querido Napoleón II, entonces no era la persona adecuada para mostrarle mis sentimientos en busca de algunas palabras de cariño. Sabía que su carta estaba llena de reproches, y no la leí. Tampoco quise ir a Portugal, tenía miedo de que la tristeza fuera tan grande que no pudiera resistir el dolor. Cada vez que cerraba los ojos llegaba a mí la imagen de mi querida María Amelia, muerta, blanquecina, rodeada de cirios humeantes, en su caja de muerte. Y, aunque yo sé que un muerto no es capaz de sentir o tener pensamiento alguno, no podía dejar de pensar en que tal vez sentía mucho miedo ahí encerrada, a punto de entrar a un oscuro lugar en el que estaría por siempre, hasta el Juicio Final.

Pero luego pensaba: ¿le tememos a la muerte o al olvido?

En mi favor, declaro que sólo desaparecí algunos días. Me hospedé siempre cerca de la costa y contemplé el mar para escribir los versos más profundos de mi corazón, como aquel que acabo de evocar. Luego, me reincorporé a mis responsabilidades con la flota austriaca. Quise fingir un poco de fortaleza, no para imitar la frialdad de mi madre, sino para ahuyentar las preguntas innecesarias que seguramente vendrían de los demás marineros y compatriotas que se habían enterado de mi romance en Portugal. Fracasé. No pude ocultar mi semblante roto, ni evitar que mis lágrimas se mezclaran con las olas del mar. ¡Cómo envidié, entonces, a la sirenita del cuento que nos contaba Hans Christian Andersen cuando éramos niños! Porque me habría gustado echarme por la borda para convertirme en espuma. Al menos, los demás hombres no se atrevieron a preguntarme por mi dolor, sabían que no estaba bien y aquello era suficiente. Aunque me tuvieran lástima, agradecí que me dejaran en la paz del silencio y el rumor del mar.

No soy ingenuo. Es evidente que, desde el primer día de mi regreso, anunciaron mi condición al palacio y le dieron informes sobre mis actividades. Pensé que mi madre me escribiría, de nuevo, esta vez con una reprimenda, o que mi hermano me citaría para una reunión oficial. No supe de ellos a través de una carta suya, pues aún estaban molestos por mi desaparición. En cambio, fue Carlos Luis quien me puso al tanto de lo que ocurría en el palacio.

Un cabo, cuyo nombre no recuerdo, tocó a la puerta de mi cuarto en el barco y, cuando lo hice pasar, me entregó un sobre cerrado que una mujer le había dado en tierra. Dijo que sólo me lo debían entregar a mí. En cuanto reconocí la letra, sonreí. Seguramente Carlos Luis se había servido de algún criado para sacar la carta de forma que mi madre no la leyera. Aunque, conociéndola, es probable que lo hubiera hecho de todos modos.

En cuanto me encontré solo, la leí con mucho interés.

Queridísimo Max,

Mi corazón saltó de alegría en cuanto se corrió la noticia de que habías vuelto al mar, porque sé que las aguas calmarán la tristeza que ahora sientes. Aunque no es un consuelo, sabes que las horas curarán el peso que ahora sientes y que la resignación llegará cuando menos lo esperes.

Nuestro hermano, el emperador, ha pensado en dedicarte algunas palabras a modo de consuelo, en su nombre y en el de toda Austria-Hungría, pero nuestra madre se lo ha prohibido, puesto que dice que no está bien visto que la familia imperial discuta temas tan morbosos como la muerte. Esa prohibición también se ha hecho a los criados y a todos los que trabajan en el palacio. Como es de esperarse, esto se cumple cuando nuestra madre está presente. No dudo de que sea capaz de castigar a la primera persona que mencione el nombre de María Amelia.

Si he de confesarte algo, hermano, quiero que sepas que a nuestra madre le consternó mucho la muerte de ella. Se había hecho a la idea de que un matrimonio te ayudaría a sentar cabeza, a que (en sus palabras) "dejaras de perder el tiempo con la poesía y la contemplación de la naturaleza". Ella pensaba que María Amelia será una buena oportunidad para que dejaras atrás tu corazón de niño y comenzaras a comportarte como un hombre.

La idea de que un matrimonio sea capaz de aplacar tu naturaleza se ha discutido mucho en la familia. Nuestra madre y nuestro hermano, el emperador, han tomado la decisión de buscar entre las casas reales una princesa que quiera casarse contigo. Aunque no tengo los nombres, sé que ya tienen varias candidatas a las cuales escribirán en los próximos días. Desean que el matrimonio se celebre tan pronto se pueda. Nuestra madre no ha dejado de repetir que, siendo que eres, de momento, el heredero al trono, la candidata debe estar a la altura del cargo que ostentas.

Ay, querido hermano, conozco los designios de tu espíritu. Deseas enamorarte de la luz de la luna y escribir poemas para aquella mujer que haga palpitar tu corazón, pero nuestro mundo tiene otras reglas, y a ellas no podremos escapar. El tiempo corre y, si no eres tú quien escoge una esposa, lo harán ellos.

Siento mucho que haya sido yo quien te haya dado esta noticia. No has tenido tiempo de llorar a María Amelia, y pronto tendrás que buscar a otra que llene su espacio. Aunque no es justo, en nuestra familia nada lo es.

Te extraño, querido hermano. Ojalá te tuviera cerca de mí.

Tu hermano que te quiere,

Carlos Luis

Era de esperarse que mi madre, cual Moira, deseara hilar el destino de cada uno de sus hijos, incluso aunque tuviera que pasar encima por los deseos de éstos.

Dudé mucho en si debía responderle a mi hermano, pues sabía que toda la correspondencia personal que entrara a palacio podría ser leída por mi madre. No quería que tuviera problemas por haberme puesto al tanto sobre los planes de conseguirme una esposa. Tampoco había algo que pudiera hacer. Me parecía ocioso que yo perdiera el tiempo al recorrer Europa buscando una mano que desposar, mientras en Viena había dos personas que hacían lo mismo. Además, aunque escogiera una candidata para ocupar el lugar de esposa, ¿estaría mi madre de acuerdo con la elección?

Aquel 1854 se me antojaba raro. Me encerré en mi propio mundo para que nadie más me molestara con el suyo. Me hice a la idea de que aquellos momentos junto al mar nunca terminarían, y que mi juventud sería eterna. Fue fácil engañarme, sólo me miraba al espejo, una forma fácil de detener el mundo para que no volviera al doloroso pasado en el que sólo me era posible contemplar un cuerpo sin vida encerrado en una cripta, un amor roto que nunca podría volver a latir; pero, al mismo tiempo, quería mentirme. No estaba listo para amar a alguien más, o para unir mi vida a la de otro ser humano. Quería quedarme ahí, en el presente, donde no estaban María Amelia, ni mi hermano, ni mi madre, ni la futura novia. Me resultaba cómodo el mar para apaciguar mi alma rota.

Y el dolor, como pronto descubrí, tiene el poder de cambiar a los hombres. Porque ya no me reconocía en mi reflejo, había algo diferente en el brillo de mis ojos. ¿Lo veían los demás o sólo yo? Quizás era el momento de que me dejaran de tratar como a un niño. Decidí dejarme la barba más larga, cambiar mi cuerpo con el ejercicio, ser otra persona para asumir que el niño Max había muerto, el joven enamorado, el tonto que soñó alguna vez que sería feliz con una joven que brillaba como el sol.

Y cambié mi cuerpo, pero mi alma permaneció herida.

Capítulo XXIX

LA POCA RESIGNACIÓN, si acaso hubo sosiego dentro de mí, vino de las cartas que me escribió mi querido amigo Carlos. A través de lugares comunes, con muy buenas intenciones, intentó tranquilizarme. Y no fueron aquellas palabras las que me permitieron calmarme lo suficiente para enfocar todo mi trabajo en la marina.

No quise ir a Viena, únicamente iba para las Pascuas navideñas. Traté de ignorar la fría mirada de mi madre, quien me reprochaba en silencio por no ser el heredero al trono que ella esperaba. Preferí hablar de mis largas temporadas en altamar y no manchar mis labios con el nombre de María Amelia.

Y hui tan lejos como pude, de mí, de la familia, del mundo entero. Me refugié en el trabajo, en los poemas, pero siempre volvía a los sueños, al estudio de las mariposas, al opio, a las fantasías de lo que pudo haber sido, a la trágica figura de mi amada en la bruma de mis pesadillas. ¿Y quién, sino uno, conoce las espinas de su corazón?

El 10 de septiembre de 1854 fui nombrado comandante en jefe de la Armada de Austria, y no pasó mucho tiempo antes de que me ganara el título de contraalmirante.

Viajé por Europa, conocí las pirámides de Egipto, me enseñaron los jeroglíficos que años antes había descifrado un francés de nombre Jean-François Champollion, y la monstruosa Esfinge a la cual un soldado de Napoleón I le había volado la nariz de un cañonazo. Pero odié la arena que se metía en mis botas, el calor intenso y los hombres locales que insistían en vendernos baratijas de todo tipo y cerámica rota de algún entierro egipcio. Comencé a coleccionar artículos de otros tiempos y a guardarlos para mí.

Curioso viaje, atestigüe cómo algunos hombres de Inglaterra bebían agua del Nilo con polvo de momia, pues se decía que curaba algunas enfermedades. Yo decidí no hacer caso a tales supercherías.

En 1855 viajé también a Palestina, y cuando visité Jerusalén me sentí lleno de un sentimiento fervoroso que no sé cómo explicar más allá de la fe. Me alejé de los otros marinos austriacos para caminar, yo solo, por el camino en el cual, según la tradición, Jesucristo cargó la cruz hasta el lugar donde lo habrían de crucificar. Comí del pescado de san Pedro y recé en el Monte de los Olivos. Cuando estaba listo para partir, me senté en mi habitación del hotel y escribí los siguiente versos:

Para ti, ciudad de sangre y horror, salud y paz eterna
y del dolor del Gólgota, la muerte nos ha traído vida.

Al regresar, navegué por el mar Adriático y me quedé unos días en Trieste. Sabía bien que el puerto era uno de los puntos comerciales más importantes de nuestro imperio. Lo que me gustó más no fueron los vestigios romanos ni las antiguas casas medievales, sino el color del mar. Mientras veía las olas, me quedé pensando en que, si tuviera la decisión de vivir en cualquier lugar del mundo, lo haría ahí.

Soñando en las infinitas posibilidades que me presentaban aquellas olas negras de espuma blanca, en los cuentos que había soñado en mi niñez y en la tranquilidad que anhelan todos los hombres, tuve la idea de construir un castillo blanco que mirara siempre al mar.

Porque, ¿no es cruel la idea de que somos conscientes de nuestra vida y nuestra existencia? Porque entonces tratamos de encontrarle un sentido que tal vez no tiene, o una estabilidad que tal vez es difícil de conseguir, o de saber por qué habrá de terminar algún día sin la certeza de que algo nos espera más allá. Quizá la muerte sea realmente el fin y ¿de qué nos valió nuestra propia existencia? No sabemos si la conciencia tiene terminación o no, por eso no hay expresión más cruel que la vida misma.

Ah, pero si pudiera, por un momento, disfrutar la vida, sacarle el mayor jugo posible, construir un castillo y disfrutar ahí el resto de mis días, entre el beso de las olas frías y la tinta negra, ¿no sería acaso feliz? ¿No encontraría sosiego? Una vez me dijeron que mi destino era el de la corona de espinas, y pensé en María Amelia como si entendiera mi futuro. Pensé que era ese dolor el que me acompañaría hasta la tumba, y no éste... el que me ha forzado a escribir mis memorias íntimas y secretas para que el mundo no se olvide de mí.

Pero sucedió lo mismo que otras veces y en otros viajes, fui llamado de vuelta a casa. Se me informó que mi hermano, tras un breve noviazgo, se casaría con Isabel de Baviera, esperaban que yo estuviera presente en la boda.

¡Cómo había cambiado Viena! Asomándome por la ventana del coche tirado por caballos, comprendí que algunas casas me eran irreconocibles y ciertas calles también. Somos memoria. Los recuerdos nos rigen. Medimos el presente contra aquello que hemos vivido.

El palacio me recibió como antes, los criados que ya conocía sacaron mis baúles del coche y los llevaron a mi habitación. No esperaba encontrarme con Francisco José, porque me había acostumbrado a sus ausencias y silencios, pero jamás esperé que fuera mi madre quien me llamara a su lado.

La tarde de mi llegada fui hasta uno de los salones con el estómago hecho un nudo. Mi madre estaba sentada de espaldas a una de las ventanas que daba hacia uno de los jardines. Su vestido era negro, portaba un espantoso camafeo blanco con una figura cadavérica de perfil. Su cabellera rubia estaba apretada en un moño detrás de la nuca.

—Acércate, Max —me dijo, cerrando el pequeño libro que tenía en sus manos, lo dejó en la mesita que tenía a su lado y bebió de la pequeña copa que tenía ahí.

—Sí, madre —respondí, sintiéndome de nuevo ese niño inseguro que estaba por recibir una reprimenda por hacer hecho una travesura.

Le di un beso frío en la mejilla. Me quedé de pie frente a ella.

—¿Sabes, Max? Nada me daría más gusto que ver casados a mis dos hijos mayores. El imperio respiraría con tranquilidad al saber que ustedes tienen una mujer para compartir su vida. Haz lo que tengas que hacer para que el pueblo esté complacido. Así como tu hermano ha encontrado a una mujer digna que lo acompañará en su camino de vida, tú habrás de hacer lo mismo.

Quise aprovechar que estábamos a solas para preguntarle por mi verdadero padre, pero ella previendo aquello, sólo dijo.

—Es todo, Max. Retírate que tengo muchas cosas que hacer. Responderé a tus preguntas en otro momento.

Con una reverencia abandoné aquel salón dorado.

La boda se llevó a cabo la tarde del 24 de abril de 1854 en la iglesia de los agustinos de Viena. Se trata de un edificio gótico de techos altos abovedados y una larga historia relacionada con los Habsburgo. En una de las capillas se guardan los corazones de algunos miembros de la familia. Curiosamente, fue en aquella iglesia donde Napoleón I se casó con María Luisa de Austria.

Puesto que la boda fue tan apresurada como el noviazgo, no fue un evento tan fastuoso como lo sería uno para el emperador. Recuerdo estar ahí, con mis padres y mis hermanos, contemplando a la feliz pareja que había decidido unir su vida. Siguieron banquetes y recepciones apresuradas en las que toda la familia estuvo presente. Y no sólo la familia inmediata, sino también primos y parientes lejanos de toda Europa. ¿Hablé antes de la endogamia que aqueja a las casas reales? Sí lo hiciste, Max. Sigue adelante.

Conocí, por ejemplo, a mi primo a Leopoldo, hijo del rey Leopoldo de Bélgica y que asistía en su representación. Aunque éramos muy distintos, yo católico y él protestante, yo flemático y él extrovertido, de alguna forma conversamos como si nos conociéramos de años. Nuestro tema favorito eran los caballos. Intentó hablarme de su hermana, pero no lo escuché, porque aún tenía a María Amelia en la cabeza. Le comenté que había estado hacía poco en Bruselas:

—Si lo hubiera sabido, habría organizado una fiesta para que conocieras a toda la familia.

—Quizás en otra ocasión —respondí.

Terminados los festejos, los embajadores y otros miembros de las familias reales partieron con una sonrisa en el rostro.

Lo cierto es que poco traté a mi cuñada, a quien mi hermano llamaba cariñosamente Lisi, pero el resto de Europa comenzó a llamar Sisi.

Sí, he de narrarlo todo, tal como yo quería. Debo aceptar que la historia de mi hermano con su mujer no fue un cuento de hadas. Tras la boda, mientras nos preparábamos para la primera recepción, Sisi se encerró en su habitación a llorar mientras las criadas le ayudaban a cambiarse de vestido. Por un largo rato se quedó sentada en su cama sin dejar de llorar.

La noche que se casaron no consumaron el matrimonio. Les tomó varios días hacerlo y, siendo que se trataba del emperador y de la emperatriz, toda la corte se enteró y el rumor se extendió hasta llegar a la familia.

Antes de partir de Viena, mis padres hicieron una cena en la que estuvieron presentes todos sus hijos.

—A este paso, no seré abuela pronto —exclamó mi madre al aire.

Mi padre, bebiendo de su copa de vino, le respondió:

—Querida, estás haciendo una tragedia griega.

—La prefiero a una farsa romana como la mía —comentó con desdén.

Carlos Luis y yo nos miramos en silencio. A Sisi le tomó trabajo entender la especial relación de nuestros padres.

Capítulo XXX

Europa vivió una guerra durante aquellos años. Entre 1853 y 1856, Reino Unido, Francia y el reino de Cerdeña lucharon contra las aspiraciones expansionistas de Rusia y el reino de Grecia. Aunque Rusia había sido aliado de Austria durante muchos años y nos había ayudado con las protestas, poco antes de que iniciara este conflicto mi hermano rompió relaciones con el zar Nicolás I.

Yo me acuerdo que la situación era tensa. Todos querían saber si Austria iba a entrar a la guerra y en qué bando lo haría. Muchos hombres de la marina me hicieron esa pregunta, pero yo no respondí porque no sabía cuáles eran las inclinaciones de mi hermano. Mi miedo era que me tocara vivir una guerra en cualquier momento y yo no sabía si estaba preparado. Tenía el conocimiento y el entrenamiento, pero no la experiencia.

De todas maneras, debí andar con cuidado mientras navegaba por las aguas del Mediterráneo y cuando hice mi viaje a Tierra Santa. Cientos de soldados custodiaban las fronteras de nuestro imperio, en caso de que Rusia decidiera invadir.

Para no hacer esta historia más larga, puesto que tiene poco que ver conmigo, me encontraba en Austria cuando me enteré de que al fin se había firmado la paz en París. Tal noticia hizo que me dieran ganas de ir a aquella ciudad. Siempre había tenido mucha curiosidad de conocer a José Napoleón, o mejor dicho, Napoleón III, y al fin tendría la oportunidad de hacerlo.

Dándole a conocer mis planes a Francisco José, obtuve su aprobación a través de una carta y preparé mis baúles para ir hasta París donde me esperaría el embajador de Austria para ayudarme en todas mis necesidades. ¿Qué puedo decir de la ciudad? Me enamoré de ella, de sus calles salpicadas de lluvia, de los pintores que retrataban cada maravilloso tono del río Sena y, por supuesto, la catedral de Notre Dame, en la que encendí una veladora para pedir el favor de la Santísima Virgen. Intenté buscar al famoso escritor Victor Hugo, pero me dijeron que se había mudado a Bruselas en un exilio autoimpuesto.

Por aquellas fechas, el embajador de Austria me informó que Napoleón III tendría una recepción con ciertos amigos, que sería una velada con vinos de Champagne y deliciosos canapés. Le dije al embajador que iría, pero que me retiraría temprano por mi costumbre de cenar poco y dormir antes de las diez de la noche (salvo aquella lejana ocasión en la que bailé enamorado hasta el amanecer gris de Viena).

Una tarde de nubes doradas, subí a un coche negro de caballos. Portaba mi mejor traje negro y había pasado la tarde con un barbero arreglándome. El trayecto me llevó a través de los Campos Elíseos, donde los faroleros ya iniciaban su labor diaria. El embajador y su gentil esposa iban conmigo, explicándome cada una de las calles por las que transitábamos, pero yo casi no los escuchaba. En cambio, me perdí en el ambiente del momento, en el sentimiento que insinuaban las personas que caminaban por las calles hacia bares, restaurantes y reuniones de todo tipo.

En cosa de unos minutos llegamos a una gran casona con las puertas abiertas, donde los criados recibían a cada uno de los invitados y nos hacían subir por una larga escalera en la cual había una alfombra tejida en azul y rojo que llegaba hasta el último de los escalones. Al entrar al salón, un paje de voz grave y con un cerrado acento francés anunciaba a aquellos que arribaban.

Llegado nuestro momento, dio el nombre del embajador y de su esposa, y luego el mío:

—*Ferdinand Maximilien de Habsbourg, archiduc d'Autriche, et frère l'empereur d'Autriche François-Joseph I.*

Aunque la orquesta de violines continuó con su melodía suave, los asistentes callaron y un rostro al fondo del salón se volvió hacia mí. Lo reconocí por los grabados que había visto muchas veces en los periódicos, se trataba nada más y nada menos que de Napoleón III.

¿Cómo describirlo? Recuerdo que, al acercarse hacia mí, noté la forma larga de sus bigotes, la presencia que imponía, su porte militar, su espalda recta, la forma en que te juzgaba al mirarte. Poseía un talento natural para robarse la mirada de todos los presentes. Al llegar hasta mí, estrechó mi mano y, en perfecto francés, exclamó:

—¡Max! He escuchado mucho de ti. ¿No te importa que te llame así? Creo que todos tus hermanos y amigos lo hacen. Ven, acompáñame. Quiero tenerte muy cerca esta noche.

Miré al embajador, buscando qué hacer a continuación, y él me hizo una seña con la cabeza, en silencio, como si me dijera: "¡Adelante, es tu momento! Eres un invitado especial para el anfitrión de la fiesta".

Así que fuimos hasta el rincón donde encontramos a su amable esposa, Eugenia de Montijo, emperatriz consorte de los franceses, condesa de Baños y condesa de Tebas para los españoles, y modelo favorita para artistas del pincel y del daguerrotipo. Y es que en verdad era una mujer preciosísima, con el cuello descubierto y un conjunto de perlas colgando de él, de una blancura que rivalizaba con su sonrisa. Su rostro redondo, sus labios gruesos, sus ojos de almendra; de haber estado soltera, me habría gustado cortejarla con algunos de mis poemas.

Le tomé la muñeca y le besé la mano.

—A sus pies, mi señora.

—Encantada —respondió ella, y su voz me pareció una cascada de agua fresca en aquella estancia que comenzaba a llenarse de ruido una vez más.

Tal vez fui un poco indiscreto, pero le pedí Napoleón III que me hablara de la guerra, de las diferentes batallas y negociaciones políticas, y él accedió. Me ofreció una copa de buen vino espumoso de Champagne, pero siendo que yo bebo muy poco, mantuve la copa en mi mano toda la noche, mientras escuchaba lo que el emperador de los franceses deseaba narrarme. Me sentí un niño, de nuevo, e hice tantas preguntas como éstas brotaron en mi mente, y él las respondió todas.

Luego, Eugenia de Montijo me preguntó sobre mi madre, sobre las grandes fiestas que se organizaban en Viena, y sobre la música de Beethoven que tocaban las orquestas y yo hice mi mejor esfuerzo por responderle para enamorarla de mi amada patria. Insistí en que las estrellas de Austria son las más hermosas de todo el mundo, que los candiles dorados evocan historias lejanas, que los cuentos de Hans

Christian Andersen pueden convertir en niña a cualquier emperatriz y que los postres con los que se terminan las veladas son ideales para cualquiera que guste de ellos.

Resistí los bostezos en más de una ocasión. Aunque la noche era temprana, me sentía profundamente cansado, y fue una suerte que el embajador de Austria se acercara para decirme que debíamos partir, pues teníamos una cita al día siguiente muy temprano. Aquella mentirita blanca me ayudó a escaparme de Napoleón III y de su amable emperatriz. Me despedí con todo el protocolo y prometí que volveríamos a encontrarnos muy pronto.

Al llegar a casa, anoté en mi diario una breve reseña de lo que había ocurrido y una frase:

Aunque el emperador no tiene el genio de su famoso tío, sin embargo tiene, afortunadamente para Francia, una personalidad grandísima. Domina su siglo y dejará su huella en él.

Algo más… pensé mucho en ellos y al final escribí: "No es admiración lo que le tengo, sino adoración", luego lo taché del papel, pero no de mi mente.

No sabía qué proféticos serían aquellos garabatos.

¿Cuánto tiempo estuve en París? Tan sólo unos días, en los que volví a encontrarme con Napoleón III dos veces más. Pienso que, de vivir en la misma ciudad, él y yo seríamos buenos amigos y, quién sabe, quizás hasta podría tener un lugar entre los hombres de quien él toma consejo.

Pero sucedió que recibí una carta de mi hermano, el emperador.

Querido Max,

Los reportes que he recibido de nuestro embajador han satisfecho a toda Austria, puesto que has logrado mantener una buena relación con Francia. Nuestros padres y yo estamos satisfechos con tu presencia en esa ciudad.

También hemos considerado con mucha atención uno de los asuntos que más preocupan a nuestro imperio, y es el de tu soltería. Dado que hasta ahora los resultados, en este campo, han sido infructíferos, hemos decidido

dar un paso para que este tema avance de la mejor manera. Hemos decidido
que acudas, con prontitud, a Bruselas para encontrarte con nuestro primo
Leopoldo de Bélgica y acudas a las tertulias que él tiene organizadas para ti.
Esperemos que tu visita a ese país sea grata para toda Austria.
Francisco José I de Austria
Viribus Unitis

El embajador de Austria había recibido una carta parecida, así que me ayudó a empacar e hizo las disposiciones necesarias para que pudiera irme a Bélgica. Mi primer pensamiento fue que tendría la oportunidad de charlar, largamente, con Victor Hugo y conocer las bondades de una de las ciudades más hermosas de toda Europa y que, aunque la había visitado anteriormente, no había tenido la oportunidad de recorrer.

Habría de hacer el camino en tren, una comitiva de la casa real de Bélgica me esperaría en la estación y se encargaría de todas mis actividades en aquel país.

El recorrido en tren me encontró nostálgico, llevaba conmigo una novela de Victor Hugo, encuadernada en piel roja, y la leí mientras por la ventana pasaban cientos de árboles de todos tamaños, montes azulados y ríos vivos, nubes rasgadas ocultaban el sol, creando sombras tranquilas.

Un libro es una oportunidad maravillosa de hacer que los viajes largos se vuelvan cortos, que los días no duren veinticuatro horas y que las esperas no pesen tanto como deberían. Antes de que me diera cuenta, vi el vapor en la ventana y la estación de Bruselas, el edificio de piedra, las personas que esperaban a sus seres queridos.

¿Cuál no sería mi sorpresa al descender del tren al encontrarme a mi primo Leopoldo? Su rostro alargado y su larga barba negra me parecieron inconfundibles.

—¡Max! —exclamó, separándose de la comitiva de embajadores y soldados que lo acompañaban y me abrazó.

No pensé que lo fuera a encontrar tan pronto.

Ambos vestíamos con traje negro, y estábamos felices por vernos. Sus hombres se ocuparon de todos mis baúles y de los trámites necesarios para que yo pudiera estar en la ciudad. Yo me ocupé de pasar el tiempo con Leopoldo y de responder a todas sus preguntas sobre Napoleón III, sobre París y sobre mi hermano. Leopoldo tenía mucha curiosidad sobre cómo veía la política de Europa después de la guerra y yo por conocer las iglesias y edificios que destacaban en la ciudad. Le pregunté por Victor Hugo y, sin mostrar el menor interés en mis hábitos literarios, dijo que quizá podría arreglar un encuentro entre los dos.

Aquella tarde calurosa de verano me encontré en el palacio bebiendo una infusión de hierbas ante el rey de toda Bélgica, un hombre de rostro serio, lampiño y mirada severa.

—¿Cómo se encuentra el emperador? —me preguntó.

No había terminado mi respuesta, cuando preguntó por mis padres y mis hermanos, por mis viajes y por María Amelia. Mientras yo hablaba, él bebía de su infusión y masticaba, con la boca abierta, galletas azucaradas que tomaba de una bandeja de plata.

Finalmente, mientras el sol moría a lo lejos, su hijo, mi primo Leopoldo exclamó:

—Haremos una fiesta mañana por la tarde para celebrar tu llegada, querido Max. Días hay de sobra para discutir aburridos asuntos de gobierno. Le diré a mi hermana que venga. Oh, debes conocerla, es una mujer muy inteligente, seguramente tendrán largas charlas sobre muchos temas.

—Estaré muy feliz de asistir a la fiesta.

Sin embargo, no tuve que esperar mucho para conocer a su hermana, pues antes de que ella llegara yo estaba a punto de salir del salón para ir a mis habitaciones a revisar los baúles que llevaba conmigo, para asegurarme de que mis ropas y, sobre todo, mis libros, estuvieran en buen estado. Sin embargo, cuando me acercaba a la puerta, escuché los gritos de una mujer que venía por el pasillo. Sin tocar antes, abrió la puerta y entró en el recinto.

—¡Papá! ¿Cómo pudiste? —exclamó aquella visión.

Se trataba de una mujer de largos caireles y cara redonda. Vestía de blanco, con una cinta roja alrededor de su pequeña cintura. Me pareció que su sola presencia imponía cierto respeto.

El rey Leopoldo se levantó con mucho cuidado.

—Querida, por favor. ¿No te dijo tu hermano que estaba con una visita muy importante? ¿Qué va a pensar de ti, Charlotte?

La joven siguió:

—Oh, pero papá, habíamos quedado en que iría con mi institutriz a la colegiata de santa Gúdula. Y me acaba de decir que tengo que estar aquí en la fiesta.

El rey Leopoldo se volvió hacia mí y exclamó:

—Maximiliano, quiero que conozcas a mi hija Carlota Amalia.

Y nuestras miradas se cruzaron por primera vez, y nos sonrojamos.

Capítulo XXXI

DONDEQUIERA QUE SE ESCRIBA el nombre de Maximiliano de Habsburgo, archiduque (pues grandes son los territorios de nuestro imperio para que yo sea un duque normal), se hallará también el de Carlota Amalia, princesa de Bélgica. ¿Cómo iba a saber, entonces, que aquel encuentro fortuito sería decisivo para mi destino? Fue sólo un instante, un breve silencio tras el cual hicimos nuestras respectivas presentaciones y luego me retiré a mis habitaciones.

Algo había sucedido, pues no podía dejar de pensar en aquella joven. No de forma romántica o idealizada, de ninguna manera había experimentado un enamoramiento a primera vista ni había saltado mi corazón como cuando María Amelia tocaba mi mano. Era algo más, una fascinación por aquella criatura llena de energía, de poder, al reclamar a su padre. Una curiosidad me hizo querer conocerla un poco más.

Carlota me fascinaba como objeto de estudio, pues no había conocido a una mujer así en toda mi vida. Con excepción, quizá, de mi madre.

No la vi en la cena y tampoco en los primeros alimentos de la mañana, pero mi primo Leopoldo advirtió que yo estaba algo distraído.

—¿Has visto un fantasma, querido Max? —me preguntó, mientras yo miraba fijamente a la pared.

—Pensaba en la fiesta y en los asuntos de gobierno que mi hermano quería que yo tratara con tu padre.

Leopoldo echó la cabeza hacia atrás para reír un poco.

—Ay, no escarmientas. Ya te dijeron que eso lo trataríamos después de la fiesta. ¿Qué importa si lo hablamos hoy o en una semana? No son de urgencia ni corremos el peligro de que Europa entre en guerra. Tranquilo, disfruta de Bruselas, de la fiesta que hemos organizado en tu honor y, te prometo, arreglaré una reunión para que puedas conocer a Victor Hugo.

Asentí, sin poderle confesar que Carlota estaba en mis pensamientos.

Horas más tarde habría de descubrir que las fiestas en Bélgica eran más sobrias que aquellas organizadas en Viena; el oro no brillaba con la misma fuerza, la comida no era tan compleja y la variedad de vino era menor. En la orquesta no había tantos músicos y la lista de invitados tampoco era tan grande como en los bailes que ocasionalmente convocaba Francisco José y su esposa. Quizás estaba acostumbrado a otros lujos, a otras fiestas... los floreros estaban llenos de flores blancas, el aire perfumado de incienso, damas y caballeros de todas las edades fluían con cada vals en círculos sin fin.

—¿Qué opinas de nuestra pequeña reunión? —me preguntó.

Me bastó una mirada al salón, que se veía medio vacío, para darle mi respuesta:

—No son fastuosas como las de Austria, tampoco los palacios. Nuestras escaleras son de mármol y las suyas son de madera —y comentarios semejantes sobre el edificio.

Para mi desgracia, el rey se encontraba por ahí y sólo atinó a decirle a su hijo, de modo que yo pudiera escuchar:

—Ignorante es aquel que quiere darle lecciones al rey en su propio palacio.

Ojalá me hubiera tragado la tierra en ese momento.

A partir de ese momento, mis encuentros con el rey estuvieron llenos de silencios incómodos, miradas largas y nerviosismo. La fiesta, sin embargo, continuó, e innumerables hombres nobles se acercaron a mí para preguntarme por mi hermano y felicitarme por él, y ¿qué dice uno cuando es el centro de atención a causa de otra persona? No queda más que sonreír a cada uno de ellos, ser cortés, prudente y responder de la mejor manera. Estaba ahí, en representación de Francisco José, no del amigo que me había acompañado en la infancia, sino del gobernante frío que se había tornado en un símbolo europeo.

Pero entre las damas que paseaban por el salón, en medio de las notas aburridas que aderezaban la reunión, me pareció ver unos ojos conocidos que me miraban como si no lo hicieran. Carlota bajó el rostro con las mejillas encendidas, me dio la espalda por un momento y caminó hasta la esquina del salón.

Continué una conversación con mi primo Leopoldo sobre cómo había sido mi primer encuentro con Napoleón III, cuando me di cuenta de que ella no dejaba de mirarme. ¿Sentía ella la misma curiosidad o era otro el sentimiento? Me gustaba sentirme observado, que ella pensara en mí, que no supiera que yo también pensaba en ella, pero yo tenía claro que no era amor, que mi corazón no palpitaba por Carlota, aunque la considerara una mujer hermosa y los rulos de su peinado me parecieran perfectos. Había algo poco natural en ella, etéreo, como si no fuera una mujer, sino un ángel.

Sonará raro, pues, que a pesar de todas estas descripciones, tenga que aceptar que no sentía algo romántico por ella.

Conforme la fiesta avanzó, se acercó cada vez más hasta que, sin darme cuenta, se encontraba junto a su hermano Leopoldo.

—Señor Maximiliano —dijo con toda propiedad, como si no tuviéramos parentesco alguno—, es un gusto volver a encontrarnos, ahora en mejores circunstancias.

El rey Leopoldo se excusó y se alejó de nosotros.

De los violines lagrimaba una melodía nostálgica, de tiempos idos en los que la vida era más sencilla.

—El gusto es mío, Charlotte —respondí al tomar su mano, y su respuesta fue una sonrisa.

Noté, de inmediato, que le gustaba el sonido de mi voz, que mi presencia la sumía en un estado de nerviosismo y, no sé si se dio cuenta entonces, la vi temblar.

Siempre hay ojos que ven, y mientras ella y yo jugábamos a no mirarnos, mi primo se percataba de ello, e inclinándose sobre mi oído, con voz suave, me dijo:

—No ha dejado de hablar sobre ti.

Y esta vez fui yo el que me ruboricé, y esa noche me apuré a contarlo todo en mi diario. ¿Sería Carlota Amalia una posible candidata para esposa? Sabía yo que era inteligente, hermosa, de buena familia y, aunque no hubiera amor de por medio, me ayudaría a quitarme a mi madre de encima con aquel tema. Esa noche decidí que le ofrecería matrimonio y me dormí con esa idea en mente.

A la mañana siguiente, mientras desayunaba un pan con azúcar y una taza de café negro, el embajador de Austria me entregó una carta que había llegado en las primeras horas de la madrugada. Era de mi hermano.

Querido Max,

Nuestros padres y yo hemos reflexionado con mucha atención sobre el asunto de tu matrimonio, y hemos llegado a la conclusión de que la princesa María Carlota Amelia Augusta Victoria Clementina Leopoldina de Sajonia-Coburgo-Gotha podría ser un prospecto excelente para que sea tu esposa. Te invitamos a considerar, pues, la unión política entre Austria y Bélgica.

   Francisco José I de Austria
   Viribus Unitis

Así que, después de todo, mi madre (pues no había duda de que había sido ella quien había tramado todo esto) había maquinado nuestro encuentro. Larga era su sombra sobre Europa.

Bajé la carta y le di un largo trago a mi café. Sentí tanto ardor en el estómago, como si el café no fuera tal, sino lava ardiente del Vesubio destruyendo mis entrañas y convirtiendo mi alma en ceniza. Sin importar qué tan lejos estuviera de casa, o qué tanta buena fe pusiera en cada uno de mis viajes, la sombra de mi madre estaba ahí, cubría el mundo entero.

Cuando mi primo Leopoldo entró al comedor y me preguntó cómo me encontraba, yo le di la carta a leer. En silencio, lo hizo. Una curva se dibujó en sus labios, con un silbido exclamó:

—Austria y Bélgica, unidos ante el altar. ¡Qué novedad!

Y yo repetí con aburrimiento y cansancio:

—¡Qué novedad!

Olvidé por completo mi reunión con Victor Hugo. Pedí un coche de caballos y, en soledad, recorrí las calles de Bélgica. Las agujas, fachadas, edificios señoriales que en otras circunstancias hubieran inspirado poemas, me resultaban irrelevantes. Pensaba en Carlota y en mi madre, en mi futuro… en cómo tomar el control de mi destino, si es que acaso un hombre puede domar el porvenir.

Después de todo, Carlota no era tan mala opción, podríamos ser amigos y podría, algún día, convertir mi cariño en amor. Pero ¿podría quitarme esa imagen, cada vez que cerraba los ojos, de que María Amelia me juzgaba desde el más allá?

Le pedí al cochero que me dejara en la catedral por unos minutos. Pensaba pedirle consejo a Dios. Al apearme, en la plaza, me acomodé el largo abrigo que llevaba. Aunque el sol brillaba blanco y estábamos a la mitad del verano, el aire me parecía frío y arrastraba una nube dorada de polvo y hojas como si estuviéramos en octubre.

Los rostros de los hombres y mujeres que se encontraban a mi alrededor me resultaban indiferentes, el mundo ya no me parecía maravilloso como antes. Oh, pero si la fe pudiera darme un poco de consuelo en ese momento, sería feliz.

Caminaba hacia el atrio cuando vi una figura salir, Carlota iba acompañada de su institutriz, una mujer mayor de canas mezcladas con su cabellera miel y una nariz larga como un pico de cuervo.

Pensé que podría seguir de largo, pretender que no las había visto. Trasladé mi mente hasta la playa de Trieste, levanté el rostro y seguí de largo. El rumor de las olas en mi mente, las rocas de la playa, el aire marino a mi alrededor, los ojos de almendra y la boca suave de Carlota, sus guantes de seda en sus delicadas manos.

—Señor Maximiliano, qué placer más inesperado —exclamó a modo de saludo, ya no se escuchaba como la niña consentida que le había chillado a su padre, sino como una mujer calmada y en control de sí misma.

—El gusto es mío, estaba por entrar a la catedral —respondí.

—Pues si no le molesta, nosotras podemos enseñarle el edificio y contarle su historia.

¿Por qué no? Acepté, sabiendo que la respuesta de si convertiría a Carlota en mi esposa tendría que dársela a mi madre en unos días, cuando me llamara a Viena. Y lo pensé largamente antes de tomar la resolución.

Capítulo XXXII

Dos caras tiene mi madre. La que muestra en público suele ser más amable, dadivosa, se le suavizan las facciones y sonríe sin razón alguna, sus palabras son siempre amables, y por eso ha logrado ganarse la simpatía del pueblo austriaco. Sin embargo, como matriarca, su máscara ha sido implacable, fría, dura, como si le faltara vida a la mirada. Tenía la capacidad de reprocharme los dolores del mundo sin siquiera abrir los labios.

Así que me encontré, poco después, en el palacio de Schönbrunn frente a mi madre. Tenía el rostro pálido y un magnífico collar de perlas en el cuello. Sin embargo, por más que hago memoria, no recuerdo el color o la forma de su vestido.

—Tengo todos los informes, querido Max. El rey de Bélgica no está nada contento contigo, tu impertinencia pudo echar a perder un trato muy lucrativo entre dos naciones.

—Madre... —intenté protestar, pero ella me ignoró por completo.

—Sin embargo, tu hermano y yo estamos muy felices de que la hija del rey Leopoldo y tú hayan decidido comprometerse en tan poco tiempo. Eso permitirá que Austria respire con tranquilidad. No olvides que tú estás en la línea sucesoria al trono de nuestro imperio. Nos aseguraremos de que los acuerdos sean los correctos para ambas familias y... ¿dónde vivirán?

—Pensaba construir un castillo en Trieste, a la orilla del mar —respondí, pero me ignoró de nuevo.

—Sí, quizás unas habitaciones en el palacio de Viena o podríamos rentarte una casa.

—Usaré mi dinero y el de la dote para construir un castillo junto al mar y se llamará así, Miramar.

Pareció escucharme por un momento, pero siguió con sus palabras:

—Y quizá sea bueno buscarte un puesto político. Lo hablaré con tu hermano y te lo haremos saber. ¿Estarás aquí unos días?

Asentí.

—Bien, puedes besarme en la mejilla y despedirte.

Y eso hice.

Sin embargo, no podía dejar de cuestionarme si casarme con Carlota sin amor era lo correcto.

Pronto me encontré con Carlos Luis, quien se encontraba vacacionando en el palacio. Al verme, corrió a abrazarme.

—¡Qué sorpresa, Max! Pensé que vendrías en unos días más. Por la tarde te iba a felicitar por carta. Así que conseguiste una princesa belga para casarte con ella. Enhorabuena, ya hacía falta un nuevo amor en tu vida. Espero que mamá se lleve mejor con Carlota, porque a Sisi no la puede ver ni en pintura. Cada vez que se sientan a la mesa discuten por cualquier tontería. De verdad que no se soportan y papá está de lo más divertido. Oye, pero no vayas a ver a mamá ahora, está algo molesta porque descubrió a Luis Víctor probándose los zapatos de una de las criadas. Él dice que fue por una obra de teatro, pero… ya sabes. No es la primera vez que lo descubre probándose un vestido o una peluca.

Ah, qué falta me hacía tener un hermano en quien apoyarme en esos momentos. Escucharlo fue como sentir una tormenta de vida dentro de mí. Me devolvió a la realidad. Le conté del encuentro que había tenido con mi madre y del palacio que deseaba construir en Trieste desde mi última visita.

En unos minutos caminábamos por los mismos jardines en los cuales mamá se había encontrado con su adorado Napoleón, mientras le narraba a mi hermano todo lo que había sucedido en Bruselas.

—Y cuando estaba en la estación de tren, listo para partir a Viena, Carlota se adelantó a su padre y a su hermano y me dio un beso en la mejilla. Cuando su padre la reprendió en público, ella se soltó a llorar. Tuve miedo de consolarla y se escondió detrás de su hermano. Se veía tan frágil, tan inocente. ¡Tenía tantas ganas de abrazarla!

—¿Y lo hiciste? —me preguntó.

—Después de ofender al rey en la fiesta, nuestra madre nunca hubiera tolerado una segunda falta de respeto.

Al pensar en ella, me volví hacia el palacio y ahí la vi, la archiduquesa nos espiaba entre los pesados cortinajes. Antes de cenar, sos-
tendría una reunión con Carlos Luis para preguntarle sobre lo que
yo le había dicho.

En la adultez, Francisco José y yo fuimos diferentes. Mientras que
él tomaba medidas de austeridad en gastos de gobierno, cortando
consumos de la familia, de la marina y de cualquier actividad que
no fuera importante, yo, en cambio, derrochaba, como ya he escrito
aquí, en viajes por el Mediterráneo, Tierra Santa, el norte de África
y en el castillo que planeaba construir a la orilla del mar. Esto, desde
luego, ocasionaba los constantes reproches de mi madre sobre cómo
debía cuidar mi dinero y fue uno de los primeros obstáculos que el
rey Leopoldo puso para el matrimonio entre Carlota y yo. Después
de todo, la dote que recibiría por el matrimonio sería muy generosa.

Así que, en 1857, mientras mis padres y mi hermano negociaban
el contrato matrimonial, yo comencé la construcción de mi nuevo
palacio, al cual nombraría Miramar, porque era posible contemplar
el mar que yo consideraba el más hermoso del mundo.

Mientras se levantaban los primeros cimientos en Trieste, mi primo pidió que Carlota tuviera cierta independencia financiera para
que no me gastara su dinero en viajes y palacios. Y el rey aceptó,
recordando que mi visita lo había dejado bastante enojado.

Desde el rencor, el rey negoció una serie de medidas sin las cuales
yo no podría casarme con su hija.

Entre ellas se estableció que el rey Leopoldo sólo firmaría el contrato nupcial si su hijo, Felipe, pudiera casarse con una archiduquesa
de Austria (con la aprobación de Francisco José, claro está). Además,
debía aclararse que el matrimonio se realizaría únicamente como
alianza política. No sé en qué posición nos dejaba eso a Carlota y
a mí. Por último, que la dote se discutiría en las Cámaras. De este
modo, alargaron el asunto de mi matrimonio, porque las Cámaras
belgas no tenían como prioridad discutir algo así. Mientras tanto, se
propuso un cambio a las leyes de Bélgica que contemplaba que ninguna de las princesas heredaran en caso de la muerte del rey. Esto,
con el fin de que, al morir el rey Leopoldo, yo no pudiera acceder a la
fortuna de forma indirecta. Esta ley no fue promulgada, pero sí hirió

a Carlota, quien me escribió una carta en la que me decía que, para los hombres que gobiernan, las mujeres no son más que entremeses.

En la primavera de 1857, mientras las cortes de Viena y Bruselas terminaban de aclarar el mentado asunto del matrimonio, decidí hacer una visita a mi futura esposa. Esta vez iría en calidad de novio oficial.

Leopoldo me recibió de nuevo en la estación, pero sentí que, aunque sonreía como siempre y me saludó con un abrazo, encontré cierta frialdad en él. De hecho, tomó algunos segundos en recibirme y se mantuvo callado durante el trayecto al palacio. La opinión del rey había permeado en su familia y en sus súbditos, y me di cuenta de que no era bienvenido en aquellas tierras. Por lo menos, podía ver a Carlota.

Por primera vez pudimos estar a solas (con su institutriz siempre junto a ella, haciendo las veces de chaperona) y descubrí que lo que me decían mis instintos era real, Carlota y yo teníamos mucho en común. Con ella podía charlar sobre historia, mitología, literatura, política, ciencia. Era una mujer con el corazón de un hombre, que deseaba gobernar como lo hacíamos nosotros, porque a ellas se les estaba negado por su sexo. Reconocí a una mujer más inteligente que yo, en casi todos los aspectos.

Tras horas de charla, comprendí la chispa que había entre nosotros, no de amor, sino de una amistad cómplice. Supe, en aquella visita a Bruselas, que ella sería mi mejor amiga. Quizá nunca podría amarla como a la beldad de mi juventud, pero sí la quería como al mejor de mis amigos.

Ella, en cambio, no dejaba de mirarme entre suspiros. ¿Será que en ella sí se despertó un sentimiento diferente?

—Oh, Max, estoy lista para el altar. Nos casaremos aquí en Bruselas y seremos felices.

Mientras tanto, mi madre, desde Viena, escribía una carta que luego me enseñó Carlos Luis y que aún tengo en mi archivo personal.

Hijo mío.

¿Qué haremos con nuestro querido Max? Sus gastos se incrementan y no tiene ambiciones para el futuro. Es menester que, a la brevedad posible,

encontremos un puesto para él. Ocuparlo en cuestiones importantes para que no pierda el tiempo en viajes, el estudio de las mariposas y la construcción de más palacios. Gran gasto de nuestra fortuna en deudas nos causan los delirios de tu hermano. Es un soñador, y las ilusiones son números que no pueden recuperarse con facilidad. A tu hermano le hará bien una dosis de realidad. El mundo es real, no un sueño, ni un poema. Tú y yo se lo tenemos que enseñar, y quizá le duela aprenderlo.

Tu madre que te quiere,

Sofía

Capítulo XXXIII

AY, MAX, QUÉ DECISIONES TOMASTE EN LA VIDA. ¿Elegirías el mismo camino si pudieras regresar el tiempo? Quizá sería tan tonto de volver a recorrer el camino que me llevó hasta donde me encuentro hoy.

Hay personas que pasan años soñando con un solo día, el de su boda. Yo nunca tuve esa necesidad de escuchar las campanas nupciales y la única vez que consideré llegar al altar por decisión propia fue en tiempos de María Amelia.

Se tomó la decisión de realizar la boda en Bruselas, y de que serían ellos quienes estuvieran a cargo de la organización. El rey, como castigo a mis palabras, decidió que todo el protocolo sería sobrio.

La misa nupcial, como era de esperarse, se realizó en la catedral. No hubo música del órgano, tampoco cantaron los niños. Entre los silencios se acomodó el latín del viejo sacerdote, quien no dejaba de levantar la ceja al contemplarnos, como si fuéramos una extraña pareja. Yo portaba mi traje militar y Carlota un largo vestido que la hacía lucir como una llama blanquecina en medio de la noche. Yo no estaba nervioso, porque para mí era un día más, pero ella... ¡Oh, mi adorada Charlotte! Temblaba entera, se sonrojaba al mirarme y sonreía tierna.

Mis padres estaban ahí, serios; detrás de ellos, mis hermanos; todos menos Francisco José, quien se había quedado en Viena con Sisi por un tema de gobierno. También el embajador de Austria y familias importantes de ambos países.

Cuando terminó la ceremonia, Carlota y yo no nos besamos. Tomados del brazo, salimos de la catedral donde nos esperaba un coche de caballos elegantísimo que nos habría de llevar al palacio donde se realizaría la recepción oficial.

Al llegar a la gran entrada, los criados nos ayudaron a bajar y nos llevaron a un cuarto donde estaríamos solos. Era la primera vez, en nuestra vida, que estábamos ella y yo. Sólo Max y Carlota. Mirándonos, como si no nos conociéramos. Todas esas charlas que habíamos sostenido, ese intercambio de cartas, esos planes que habíamos hecho se desvanecieron en un instante. No vimos lo que cada uno conocía del otro, sino lo que desconocíamos. Para el resto del mundo, ella se casaba conmigo por el apellido Habsburgo, y yo me unía a ella por el dinero de su familia. Sí, es fácil juzgar desde fuera y desde abajo, pero ¿alguien nos preguntó una vez por qué estábamos en aquella habitación? ¿Cómo nos sentíamos de mirarnos, por primera vez, unidos como hombre y mujer? Éramos como adolescentes tímidos, en un mundo que parecía nuevo y cuyos moradores aún no tenían nombre.

—Era lo que queríamos, ¿verdad? —pregunté.

—Era lo que otros querían para nosotros, y ya tuvieron lo que querían. ¿Es lo que nosotros queríamos? Yo sí.

—Yo también —respondí titubeante, y una débil sonrisa apareció en su rostro.

Y quedamos sumidos en el silencio, no sabía por qué tema empezar a preguntarle, o cómo iniciar una conversación. Ella, por lo visto, tampoco. Minutos más tarde, uno de los criados vino a decirnos, en perfecto francés, que todos nos esperaban en el gran salón.

—Parece que ha llegado el momento —exclamó mientras intentaba ponerse en pie, con ese gran vestido blanco, así que la ayudé. Por un momento, noté un dejo de tristeza en sus ojos y comprendí la razón. Carlota perdió a su madre durante su infancia, y le habría gustado tenerla a su lado. Yo, en cambio, hubiera preferido no tener a la mía para que no me echara cosas en cara o me reprendiera al oído por algo que no hice correctamente.

Las grandes puertas de caoba se abrieron para darnos paso, se anunció nuestra presencia y los aplausos nos cubrieron cuando entramos. La orquesta tocó una pieza que no me fue posible reconocer, pero que parecía antigua. Carlota me tomaba del brazo, su cuerpo estaba más tenso que el mío. Todas las miradas nos seguían por el salón y eso me tenía nervioso, pero, después de todo, ¿no éramos Carlota y yo los personajes más importantes de aquel momento?

La primera persona en acercarse fue la abuela de Carlota, la abrazó con fuerza y compartieron una lágrima. Iba hermosa con cabello blanco, orgullosa de sus arrugas y un vestido negro de seda. Luego, repitió el gesto con su hermano Leopoldo. Su padre, en cambio, se mantuvo distante, lo mismo que mi madre, quien me miraba de lejos con una sonrisa brutal al confirmar que me había llevado al altar con la persona que ella había escogido para mí.

Carlos Luis y Luis Víctor también se adelantaron a felicitarme. Me abrazaron con fuerza y le dieron un beso a Carlota en la mejilla. El último en felicitarme fue mi amigo Carlos; vino a mí, me dio un abrazo largo con palmadas en la espada y, mientras lo hacía, me recomendó al oído:

—Deja que tu madre piense que se salió con la suya si quieres vivir en paz.

Las miradas que se posaban sobre nosotros se convirtieron en silencios que se tornaron en murmullos. Escuché mi nombre y el de Carlota, y me sentí mal. Temí que se burlaran de mí, que en cualquier momento estallaran las risas contra nosotros. Por primera vez me volví hacia mi esposa en busca de apoyo y ella, quizás entendiendo mis pensamientos, sonrió tímida para darme valor.

Como era costumbre en aquellas ocasiones, caminamos por el salón saludando a invitados especiales. Mientras tanto, mi madre hablaba con el padre de Carlota. Aunque se encontraban serenos, parecían discutir; a veces nos señalaban y yo sabía que el tema de discusión era yo. Lo que no sabía era que mi vida iba a cambiar a causa de ello.

Horas más tarde, cuando la noche belga cubría la ciudad y las estrellas titilaban en lo alto, me asomé a la ventana de mis habitaciones y bebí de la noche que tanto me recordaba a mi infancia. Me sentí niño otra vez, mientras una de las criadas del palacio ayudaba a Carlota a deshacerse del vestido.

¿Estaba listo para mis actividades maritales? Mi corazón se sentía como un reloj de bolsillo al que se le ha dado mucha cuerda. Se me durmieron los dedos de la mano, y me temblaron las piernas. Sin embargo, mi entrepierna no despertaba. ¿No estaría cansado de la ceremonia matrimonial? ¿No tendría miedo de dañar a Carlota, quien me parecía una criatura frágil y sensible? No me sentía como en aquel viaje con Carlos Luis en el que fijé la mirada en los listones del techo mientras le entregaba mi primera vez a una experimentada mujer;

aquí había un deber con mi esposa, con mi dios, con mi madre, con mi pueblo, pues los hijos en una familia de apellido son esperados.

Escuché chillar los goznes de la puerta, y cuando me volví lo primero que noté fue un fulgor amarillo de la luz de las velas y, a través de ese velo luminoso, apareció ella. Llevaba un camisón bordado en hilo blanco, pero noté el grosor de sus brazos y la forma de sus tobillos al descalzarse de las zapatillas. Se sentó en el borde de la cama y me invitó a hacer lo mismo. Yo aún vestía mi traje militar.

Con tres pasos largos llegué a la cama. Me pareció que ella estaba segura, pues no sentí temblor alguno en sus miembros. Sin maquillaje, su rostro era diferente, joven, casi el de una niña. Había cariño, sí, carente de deseo. Me pregunté, ¿cómo le harían los reyes del pasado para enfrentar estas situaciones? ¿Se amaron con pasión los Reyes Católicos en su noche nupcial o tuvieron miedo? ¿Cómo fue la primera noche entre Cleopatra y Julio César? Las preguntas en mi cabeza fluían más rápido que los latidos de mi corazón.

Carlota, intrigada por mi falta de acción, pues todo mi ser estaba quieto, me besó en la mejilla. Yo bajé la mirada.

—¿No te vas a preparar para mí? —preguntó.

De modo que se metió entre las sábanas de la cama y se mordió el labio mientras yo iba detrás del gran biombo pintado con una escena pastoril para quitarme el uniforme y quedar en paños menores. Mi cuerpo no era el del héroe griego que ella esperaba, pero parecía que le gustaba.

Despacio, mi cuerpo comenzó a despertar, pero el miedo era grande. No sabía si yo era lo que ella esperaba. Era la primera vez que me importaba lo que una mujer opinara de mí y de mi hombría.

El cuarto estaba iluminado por velas blancas, el fulgor que nos rodeaba era dorado, me metí a la cama con ella y nos miramos. Yo era su primera vez, y para mí... sentía que era lo mismo.

Fue una noche malísima, estábamos agobiados por la ceremonia y, en cuanto la toqué, descubrí que ella temblaba igual que yo. Fuimos torpes con los deberes matrimoniales y pensamos que eso cambiaría cuando pasaran los días. Después de todo, éramos marido y mujer para siempre. Tendríamos que aprender a llevarnos bien en todos los aspectos de la vida.

Capítulo XXXIV

¿QUÉ RECUERDA UN HOMBRE DE SU BODA? Quizá no los manjares que circularon en las diferentes charolas de plata, o las bebidas con pequeñas burbujas que bebían los invitados. ¿Podrían ser los valses o las felicitaciones? Tal vez ni siquiera eso.

Para mí, lo que recuerdo de mi matrimonio con Carlota es el cielo azul de aquella mañana, el vestido blanco de la novia, el sentimiento de ver tantas sonrisas ese día. Con el paso de los días, dejé a un lado la sensación de que se habían burlado de nosotros.

Poco antes de que Carlota y yo partiéramos de viaje, desayuné con mi madre, pues toda la familia estaba por regresar a Viena en tren.

Estábamos solos en la habitación de invitados, en la cual se hospedaba.

—Max —dijo al dar un buen sorbo a su taza de chocolate caliente—, el rey Leopoldo, con justa dimensión, está preocupado por tu porvenir. Es decir, por el de su hija. Hasta ahora, tu vida ha sido en el mar, en la construcción de tu castillo y en tus viajes de ocio.

—Madre —quise interrumpirla para defenderme.

—No, Max. Es importante porque ya no estás solo y tienes que ser responsable de tu propia vida. Durante varios meses, tu hermano y yo hemos pensado en qué vamos a hacer contigo, ¿dónde podríamos aprovechar mejor tus habilidades para gobernar? Porque para tales fines fue tu educación y ahora tenemos la oportunidad de aprovecharla.

—¿Qué han pensado?

Mi madre, sin sonreír, puso un poco de miel a un pan recién horneado y se lo llevó a los labios. Cuando terminó, se limpió las migajas de las comisuras de los labios. Yo no tenía hambre, así que dejé mi plato sin tocar.

—En unas horas recibirás una carta de tu hermano, indicándote que tendrás un puesto como virrey de los territorios de Lombardía-Véneto.

Carlota y tú gobernarán como se les ha enseñado y así prestarán servicio al imperio austriaco. Además, el rey Leopoldo estará satisfecho porque su hija se desposó con un hombre político que ejerce el poder como debe ser.

¡Un puesto, Max!, pensé. ¡Un puesto para desempeñarme y mostrarle al mundo mi valor. Y, meditándolo bien, también a mi familia. Sobre todo a mi madre. Ya que ella estaba de buen humor, intenté hacerle la pregunta.

—Madre, ¿quién es realmente mi padre?

Estábamos solos, frente a frente, con la mañana a nuestro alrededor. Mi madre levantó el rostro con la mirada llena de fuego, sus mejillas encendidas. Noté cómo su mano bajaba al plato para dejar el pan.

—Has escuchado rumores por demasiado tiempo y fue mi culpa no haberte dicho la verdad desde hace tiempo. Dedico tanto tiempo a preocuparme por esta familia que a veces olvido pensar en mí. ¿Quieres saber quién es tu padre? ¿De verdad quieres saberlo?

Asentí en silencio, incapaz de pronunciar palabra.

—Está bien, te revelaré cuál es mi mayor desgracia. Tú padre no es Napoleón, sino el hombre al que siempre has llamado padre. No importa lo que otros digan sobre eso, tú siempre sabrás la verdad. ¿Era la respuesta que esperabas?

Me levanté y le di un beso en la mejilla.

—Era la respuesta que quería.

Algo quedó en esa habitación. Cuando le di la espalda a mi madre para salir, sentí que me habían quitado un peso de los hombros. Al final, ¿de qué me servía no llevar la sangre de Napoleón en mis venas si la mitad de Austria lo creía así y no escucharían razones para convencerlos de lo contrario?

Decidí confiar en Carlota y, durante nuestro recorrido en tren a Milán, se lo conté todo. Se quedó muy callada mientras yo no dejaba de hablar y manotear. Cuando terminé, se inclinó hacia mí y me dio un abrazo. Ignoraba lo mucho que necesitaba que alguien me entendiera así. De nada me valía contárselo a mis hermanos o a mi amigo Carlos, porque llevaban mucho tiempo de conocerme y de saber de mi madre. Necesitaba a alguien que no perteneciera a mi círculo. En eso, Carlota fue perfecta, pues entendió que necesitaba a alguien como ella.

Milán nos recibió con un cielo blanco, cubierto de nubes estáticas, sin aire, sin truenos en lo alto y sin sol. Como si el mundo no pasara sobre nosotros.

Aún propiedad de Austria, la ciudad estaba lista para que nosotros la descubriéramos juntos. Cenamos la primera noche en el palacio del duque de Milán, para irnos temprano a la cama y, a la mañana siguiente, caminar por las calles empedradas para ver las ruinas romanas.

¡Qué suerte tienes de haber encontrado a Carlota, Max! Es la única persona con la que puedes charlar de aquellos días lejanos en los que el emperador Claudio gobernaba o de las extrañas anécdotas de cuando Calígula nombró senador a su caballo Incitato. Y ella las sabía todas, las compartía conmigo y se reía.

En las calles encontramos una gran cantidad de magos, es decir, de hombres jóvenes que hacían trucos con naipes o con pequeñas bolitas de cristal de todos colores para ganarse algunas monedas.

—O para distraer a los viajeros con el fin de robarles su dinero —comentó Carlota.

Y, aunque no vi que aquello sucediera, sabía que era una posibilidad.

También existía una nueva artimaña, en la cual se usaba la baraja pintada a mano para la familia Visconti-Sforza, que usualmente se usaba para jugar tarot (cuyas reglas ni Carlota ni yo entendimos jamás), las barajas se tiraban al azar en una mesa, dispuesta en la calle, para interpretar el futuro. En la mayoría de los casos era una mujer gitana quien se encargaba de hacer esa adivinación de la buenaventura.

Yo tenía curiosidad de saber cómo funcionaba aquello, pero Carlota no quiso saber nada de ello:

—En primer lugar, Max, estos trucos están hechos para sacarle el dinero a la gente que no tiene cultura y tú sí la tienes. Además, todo esto es pecado. Anda, vamos, tenemos mucho más que descubrir.

Y tuve que aceptar que, en el fondo, tenía razón.

Seguimos caminando por las calles de Milán, admirando la arquitectura de la época del Renacimiento, de la Edad Media o de cuando Roma gobernaba el mundo, y me maravillaba. Yo vestía pantalones claros y un abrigo negro, a pesar del calor, pues el viento que soplaba desde las montañas era frío. En cambio, Carlota llevaba un vestido tan verde como un campo de verano después de la temporada de lluvias. Portaba una sombrilla de seda blanca para evitar que la luz del sol, que ocasionalmente se asomaba de las nubes, le manchara la piel.

Algo en lo que conversábamos mucho era sobre cómo estaba el mundo. Los dos leíamos los periódicos, sabíamos de las guerras que se desataban por todo el mundo en favor de que el poder religioso no se mezclara con el político y, aunque éramos creyentes de la fe católica, no soportábamos la superstición. Si puedes hacer a un hombre supersticioso, puedes manipularlo valiéndote de sus creencias; en eso la Iglesia católica ha sido muy eficiente. Separar el poder religioso del político podría ayudar a resolver este problema.

Pero yo era diferente a los demás. Mi hermano no pensaba así, era más de corte conservador. Carlota, por suerte, compartía mis ideas. Aunque no sé qué hubiera pensado mi mamá de ellas. Si bien no era afín a la superstición y así se había encargado de que fuéramos educados, también creía que la imagen era importante. Hablar en contra del poder religioso hubiera atentado en contra de esa imagen.

Además, íbamos a gobernar pronto. Antes de que terminara el año, seríamos virreyes de los territorios de Lombardía-Véneto.

—¿Te imaginas, Charlotte? Podríamos pasar los otoños en Venecia, disfrutando de banquetes en una de las ciudades más hermosas del mundo y, cuando el calor nos estorbe, podríamos ir a nuestro castillo en Trieste para estar más frescos.

—Pensé que gobernaríamos desde aquí —respondió ella.

Asentí. Me gustaba pasear por las calles de Milán, mientras sentía la brisa a mi alrededor. Sería una de las últimas veces que podría hacerlo, antes de tomar el puesto de virrey.

—Sí, gobernaremos desde el palacio real de Milán, pero eso no significa que no podamos visitar Venecia. ¿Te conté cuando fui de niño? Ah, y Trieste. Mi sueño sería vivir ahí, sentarme en la terraza todas las tardes y escribir poemas como un antiguo griego dedicado por completo a la lírica.

Carlota tuvo que reprimir su risita burlona.

—Eres un soñador, Max. Gobernar no es un placer, es una obligación, y cuando no está en decisión del pueblo quién lo ha de gobernar, entonces aquello viene de Dios.

Supuse que tenía razón, pero en verdad buscaba una vida tranquila, sin drama, con una distancia razonable entre Francisco José y mi madre. En algunos meses, o tal vez años, podríamos hacer nuestra luna de miel, quizás en América o en Tierra Santa; lejos de Europa en un viaje largo. Carlota decía que sí a cualquier destino que le proponía, pero no se decidía por alguno.

No éramos una pareja romántica, no había besos en los rincones, ni alocadas noches de pasión para rivalizar con Cleopatra y Marco Antonio, pero sí había largas tardes de conversaciones, nos retirábamos temprano y dormíamos en la misma cama entre charlas de lo que haríamos a la mañana siguiente. De vez en cuando manteníamos relaciones maritales, pero éstas eran ocasionales ya que todavía... ¡No adelantes tu historia, Max!

Bueno, aún eran los primeros meses de nuestro matrimonio, no habían empezado las batallas que siempre suceden entre un hombre y una mujer. No quería que mi matrimonio se convirtiera en el de mis padres, no quería estar así de separados, ni tener que hacer el tonto para que Carlota estuviera feliz. Y pensé que el mundo mejoraría en cuanto tuviéramos hijos. Carlota también lo pensaba.

Formar una familia mejoraría la situación, pero Carlota no se embarazaba. Pensábamos que ya sucedería, mientras vivíamos nuestro sueño de gobernar.

Capítulo XXXV

¡Virrey de los territorios de Lombardía-Véneto! Llegado el momento de gobernar, tanto Carlota como yo estábamos seguros de que había mucho que teníamos por hacer. Éramos representantes del gobierno de mi hermano y queríamos que fuera así, tal como una pequeña Viena.

Cuando nos instalamos en el palacio de Milán, nos encontramos rodeados de los señores más importantes de esa ciudad. Entre aplausos entramos al salón y en silencio nos sentamos a la cabecera del comedor, una tarde de otoño, para celebrar nuestro nombramiento político. Silenciosos, mi esposa y yo nos miramos, el recuerdo de nuestra boda vino a nuestra mente.

Vi en mi virreinato la forma perfecta de reconstruir las fiestas de mi niñez, de inundar los salones con música, de volver a la corte que tenía mi tío. Porque, para mí, la mejor forma de enfrentar el futuro es tomar lo que más nos gusta del pasado. Durante los primeros días, tanto Carlota como yo creamos una nueva corte, llena de hombres y mujeres de todas las edades, ricas personalidades que destacaban por su dinero o por su cultura.

Los valses que se tocaban eran de Viena, los dulces que se servían eran de pistache y azúcar fina, y los vinos que se escanciaban provenían de Alemania. Hice de Milán mi pequeño rincón del mundo para sentirme bien. Los salones de colores me hipnotizaban, las pinturas, las esculturas de otros tiempos, los sueños que se convertían en piedra, los atardeceres de oro líquido.

Sí, por un lado, trabajé en una corte de chambelanes que fueron gratos para mi nuevo puesto, pero, por otro lado, había algo político. Yo sabía muy bien que la situación era tensa, que los habitantes del territorio que gobernábamos estaban algo molestos porque el virrey anterior, un viejo mariscal de nombre Joseph Radetzky, se había comportado como un conservador en todos los sentidos, mientras que en Europa las ideas era más liberales, al menos desde la revolución que hizo renunciar a mi tío.

Así que, mientras enfocaba mis esfuerzos en que mi corte estuviera conformada por los hombres y mujeres más importantes para mantenerlos contentos, también ordené que se realizaran otro tipo de acciones. Por ejemplo, Carlota y yo nos encerramos, durante varios días, a analizar el tema de los impuestos; los considerábamos injustos y muy mal distribuidos. Los ajustamos a fin de que fueran más equitativos para todos. Ordené que se arreglara el drenaje de varias ciudades para impedir el estancamiento de las aguas y evitar enfermedades como el dengue.

Pero mi espíritu artístico también cobraba vida y quería honrarlo a través del poder que ostentaba, por lo que me preocupé no sólo por el gobierno, sino por la belleza de sus edificios.

Como ya escribí, nuestro hogar común era Milán, pero mi lugar favorito siempre fue Venecia. La ciudad que conocí de niño y en la que escribí mis primeros versos. No habían cambiado las plazas ni los edificios, pero lo hice yo. No pude verla con los mismos ojos de asombro, porque hay algo maravilloso que se pierde al crecer, una cualidad infantil que desaparece en cuanto llegamos a la adultez y dejamos de ver el mundo como un lugar que podemos explorar.

En aquella primera visita, me protegieron del mundo, me encerraron en un cuarto y llamé poco la atención de la ciudad. Sin embargo, ahora estaba a cargo de su gobierno, no podía escapar a la atención que recibía, a los homenajes y banquetes, a los vinos espumosos que los nobles bebían en mi honor y en el de Carlota. Emocionado, me sonrojaba cuando los asistentes a un banquete tenían estas expresiones de adulación, mientras que mi esposa las tomaba como eso: expresiones hechas por la gente para obtener favores y ser vista por los virreyes. Y nosotros queríamos ser vistos, pero en nuestros términos; vestidos de gala, escogíamos días especiales para transitar por el gran canal de Venecia, y que no sólo los de clase más alta pudieran vernos.

La practicidad de Carlota me recordaba mucho a la de mi madre, pero llena de una humanidad que no conocí en la archiduquesa que me llevó en el vientre. Además, tengo que reconocer que, en su forma de gobierno, Carlota era más liberal que yo, estaba convencida de que los menesteres de la fe debían mantenerse completamente separados de la política, pues si uno contaminaba al otro se perdía perspectiva. La fe estaba en el pasado, la ideología liberal miraba al futuro, hacia la felicidad de todos.

Fue por aquellos días que recibió un apodo que conservó hasta la última ocasión en que la vi; le llamaban la Roja. ¿Lo supo ella? Por supuesto, pero le tuvo sin cuidado. Prefería dedicar su tiempo en inaugurar escuelas, en ayudar a los hospitales, en hacer eventos que recaudaran fondos para los niños sin padres y para las viudas sin un sustento en casa.

Cuando llegó el tiempo de la Pascua, tan importante para Austria, organizamos una gran fiesta en el palacio de Milán e invitamos a visitar los jardines a todo el que quisiera venir. Colgamos guirnaldas de colores en cada uno de los balcones, una orquesta de violines amenizó la tarde, preparamos golosinas para los niños que acudieron, y Carlota y yo nos disfrazamos de campesinos. Aunque nubes blancas cubrían el cielo, no cayó ni una gota de lluvia. Ese día corrimos, jugamos, nos divertimos y nos aseguramos de que el pueblo nos viera como uno más de ellos.

Hice todo lo que pude para levantar el ánimo del pueblo que debíamos gobernar y por hacer de los territorios de Lombardía-Véneto una extensión del imperio de Francisco José. Creí que nuestras acciones eran correctas y que gobernaríamos muchos años ahí. Creí tantas cosas, pero ¿qué hombre está en control de su destino? El mundo era otro, y yo fui un tonto, o al menos así me sentí.

Así fue como Francisco José me hizo sentir.

Según la información que me hicieron llegar, el embajador de Inglaterra envió una carta a su familia real que contenía el siguiente mensaje: "La administración de las provincias lombardo-venecianas fue dirigida por el archiduque Maximiliano con gran talento y un espíritu imbuido de liberalismo y la más honorable conciliación".

¿Y cómo no iba a ser así? Gracias a Carlota y a mí, crecieron los jardines reales de Venecia, lo mismo que la plaza del Duomo y las nuevas plazas que ordenamos que se construyeran.

Ay, Max, qué bonito es todo por fuera: los bailes, los paseos por Viena, los disfraces de Pascua y las plazas ornamentadas, pero era el exterior, un cascarón de lo que fue nuestro gobierno. ¿Y dentro del huevo? Apenas una ilusión, no teníamos control del ejército y varias decisiones aún se tomaban desde Austria, sobre todo las que tenían que ver con los temas administrativos. En verdad pensé que era un tema que podría arreglarse, pero Carlota...

Una noche, se paseó en camisón por nuestra habitación. Se cepillaba el pelo mientras hablaba.

—No podemos seguir así, Max. Por más que lo intentamos, la gente no está feliz. Cada vez vienen menos nobles a las fiestas, y no es por nosotros o por los disfraces; es porque siguen bajo el control de Austria y no hay forma de cambiar eso. ¿Sabes por qué nos enviaron para acá?

—Dale tiempo, todo se va a solucionar —respondí desde la cama, donde leía un libro de poesía alemana.

—Porque eres hermano del emperador, sólo por eso. Era como reforzar la idea de que no pueden escapar del imperio. Francisco José gobierna a través de nosotros. Esto nos va a traer problemas.

Dejé el libro a un lado. La noche parecía silenciosa.

—Tenemos al ejército.

—Tú no tienes control de él. Los soldados responden a las órdenes del emperador, no a las del virrey. El descontento crece, y por más que construyamos plazas, eso no va a cambiar.

—No creo que mi hermano me haya dado esta asignación para retrasar una revolución, le escribiré mañana. Verás que estás equivocada, Charlotte.

Carlota negó con la cabeza, siguió peinando su larga cabellera castaña mientras se paseaba de un lado al otro de la habitación, como si quisiera formar una zanja en el tapete. En ocasiones se asomaba por la ventana y luego se volvía hacia mí con la boca abierta, como si quisiera discutir más, pero no lo hizo.

Al terminar de leer el largo poema, dejé mi libro sobre la mesita de noche y apagué la vela con un soplo. No se dijo más esa noche. Me recosté hasta que mi mente se calmó, y escuché que Carlota se movía por la habitación.

Cuando me desperté en la madrugada, Carlota no estaba a mi lado. Por las sábanas revueltas supe que había dormido poco y que, seguramente, ya tomaba su desayuno en la cocina.

Sin cambiarme la ropa de dormir, fui hasta mi despacho. Me percaté de la luz gris del amanecer, el frío empañaba los vidrios. Estaba decidido a probarle a Carlota que se equivocaba, así que le escribí una larga carta a mi hermano. Primero, le narraba nuestros logros en el gobierno, la crónica de nuestra última fiesta y... tan lleno de sentimiento, lleno de un influjo que no puedo explicar, olvidé hacer una copia de la carta, así que no puedo reproducirla aquí. Imagino que debieron ser palabras muy torpes, porque escribir bajo la inspiración exaltada es un error, es como estar enamorado; el corazón toma el lugar de la razón, un poeta se enamora de sus letras y no las ve como en realidad son, sino cómo le gustaría que fueran.

Ay, Max, eres un tonto enamoradizo, te gustan las jóvenes bellas, contemplar atardeceres, escribir poemas, soñar con los héroes de antaño y pensar que hay bondad en todas las personas.

Esas palabras inspiradas se fueron a mi hermano, con una petición: que se me diera más control de la milicia y de la administración de los territorios que yo gobernaba. Y esperé dos semanas a que llegara la respuesta, durante las que mi adorada Carlota me miraba con desconfianza, agitaba su abanico y se decía para sus adentros: "Ya verá Max que yo tengo la razón".

¿Y qué gobierno no tiene espías en las ciudades para que le reporten qué es lo que sucede con sus gobernados? Pronto me dieron informes, no sólo de lo que el embajador de Inglaterra escribía sobre las plazas que remodelábamos, sino también sobre las conspiraciones de patriotas que se organizaban en mi adorada Venecia, quienes deseaban recuperar el control de los territorios.

Cuando llegó la carta de mi hermano en la que me negaba todo lo que yo le había pedido, enfurecí. Carlota estaba ahí cuando me la entregaron. No tuvo que preguntarme qué decía, con la expresión rota que yo tenía en el rostro, comprendió todo. Cada uno, sentado en su precioso escritorio ornamental, compartimos una mirada en silencio.

—Tengo que ir a verlo, no puedo creer que me haga esto.

—Ve, yo me quedaré aquí y resolveré cualquier tema que se presente. Ve, arregla lo que puedas con tu hermano y esto se solucionará. Con el apoyo de tu hermano tal vez podremos solventar esta situación.

Una vez más, influido por el sentimiento, esta vez de rabia, fui hasta la estación con un improvisado baúl y tomé un tren que me llevara directamente a Austria. Estaba tan lleno de ese sentimiento que el viaje se me hizo más corto. No vi los paisajes, no estudié a los demás pasajeros, ni siquiera leí mis libros de poesía durante el camino. Estaba cegado por esa ira que me quemaba las venas. Cuando cerraba los ojos, me imaginaba miles de escenas de cómo sería mi encuentro con Francisco José y de cuál sería su reacción, sobre todo de qué diría mi madre si yo me enfrentaba al emperador, aunque lleváramos la misma sangre.

Bajé del tren, Carlos Luis estaba avisado de que llegaría y me esperaba con un coche. Criados del palacio se encargaron de mi baúl, mientras yo subía.

—Francisco José está muy sorprendido por tu visita, dijo que no pensaba que vendrías aquí corriendo, pues te había escrito una carta en la que había dejado los asuntos muy claros. Lo vi muy serio, Max. Creo que está igual de molesto que tú. ¿Por qué no trajiste a Charlotte? Me cae tan bien.

—Tuvo que quedarse en Milán para atender unos asuntos de la corte —respondí.

Las ventanas del carro estaban cerradas por cortinillas negras. No sólo no tenía ganas de ver la ciudad, tampoco quería que se corriera el rumor de que estaba en la capital del imperio. Cuantas menos personas supieran de mi visita, sería mejor.

Al llegar al palacio, el coche se detuvo en la entrada trasera y me apeé. Deseé, con todas mis fuerzas, que mi madre no se encontrara ahí con él, porque entonces tendría que enfrentarme a ambos. Me instalé en mi cuarto de antaño, recorrí los libros que ahí habían quedado, miré por la ventana como si pudiera hacerlo al pasado, pero estaba inquieto. Aunque le habían dicho a Francisco José que me encontraba ahí, aún no me había dado audiencia. No quería hacerlo de forma pública ni frente a otros ministros. Aunque fuéramos emperador y virrey, necesitaba tratar el tema como si fuéramos hermanos; si acaso quedaba algo de hermanos entre nosotros, algo que el poder imperial no hubiera destruido ya.

Esperé por horas a que me llamaran, pero no sucedió. Inquieto, me sentaba en el escritorio y luego me levantaba para ir hacia la cama, sentarme ahí para hojear la Biblia de mi infancia, y me asomaba al pasillo para ver si alguien venía a buscarme. ¡Qué desesperación!

Porque yo sabía que Carlota me esperaba en Viena y ansiaba escribirle con una respuesta exitosa que calmara sus ansiedades. Mi bella criatura estaba en peligro si yo demoraba, pero ¿cuánto tiempo tardarían en recibirme?

Mi corazón estaba incontrolable, lo mismo que el temblor de mis manos. Necesitaba hablar con mi hermano y él no me mandaba llamar. ¿Qué podía estar haciendo que fuera más importante que yo? ¡Mi madre! Seguro que ella tenía que estar detrás de todo esto.

Bien, no esperaría un segundo más. Me asomé al espejo, arreglé mi traje y me peiné lo mejor que pude, alisé mi barba y respiré profundo. No era tal como yo imaginaba que debía verme, pero no tuve otra opción en aquel momento. Al menos mis botas brillaban como debía ser. Salí al pasillo y, con paso decidido, atravesé el palacio, ignorando a los criados que me buscaban para preguntarme si necesitaba algo o si podían ayudarme en algún menester cotidiano. Uno que otro ministro, de ésos de largas barbas blancas y carpetas negras bajo el brazo, me reconocieron y silenciosos contemplaron mi andar furioso. No me detuve, como otras veces, a delinear los trazos dorados de los jarrones ornamentales, ni me asomé a ver las flores crecer en los jardines, mucho menos los cuadros de argonautas que colgaban en las paredes del pasillo.

Cuando llegué al cuarto que hacía las veces de despacho de mi hermano, esperé unos momentos. La gran puerta blanca estaba ahí, burlándose de mí. Acerqué mi oreja a la puerta para ver si podía detectar algunas voces. No sabía si mi madre estaría ahí.

Silencio, no escuché más.

Llamé a la puerta y, cuando no recibí respuesta alguna, giré el picaporte de la puerta y entré en la habitación.

Mi hermano se encontraba solo, leyendo algunos documentos de gobierno. En cuanto me vio, abrió los ojos como platos, incrédulo de la impertinencia que yo había cometido.

—¡Max! ¿De qué se trata esto? Mi esposa y yo queríamos cenar contigo y...

Lo interrumpí, las palabras salieron de mi boca a tropezones.

—¡Necesitamos tu ayuda!

Arqueó los ojos y me ofreció una silla para sentarme.

Capítulo XXXVI

Ángel bienamado.

Francisco José ha dicho que no.

Le expliqué con harto detalle y mucho cuidado cuál era nuestra peculiar situación en Lombardía-Véneto. Me escuchó durante el transcurso de varias horas, en las cuales se mantuvo en silencio con las manos descansando sobre su escritorio. Su rostro serio asentía de vez en cuando. Mientras explicaba tales circunstancias, llamaron a la puerta y mi madre entró. Sorprendiéndose de mi llegada, me reprochó al instante que no le hubiera dicho que estaría en Viena, se sentó en uno de los sillones y me pidió que continuara con mi larga narración.

Hice hincapié, mi querida, en todo lo que hemos trabajado para el bien de la tarea que se nos había encomendado. Di prioridad a las escuelas y hospitales que inauguramos, y a las fiestas que organizamos para mantener satisfechas a las familias nobles. Sin mencionar el trabajo que hicimos para evitar que las tuberías causaran el tan nefando dengue en nuestra población. Dejé al final el trabajo que hemos hecho en el hermosamiento de las plazas y los edificios. Cuando terminé mi narración y esperaba la respuesta de mi hermano, mi madre aprovechó el silencio para reprocharme por la construcción de nuestro palacio en Miramar y los gastos que ha acarreado hasta ahora, que Bélgica no estaría feliz si utilizáramos los dos millones de florines de Carlota en algo tan banal como un castillo de cuento de hadas. Le respondí a mi madre que ella ya sabía bien que yo había pedido un crédito al fondo familiar de los Habsburgo de novecientos mil florines, y que lo pagaría con mi sueldo y con otros negocios en plazos anuales. Le recordé que mi pensión anual como archiduque era de setenta y cinco mil florines, y que mi sueldo como virrey era de setenta y cinco mil liras. Así que no tendría problemas para hacer dichos pagos. Mi madre, tomando de nuevo una actitud de reproche hacia mí, echándome en cara que mi hermano estaba haciendo un buen trabajo con los recortes de gastos dentro del imperio y manteniendo una política de austeridad que ha sido muy popular con el pueblo, la sola idea de que el hermano del emperador anduviera por ahí, gastando a manos llenas en un palacio junto al mar, no apoyaba a Francisco José por ningún lado y mi trabajo debería ser ayudarlo en todo.

Mi hermano, quien reflexionaba sobre mi petición, escuchaba aquella discusión entre mi madre y yo, salió de su trance y con decisión exclamó un no. Su mirada parecía decidida y su quijada se tensaba al mirarme. Tras un momento de silencio, siguió con su explicación: puesto que la situación en Lombardía-Véneto era ya muy tensa, darme el poder sobre los soldados y todas las finanzas complicaría más la situación, se necesitaba que todos supieran que Viena controlaba aquellos territorios a través de mí. Esos territorios eran del imperio y darles cualquier tipo de independencia no era prudente en ese momento.

Intentaré convencerlo de nuevo, por nuestra seguridad. Repetiré mi intento mañana por la noche, y le diré lo importante que es para nosotros sentir su apoyo. Debo encontrar la manera de hacerle entender que entregarnos un poco de poder puede servir para su beneficio. ¿Crees que funcionará? Me gustaría que estuvieras conmigo, sé que tendrías las ideas justas y necesarias para hacer que la situación virara a nuestro favor. Tener un cargo es algo que siempre deseamos, y apenas llevamos un par de años de lo que puede ser una larga carrera; si tan sólo tuviéramos un poco de apoyo, podríamos mantenerlo hasta que cambie el siglo.

Cuídate, bienamada, y espero reencontrarme pronto contigo.

Tu siempre fiel, Max

Las cosas no salieron como yo había esperado. Una y otra vez, Francisco José rechazó mis peticiones y, por más que Carlos Luis y Luis Víctor me pidieron que cambiara de tema, yo no podía hacerlo. Mi hermano, el emperador, lo hubiera hecho si mi madre se lo hubiera pedido.

Las noticias que llegaron a Viena me preocuparon. Así que, cuando Francisco José me ordenó que regresara a Lombardía-Véneto y asumiera mi rol como virrey, les ordené a los criados que prepararan mi baúl y salí de la ciudad.

En el camino, le escribí una carta a Carlota.

Querida Carlota:

Perdona que me haya venido directamente a Miramar y deba pedirte que te reúnas allí conmigo; pero recelo mostrarme en Trieste con los primeros levantamientos en contra del imperio. Cuando se está tan hundido como yo, se busca el desierto sin compañía humana. ¡A dónde ha llegado Austria y a dónde llegará aún! Me parece que por lo pronto nos estableceremos en Miramar, si quieres ocuparte de todas tus cosas y dar las órdenes pertinentes de ello.

Será cosa de unos días para que llegue la carta en la cual Francisco José nos arrebate el cargo de virreyes de Lombardía-Véneto. Los territorios, si el imperio austriaco no los pierde, cambiarán su gobierno. Nosotros ya no somos necesarios para los planes de mi hermano.

Perdona la prisa y la mala caligrafía. Te espero en Miramar con la nostalgia de un profundo amor.

Tu siempre fiel. Max.

No pude regresar, el conflicto político creció más rápido de lo que hubiera esperado y así fue como Carlota y yo perdimos el cargo. Por un momento pensé que lo mejor sería que nos fuéramos a vivir a Viena, en lo que decidíamos cuál sería nuestro siguiente camino, o bien buscar ayuda en Bruselas.

¿Cuál sería nuestro siguiente paso? Quise alejarme de todas aquellas voces que me consideraban un fracaso o que me impulsaban en alguna dirección que no fuera buena para mí.

El tiempo apremiaba. Carlota se encontraba en peligro si se quedaba en Milán por más tiempo, y lo sabíamos. En su escritorio leyó la carta que yo le había escrito y la guardó rápidamente en su archivo. Con el tiempo encima, se llevó mis papeles y los suyos. Fue hasta nuestras habitaciones y guardó cuanto pudo en los improvisados baúles, algunas pertenencias personales de cada uno y los trajes más costosos. Dejó mucho atrás, pero era imperativo que corriera a la estación de tren y tomara uno a Trieste, donde yo la esperaba.

Mi corazón temblaba puesto que temía por ella, y no recibí una respuesta de parte suya. Tampoco sabía cómo tomaría el inesperado cambio en nuestro estatus.

Mientras tanto, fui directamente a nuestro castillo en Miramar, que ya llevaba unos años en construcción. Inesperadamente, se habría de convertir en nuestro nuevo hogar. Es cierto, no estaba listo, había pocos muebles y, además de aumentar el número de constructores, necesitaba criados que se encargaran de limpiar, de atender cada una de nuestras solicitudes y cocinar nuestros alimentos. Jóvenes y doncellas de Trieste tomaron aquella posición.

Carlota llegó dos días después que yo con sus baúles. Supe, por los rumores de la ciudad, que ella arribaría en el tren de mediodía. Sin pensarlo, pedí que me llevaran a la estación donde encontré el bullicio habitual de viajeros que, bien vestidos, llegaban y partían, algunos con lágrimas y otros con naturalidad. Era un edificio viejo de ladrillo que se encontraba en remozamiento, pero que mostraba una vida rica aquella mañana.

Cuando llegó el tren que estaba esperando, se detuvo entre nubes de vapor. Tras unos minutos, se abrieron las puertas y comenzaron a descender los pasajeros con ayuda de la tripulación. Los hombres vestidos de uniforme ayudaron a bajar primero a las damas y después a los niños. Siguieron señores bien vestidos, con maletines o periódicos bajo el brazo. Me asomé entre ellos para ver si mi querida Carlota se encontraba ahí, pero no bajó del tren. Quizá no lo había tomado o había perdido alguna de las conexiones. Me dolió el estómago al pensar que me había dejado, que tal vez se había cansado de mí y hubiera corrido a los brazos de su hermano o de su padre para buscar consuelo. ¡Qué duro es el fracaso! Porque ahí es donde empiezan las ideas y los pensamientos de que uno no sirve para nada, que no vale nada para la vida, que Dios te ha dado la espalda, que ya no podrás levantarte nunca para seguir luchando. Cuando fracasas de forma tan pública y estrepitosa, tienes la sensación de que todo se ha acabado, que no te queda nada más y que la vida está por terminar en cualquier momento. Sí, la vida es como un juego, te ha ganado la partida. Es el fin, pero ¿quién lo decide?

Cuando estaba por desistir, derrotado por mis propias ideas, apareció ella, entre el vapor. Mi preciosa Carlota vestía de gris con guantes negros y llevaba el sombrero pequeño más ridículo que yo haya visto. ¡Oh, qué hermosa se veía! Y aun así, mi corazón no podía amarla más que como a una hermana.

Al verme, dejó caer el bolso de piel que llevaba en la mano y corrió a mi encuentro. La abracé lo más fuerte que pude, sentí sus brazos en mi espalda y su aliento sobre mis labios. Hundí mi rostro en su hombro y reprimí mis ganas de llorar. Éramos dos almas rotas que habíamos dejado atrás un sueño de casi tres años, y sabíamos que lo único que teníamos en el futuro era incertidumbre.

En silencio, fuimos hasta el coche que nos llevaría al castillo y cuando entramos por la puerta principal exclamó sus primeras palabras:

—Hay que terminar de amueblar el castillo si vamos a vivir aquí.

La tomé de la mano:

—Mira, ven —y la llevé hasta la terraza para que contempláramos el mar.

Ese día el agua ondeaba furiosa, y las olas de cresta blanca nos saludaron de regreso. En el cielo gris soplaba un viento frío que provocó que Carlota se acercara más a mí. Apretó mi mano con fuerza y colocó su cabeza en mi hombro.

—Max, ¿qué nos queda?

Me tardé un poco en responder porque llegué a darme cuenta de la verdad.

—Sólo nosotros y este castillo.

Una vez más, llegó la voz queda de Carlota:

—¿Y seremos felices con eso?

Por mi silencio, sólo escuchamos el rumor del agua. Ninguno de nosotros sabía cómo responder a esa pregunta, pero habría que hacerlo. Intentarlo, al menos. Después de la derrota, teníamos que aprender a vivir, dejando atrás esos primeros años de matrimonio.

—Aún tenemos que terminar de construir este castillo para vivir aquí —respondí, porque fui lo único que se me ocurrió.

Ella asintió:

—Oh, Max, entonces terminemos de construir este castillo para vivir aquí. Mientras tanto, vayamos a la luna de miel que nunca tuvimos. Viajemos lejos, vayamos a América, no conozco los países de allá y he leído tanto.

—¿Te gustaría, Charlotte? Somos parientes de la familia real de Brasil. Podríamos ir allá y conocer los animales exóticos y las ricas ciudades para ver si son tan diferentes de las europeas.

Por primera vez, en muchos meses, noté que una sonrisa se dibujó en su rostro. Sentí que había un dejo de esperanza en nuestro futuro.

Capítulo XXXVII

EL 10 DE ABRIL DE 1859 PERDÍ EL PUESTO DE VIRREY de Lombardía-Véneto. Los enfrentamientos entre los rebeldes y la policía crecieron en toda la zona, y el asedio militar por parte de mi hermano continuó varias semanas, hasta que se perdieron esos territorios. Camilo Cavour, un importante rebelde, llegó a manifestar para los medios:

En Lombardía, nuestro enemigo más terrible era el archiduque Maximiliano: joven, activo, emprendedor, que se entregó por completo a la difícil tarea de conquistar a los milaneses y que iba a triunfar. Nunca las provincias lombardas habían sido tan prósperas y tan bien administradas. Gracias a Dios, el buen gobierno de Viena intervino y, como de costumbre, aprovechó sobre la marcha la oportunidad de cometer una locura.

De forma que reconocía mi buen trabajo y las malas decisiones de mi hermano.

Yo leía todas estas incidencias y declaraciones en los periódicos, ya que mi hermano no se dignaba a informarme qué era lo que ocurría, pero la información llegaba de alguna u otra forma. Carlota y yo vivíamos en la planta baja de Miramar, puesto que el primer piso aún estaba construcción. Ahí dormíamos juntos y planeábamos nuestro viaje de luna de miel.

Mientras tanto, Carlota aprovechó su tiempo libre para negociar la compra de la isla de Lokrum, en la cual reposaban las viejas ruinas de una abadía benedictina que ella decidió remozar con su dinero. Varias veces la acompañé a visitarla y pasamos ahí la noche, contándonos cuentos de fantasmas y de los huesos que seguramente estaban enterrados en las viejas paredes de piedra. En lugar de darnos miedo, reímos largamente hasta quedarnos dormidos.

Fueron meses lentos, yo sabía que varias personas de Austria me culpaban por lo que había ocurrido en Lombardía-Véneto, y el silencio de mi madre nunca fue tan doloroso como en ese momento. Lo mejor sería alejarse unos meses hasta que todo se calmara.

Decidimos que las mejores fechas para partir serían a finales de verano de ese mismo año, es decir, a principios de septiembre. El yate *Fantasía* se encargaría de llevarnos hasta Madeira para pasar unos días y después emprenderíamos el largo camino hasta Brasil. Sería, sin duda, un viaje emocionante con todas las actividades que habíamos planeado para nuestra estancia. Hicimos nuestros baúles con la ropa de noche que utilizaríamos en las fiestas, abrigos para los días lluviosos y lino para aquellos en los que hiciera calor. Compré un par de cuadernos y varios potes de tinta para registrar todo lo que ocurriera (y para escribir algún poema o dos).

Partimos una mañana en el que el cielo rosado hacía que el mar pareciera jugo de toronja, y sobre él navegaríamos lejos del castillo para que estuviera terminado cuando regresáramos. Ilusionados, salimos a cubierta para charlar sobre todo lo que haríamos al llegar a nuestro destino, lo que comeríamos y comprobaríamos si todo aquello que leímos era real. Sonreíamos, nos saltaba el corazón y mirábamos siempre hacia delante, hacia el futuro y lo que nos esperaba, sin imaginar que la felicidad tiene una peculiaridad: no dura mucho tiempo. Menos si se trata de un matrimonio.

Le dije a Carlota que deseaba hacer una parada en la isla de Madeira antes de salir al ancho mar y ella aceptó. Para mí era un momento doloroso, después de todo era un lugar cargado de muchas memorias, recuerdos, lágrimas; seis años antes mi amada María Amelia había dado su último aliento ahí. Ella, la que debió ser mi esposa, apagó su vida y... ¡qué cruel fue llevar a Carlota ahí! Pero necesitaba cerrar, de alguna manera, el capítulo de aquel ángel que se llevó mi corazón a su tumba. Carlota, quien había escuchado las historias de mi romance, al igual que toda Europa, no dijo nada. No tengo duda de que conocía mis razones para ir a la isla, pero su compasión por mí la mantuvo en silencio. No quiero decir sumisión, porque ella nunca tuvo el rol tradicional de una esposa, no fue sumisa ante mí ni me dio la razón por ser yo un hombre. Siempre mantuvo su forma de ser y de pensar. En eso, como ya he dicho, fue similar a mi madre.

Cuando llegamos a Madeira, pensé que Carlota me dejaría recorrer la isla como a mí me pareciera. En cambio, me tomó del brazo y me dijo que iríamos juntos a conocer todos los rincones de la isla. Aunque el sol brillaba en un cielo sin nubes y el clima cálido fue amable con nosotros, yo sentía frío en mi interior. Parecía que mi adorada María Amelia estaba conmigo, que su fantasma me acompañaba y tuve miedo de soñar con ella porque me dormí pensando en su cuerpo, muerto, boca arriba, con las manos cruzadas sobre el pecho, mientras un haz de luna se posaba sobre ella.

Visité, sin duda alguna, el lugar donde pasó sus últimos momentos. No tenía con quién hablar de lo que sentía y hacerlo con Carlota era algo incómodo. Recé mucho y contuve muchas lágrimas. La comida que probamos, deliciosa sí, me sabía amarga, los mariscos me eran terribles y el vino que probé, sólo una vez, me resultó sin sabor. Oh, qué error fue haber ido ahí y haber llevado a mi esposa al lugar donde murió mi amante, pero los hombres somos tan necios que no podemos escapar a la nostalgia del corazón. Mi madre hubiera sido la primera en reprenderme por mis actos. Vi con tristeza el valle de Machico y la amable Santa Cruz donde, hacía siete años, María Amelia y yo vivimos momentos tan dulces… Siete años llenos de alegrías, fructíferos en pruebas y amargas desilusiones. Ya sentía la fatiga; mis hombros ya no eran libres y ligeros, tenían que soportar el peso de un pasado amargo… Cerré los ojos y, envuelto en un aire especial, pensé: es aquí donde murió la única hija del otrora emperador de Brasil: una criatura consumida, dejó este mundo imperfecto, como un puro ángel de luz, para volver al cielo, su verdadera patria.

Y si hubiera prestado más atención a mi presente, y no a mi pasado, me daría cuenta de que mi Carlota se había tornado pálida y no caminaba con la misma velocidad que antes. Ella callaba, pero pronto me percaté de que no se encontraba bien. Rentábamos una casa en la cual dormíamos por las noches, ahí la atendió largamente un médico y le dijo que no podría viajar a Brasil hasta que se recuperara. Por supuesto, eso me tomó por sorpresa. ¿Cancelaríamos nuestro viaje?

Recostada en cama, acerqué una silla a su lecho. Ella me tomó de la mano y me miró con tristeza.

—Lo eché a perder, ¿no es cierto?

—Claro que no, Charlotte. ¿Quién tiene la culpa de enfermarse así? Pudo ser cualquier cosa, tal vez el clima no le agradó a tu cuerpo, una enfermedad del puerto o un marisco en mal estado. Cualquier cosa puede enfermarnos.

Sus labios parecían asumir el mismo color blanco que el resto de su piel.

—¿Te irás sin mí? —preguntó; noté que temblaba al hablar y que su voz era débil, como la de un hilo que está por romperse.

—Haré lo que tú me digas. No estás enferma de gravedad, puedes recuperarte en cualquier momento y podremos viajar. Ya todo está listo, y nos esperan en Brasil.

Sonrió y bajó la mirada.

—Es cierto, nos esperan. Vete a Brasil, querido Max. Escríbeme todos los días y yo me recuperaré, beberé todas las medicinas que me den y guardaré reposo. En cuanto el médico me otorgue el permiso, me reuniré contigo allá.

Por un lado, no estaba muy seguro de dejarla ahí, sentía un miedo terrible de que la enfermedad de Carlota fuera más grave de lo que los médicos me habían planteado y que la historia con María Amelia se repitiera. Por el otro, anhelaba visitar un país exótico y rico al otro lado del mundo.

—Ve y nos encontraremos allá —insistió.

Y me sorprendí de lo fácil que fue subirme al yate y navegar, con toda mi tripulación, a lo largo del mar. Con frecuencia, en las largas jornadas en las que no tenía mucho que hacer más que contemplar el ancho mar interminable, miraba el anillo en mi dedo y jugaba con él. Me preguntaba cómo sería la vida para un hombre que no llevara el apellido Habsburgo y no tuviera la obligación de casarse. La voz del Bombelles padre hizo eco en mí para recordarme que era descendiente de Carlos V, y tanto peso tenía un muerto en mi historia que no podía alejarme de él. ¡Qué ganas tenía de llegar a Brasil y perderme como ya lo había hecho antes! ¡Hacerlo para siempre! Ojalá hubiera una forma de alejarme de toda mi familia y mi pasado.

Con ello en mente, decidí disfrutar mi viaje en tanto no apareciera Carlota, quien seguramente seguía en cama.

Después de varias semanas de hartazgo, de estudiar mis libros de poesía y mitología, de caminar en el yate y sostener banales discusiones con los marineros, divisamos el puerto en Salvador de Bahía y eso nos llenó de alegría. El calor que sentimos era intenso. Mientras que Austria estaba por entrar al invierno, Brasil tenía sus primeros días de un verano húmedo, con un sopor que volvía pesado cualquier ropaje que lleváramos. Con frecuencia me secaba las perlas de sudor de la frente.

Oh, pero ¿qué importaba aquello cuando todo lo que alcanzaba a ver mis ojos era una de una belleza indescriptible? Todo lo fui relatando en un libro que luego publiqué como *Esbozos de viaje*, y que sólo compartí con mis amigos y mis hermanos. Al bajar del barco una línea de palmeras me recibió, el puerto estaba vivo de hombres con la piel oscura y bronceada, de brazos fuertes y pectorales bien formados. ¡Y las mujeres! Fue una delicia contemplarlas. Hasta donde alcanzaba a mirar, llevaban los brazos desnudos, con ropas de colores y canastos de frutas sobre los hombros; canturreaban mientras caminaban por el puerto. ¡Y qué decir de los pájaros de colores que revoloteaban sobre nosotros! En comparación con Brasil, Viena era una ciudad gris y aburrida.

Lo que más me fascinaba eran las mariposas y los colibríes, juguetes del paraíso; podría pasar horas contemplando las alas vibrantes de aquellos pajarillos que parecían estar por doquier. El tejido tropical era precioso y preciado, el follaje estaba por todos lados. Las aguas del puerto olían muy diferente de las de Portugal o de las de Venecia, aquí había especias de todos aromas y, conforme caminaba por el puerto, me dieron ganas de probar los manjares que preparaban en ese lugar del mundo.

Pedro II, emperador de Brasil, era mi primo y quien nos arregló la visita de nuestra luna de miel, así que tenía hombres esperándome. Se sorprendieron de que llegara sin Carlota, pues sabían que era un viaje especial para nosotros. Por fortuna hablaban francés y fue la forma en que nos comunicamos.

Me llevaron hasta un coche abierto en el cual recorrimos aquella ciudad. Me gustó sentir la brisa en mi rostro. Los hombres me señalaban éste u otro edificio, me contaban parte de su historia; para mí sus voces eran sólo parte de la brisa, pues estaba más impresionado por la naturaleza que se abría ante mí. Era un puerto bello, y sus mujeres lo eran aún más. Jugué de nuevo con mi argolla de matrimonio y me pregunté cuántos de esos pensamientos albergaban la idea de que Carlota estuviera conmigo.

La ciudad era pequeña, más de lo que hubiera pensado. Sin embargo, Bahía tenía 120 mil habitantes, 80 mil negros y 40 mil blancos y aquello era evidente por la cantidad de vida que vi a mi paso.

Una casa había sido dispuesta para mi llegada. Me dijeron que me recostara un rato para que descansara, pero yo no podía, tenía ganas de conocer más de aquel mundo extraño. Me asomé por la ventana, donde me era posible contemplar la vegetación que envolvía a Bahía y tuve la idea de lo que es la floresta tropical; comencé a comprender que un tejido tan enmarañado de plantas sólo se puede atravesar con la ayuda de un machete bien afilado.

Cuando dije que tenía hambre, me llevaron una fruta jugosa, dulce y ácida a la vez, que me llenó la boca de una explosión de sabor única. La comí hasta saciarme y pedí un poco más. El resto de la tarde lo pasé revisando mis baúles para asegurarme de que toda mi ropa y posesiones hubieran llegado en orden.

Me senté frente al escritorio y en el cuaderno que llevaba conmigo escribí:

Lo que deleita y encanta al extranjero es la desgracia del lugar,
que el maravilloso bosque llega hasta las casas.

A la mañana siguiente, más descansado, recorrí la ciudad y pronto me di cuenta de algo terrible, la esclavitud aún era legal. Con frecuencia era posible ver cómo uno de los hombres blancos golpeaba a uno de sus esclavos negros, que a veces cargaba pesados bultos o canastos en la espalda; algunos iban con sandalias viejas con la planta del pie desnuda, mientras caminaban sobre piedras de todos tamaños.

Horrorizado, volví el rostro. Ningún hombre, sin importar su color de piel, merecía tal trato, como aquel del que yo era testigo. Uno de los hombres que me acompañaba, un hombre blanco, alto, de rostro lampiño y facciones suaves, me dijo:

—Los blancos son los dueños y señores de los esclavos negros, ya que los primeros miran y tratan a los segundos como si tuvieran alma de animal. Esto es un problema cada vez más grande, los desórdenes sociales que se presentan por parte de los esclavos negros tienen una periodicidad cada vez más corta. Buscan la libertad.

Aquellas palabras me sorprendieron, pues me las dijo con total moderación y tranquilidad como si fuera lo más natural del mundo.

—La esclavitud lleva en sí un germen de destrucción imposible de controlar. Los hombres que han perdido el derecho a la libertad son los más peligrosos, porque no les queda nada más que la esperanza de escapar o la muerte. Así lo quiso Dios, los hizo nacer negros en tierras de esclavos.

—Pero no es Dios quien esclaviza a los hombres, sino otros de su género.

Aquella declaración no le agradó mucho a mi acompañante, quien bufó repentinamente y prefirió hacerme preguntas sobre mi viaje en el mar. Le conté que había sido tranquilo, que era la primera vez que atravesaba el mar y que había sido más largo de lo que hubiera esperado. Le conté que Carlota se encontraba enferma, pero que se reuniría con nosotros más tarde; le hablé de las maravillas de Portugal, de Egipto, de Venecia, de Tierra Santa, y me perdí en mis propias historias de tal forma que no discutimos, de nuevo, sobre el asunto de la esclavitud. Tampoco deseaba hacerlo con una persona de mente cerrada, ni planeaba hablar en un país en el cual yo era un invitado más.

En cambio, enfoqué toda mi energía en disfrutar el lugar que yo visitaba. Qué delicia era conocer Brasil y, sobre todo, como ya dije, a las féminas que se cruzaban en mi camino. Nuestro andar nos llevó al mercado principal de la ciudad donde, en lugar de contemplar las especias, mis ojos se enfocaron en algo más: una mujer distinguida llamó mi atención por su apariencia excepcional. Llevaba el magnífico y colorido atuendo de las mujeres afrobrasileñas que aún reflejaba las reminiscencias musulmanas de su tierra oriental. Una falda de algodón con diseños florales en tonos vibrantes se desplegaba libremente alrededor de sus caderas que se mecían con gracia. Una blusa sin mangas, blanca, revelaba inadvertidamente la parte superior de su cuerpo. Al caminar por la ciudad, un chal lleno de color, bordado y elegantemente plegado, le cubría los hombros. Collares con cuentas de vidrio y amuletos africanos adornaban su pecho. Su cabeza estaba envuelta en un turbante de tejido fino, azul claro y blanco. Los tonos intensos y los colores brillantes se complementaban perfectamente con el bronceado de su robusto cuerpo joven. Ella, consciente de esa maravillosa combinación, caminaba con una coquetería natural. Esta mujer, que presidía con vanidad en medio del mercado, tenía un cuello y unas caderas que podrían haber hecho honor al emperador Vitelio. Su pecho desnudo se hallaba en perfecta sintonía con el conjunto exuberante. En resumen, se trataba de una figura espléndida, realzada por la textura aterciopelada de su piel bronceada. La mujer lucía estas bellezas con una amplia y satisfecha sonrisa.

Me quedé hipnotizado, y no me percaté de ello hasta que mi acompañante me tocó en el hombro:

—Archiduque, ha estado callado durante mucho tiempo. Le gusta la chica, ¿no es cierto?

Agité la cabeza.

—Soy un hombre casado.

—Ah, le gusta la chica —confirmó el hombre con una sonrisa pícara.

Quise distraerme en la cantidad de productos que se ofrecían, cocos, frijol, harina, frutos tropicales que yo desconocía, que me ofrecieron gustoso y que pude deleitar.

—Tienen un gusto peculiar, son frutos ricos —exclamé, pero en realidad no dejaba de observar a la negra, quien ya se había dado cuenta de mi mirada, y yo pensaba que le había gustado; pues, aunque estaba varios pasos delante de mí, se había mantenido en un lugar desde el cual yo podía verla.

El mercado estaba abierto, lleno de vida, de hombres libres y esclavos, de murmullos y, sin embargo, me pareció que sólo estábamos ella y yo. Pero no era tan fácil, porque la sombra de Carlota se cernía sobre nosotros y era muy difícil de escapar a ella. Ya no era ese muchacho que recorrió España con Carlos Luis y perdió su virginidad una noche estrellada... ¡Qué peligroso era continuar con ese juego de miradas!

El hombre que me acompañaba me tomó del brazo y tiró de mí hacia la entrada del mercado, en vista de que no podríamos recorrerlo por mucho más tiempo, pues se acercaba la hora del mediodía, la más calurosa de todas (y, por lo tanto, peligrosa para la salud), y también aquélla en la que habría más gente haciendo sus compras.

—No es para nada prudente que nos quedemos aquí con tanta gente, señor Maximiliano. Está bien vestido y se ve que viene de Europa, atraerá ladronas en un santiamén. He organizado un banquete con las familias nobles de la ciudad; quieren conocer al hermano del emperador Francisco José.

De nuevo, recorrimos las calles de Bahía, con el calor húmedo creciendo. Me quité el saco que llevaba y me quedé en mangas de camisa. Era tal el sopor que manchas de sudor aparecieron debajo de la axila. Por suerte, llevaban un cambio de ropa para mí, anticipando aquel momento.

Al llegar a la casa en la que se prepararía el banquete me permitieron entrar en un cuarto en el primer piso donde pude cambiarme la ropa. Si me tardé fue porque la ventana estaba abierta y dos especímenes extraños de mariposas entraron por ella, de alas púrpuras y bordes negros; jamás había visto algo semejante. Me acerqué a ellas para que volaran entre mis dedos. Cómo me habría gustado tener conmigo mi cuaderno para anotar todo lo que veía en aquellos animalitos, con el fin de identificarlos después en alguno de mis libros. Estaba feliz en América, había muchas sorpresas para un hombre como yo, interesado en la cultura, en la botánica y en los insectos desconocidos. Sin una esposa era libre, sin una madre era libre, sin un apellido era libre... ¡y qué bien se sentía! Pero tuve miedo de huir, salí de la habitación y fui hasta el comedor donde se habían reunido aquellos notables; me habían dejado el lugar de la cabecera. Caballeros con trajes de lino y mujeres con pesados vestidos blancos se levantaron al verme y no se sentaron hasta que yo tomé mi lugar. Les hice una reverencia con la cabeza. Las mujeres se abanicaban para calmar el calor, y los hombres se secaban el sudor de la frente con sus pañuelos.

El vino que sirvieron era blanco, dulce, y preferí dejarlo en la copa y beber sólo agua. En cinco tiempos probé sopas y estofados picantes, pescados hervidos con hierbas amargas; probé papas, arroz y frijoles. La identidad de los platillos era parecida a la de Portugal, y por ello me acordé de la primera noche en la que me encontré con María Amelia, pero mi estómago siempre ha sido débil. No imaginé que esa noche estaría dando vueltas en la cama con dolores de estómago, que luego me tuvieron que calmar con medicinas potentes.

En ese banquete, debo decirlo, me sentí —como muchas veces— como un animal disecado en un museo, ya que todos los nobles estudiaban cada uno de mis movimientos e incluso los imitaban: mi forma de tomar los cubiertos, de comer, de llevarme la copa a los labios y de inclinarme sobre la mesa para escuchar mejor alguna pregunta. Yo era, para ellos, un pedacito de la corte de Viena; lo que para mí era tan natural, para ellos se trataba de una novedad.

No me gustó aquella sensación y, en cuanto sirvieron coñac y galletas de almendra, a modo de postre, aproveché para agradecerles todas sus atenciones y me retiré con la excusa de que me encontraba muy cansado. Me llevaron a casa y pasé las últimas horas del día asomado a la ventana, contemplando la vegetación y los insectos, llenándome del olor salado del mar. Me sentía solo y me habría gustado tener alguien con quien compartir mi cama esa noche. Aquella mujer negra del mercado no sonaba como una mala idea, pero aún tenía a Carlota en mente. Cada vez que me entraban ganas de irme con ella, sentía la argolla de matrimonio en mi dedo. Me acosté temprano, sólo con un pantalón. El calor era terrible, y las sábanas frescas sobre mi pecho desnudo despertaron todos mis sentidos.

Sin embargo, esa noche no soñé con los labios de Carlota, sino con los de la mujer negra del mercado. Me deleité con la idea de que quizás ella también me había tenido en sus sueños.

Le escribí un par de cartas a Carlota desde Bahía, y de ahí nos fuimos a Río de Janeiro para ver a mi primo, Pedro, emperador de Brasil. Sus hombres nos recibieron y nos llevaron directamente al palacio donde él se encontraba para recibirme. No estaba con su esposa, pues no eran muy adeptos a ser vistos juntos, y no eran un matrimonio amoroso o que compartieran una vida más allá de sus cargos.

El palacio había sido construido a inicios de siglo, por lo que era reciente su ocupación. Simulaba una de las estructuras que teníamos en Viena, como si hubieran levantado un pedacito de Austria perdido en América. Al igual que en Bahía, la vegetación más allá de las rejas era abundante.

El cielo continuaba gris, aunque el calor había bajado un poco.

Mi primo sólo tenía cinco años más que yo, era alto y de espalda ancha. Usaba una barba larga con un bigote pequeño. Con una sonrisa, me recibió con un abrazo, que rompió todo el protocolo. Entendí que no fue informado de que había llegado solo, porque lo primero que hizo fue preguntar:

—¿Dónde está nuestra prima Charlotte?

—En Madeira, primo, atendiendo problemas de salud. Quizá nos alcance más adelante.

—Al menos te tenemos a ti —respondió, y me dio otro abrazo.

A continuación me dijo que tenía que atender algunos asuntos, pero que me sintiera libre de caminar por todo el palacio. Me llevaron a las habitaciones que habían dispuesto para mí, las cuales era espaciosas, de techos altos y daban a uno de los jardines. Lo malo del calor es que el cuerpo se agota con facilidad, y en aquellas tierras el sopor era incontrolable. Me acosté un momento en la cama y dormí largamente.

Soñé de nuevo con las mujeres de Brasil, todas a mi alrededor, tan cerca que podía embriagarme con el olor de su aliento, y yo despertaba los poros de su piel con mis caricias nocturnas. Cuando me desperté, culpable, pensando en mi Carlota, me llegó un pensamiento nuevo: ¡mi esposa estaba lejos! Yo no sabía qué estaría haciendo, y lo mismo sucedía para mí. ¿Por qué me enamoraban tanto aquellas mujeres de atributos tan deseables? Quizá porque eran versos hechos carne y, yo, en mi alma, anhelaba ser un poeta.

De todas maneras, rechacé esos pensamientos... de momento.

Mi estadía en la corte de Pedro fue agridulce. Por un lado, era impresionante contemplar la belleza natural de aquellas tierras, entender cómo los insectos y la vegetación eran diferentes a los europeos y saber que existían hombres de ciencia que estudiaban estos temas para entender mejor cómo catalogarlos en los libros o darles usos médicos. Sabiendo de mi interés por estos temas, el mismo Pedro organizó reuniones con científicos para que me explicaran todas estas maravillas y las pudiera anotar en los cuadernillos que me acompañaban.

Por otro lado, el clima me resultó pavoroso. El calor y la humedad constantes provocaron que todo el tiempo me sintiera mal. Con frecuencia me enfermaba del estómago con los platillos tan especiados que me servían, y en una ocasión hubo que llamar a un médico para que me curara una muela que me dolía. Con semejante clima, sentía dolores de cabeza en todo momento y estaba cansado. Además, me era terrible contemplar las muestras de esclavitud que había en Brasil, la manera en que los hombres blancos insultaban y golpeaban a los hombres negros. Le dije a mi primo que era terrible que, en pleno siglo xix, un hombre se sintiera con el derecho de disponer de otro como si fuera su propiedad. Pedro se alzaba de hombros y sólo respondía:

—Es la costumbre.

Brasil era un imperio que se mantenía por la desigualdad. Nunca me hubiera imaginado, en el palacio de mi hermano, que se encontraran hombres sin libertad ante la ley. Si bien era cierto que muchos de los criados, cocineras y mayordomos de los Habsburgo no siempre recibían los mejores tratos por parte de nosotros, al menos tenían libertad y dignidad. Vi a mi madre regañar, muchas veces, a algún muchacho que le preparaba mal la infusión de té o que entraba en una habitación sin avisar, pero nunca la vi levantar la mano en contra de nadie.

Ningún gobierno moderno debería mantenerse sobre aquellos que no tienen libertad.

Tres meses estuve en Brasil y le escribí extensas cartas a mi ángel bienamado que se encontraba en Madeira. A decir verdad, me habría quedado más tiempo en mi viaje si Carlota hubiera dado cualquier signo de que deseaba venir conmigo. Ella me dijo, en varias ocasiones, que se encontraba mejor, pero no le creí. Ya una vez, una mujer en Madeira me había escrito tales palabras, para luego morir inesperadamente.

En las últimas semanas sólo contaba los días para volver, para alejarme de aquella tierra que me parecía tan extraña, de la que había estado muy emocionado por visitar y que resultó ser una decepción. A veces nos pasa eso, ¿no es cierto? Los países lejanos se ven muy bien en los libros, en los grabados y las anécdotas de otras personas, pero no están a la altura de las expectativas que nos hacemos de ellos.

Y cuanto más cerca estaba la fecha en la que habría de volver a Europa, más solo me sentía... porque dejé de pasar tiempo con mi primo por sus excusas sobre el estado del país, y la naturaleza dejó de parecerme maravillosa por todas las explicaciones de los científicos. Encontré a los sacerdotes particularmente molestos, arrogantes y llenos de poder. Pedro los recibía con frecuencia para consultarlos sobre temas importantes de gobierno, y actuaba en consideración. No quise decirle que un país en el que las ideas de Dios se confunden con las nociones políticas jamás será libre.

Dediqué mis días a visitar las calles, las ciudades y los mercados de Río de Janeiro y más tarde de Espíritu Santo. Y las mujeres me enamoraban en cada uno de esos sitios. No pude evitarlo más, lo reconozco, porque débil es el hombre y su alma es carnal; cuando algo en la pelvis se despierta, la mente se apaga. Si el rey David, con su fortaleza y sabiduría, no supo cómo luchar ante la imagen desnuda de Betsabé, ¿qué puede hacer un mortal como yo ante unas caderas sensuales y unos pechos que son capaces de despertar los sentimientos más oscuros?

De tanto pensar en Carlota, su imagen se fue difuminando en mi mente hasta volverse una idea, un recuerdo, una persona lejana a la que le escribía cartas, pero que no recordaba con frecuencia en mi diario. Un océano nos separaba y quizás una vida entera.

Y entonces, cometí el pecado.

Dos semanas antes de la fecha en la que habría de volver, encontré a una de esas mujeres; tendría alrededor de veinte años. Su cabellera negra caía en rulos perfectos por su espalda, y su mirada tenía el color de las aceitunas griegas. Me llamaron la atención sus dedos largos y su cuello alto. La vi en uno de los mercados, llenando su canasta de frutas apetitosas, como atrayentes eran sus labios.

Revisaba unas manzanas al tocarlas con la mano derecha para asegurarse de que estuvieran maduras. Levantó el rostro hacia mí y me guiñó un ojo. La atracción era mutua, pero no sabía si encauzar dicho sentimiento. Sentí un hueco en el estómago, y mi corazón aceleró su palpitar. Le dije a los hombres que siempre me acompañaban que me dejaran solo por un par de horas, y aceptaron a regañadientes. No tenían otra opción que obedecer.

Entonces, me acerqué a la mujer negra, sonrió al verme. Sus dientes eran blanquísimos.

La saludé en el portugués que conocía de Portugal, ella respondió en su portugués americano, tan diferente y al mismo tiempo suficiente para entendernos; aunque, en cuestión de lenguas y culturas, no hay mejor expresión que la unión de éstas. Y eso hice al mirarla a los ojos largamente, alimentando el silencio por unos momentos más. Me incliné sobre ella con una duda en el corazón: ¿seguir adelante o no? La atracción fue mutua, el beso también. Sentí sus labios gruesos sobre los míos, su corazón martillaba tanto como el mío.

¿Qué más podía hacer para satisfacer aquella fantasía? Ella se colgó la canasta del brazo y me pidió que la siguiera, dijo que su casa no se hallaba lejos. En el camino, no hablamos, sólo compartimos miradas cómplices.

En cosa de unos minutos llegamos a una casa de un solo piso, la puerta estaba algo gastada. Las gotas de sudor caían por mi espalda.

—Mi hermano no está en casa —exclamó, mientras empujaba la puerta de madera y me dejaba pasar.

La vivienda era pequeña, dos cuartos y un patio pequeño con algunos animales. Uno de los cuartos hacía las veces de cocina y tenía una mesa pequeña; en el otro, había dos colchones rellenos de paja. La casa estaba impregnada de un olor a cera y carbón, en las paredes vi colgados cartoncillos con imágenes religiosas de santos y vírgenes que no reconocí.

La mujer negra me rodeó con sus brazos y yo hice lo mismo con su cintura. Nos besamos hasta que nuestros pechos desnudos se tocaron, y ella apretaba mis pectorales como lo haría con la masa de un pan y yo palpaba su vientre. Y nos dejamos caer sobre las sábanas, repitiendo el pecado de David, nadando en nuestro propio sudor, descubriéndome hombre como ella se sabía mujer. ¡Gocé como lo hice en España tanto tiempo atrás! Toqué las estrellas más de una vez y luego me dejé caer junto a ella. Quedamos abrazados, sin compartir palabra alguna, sólo admirando nuestras piernas entrelazadas.

Ni un solo momento de aquel encuentro furtivo pensé una vez en Carlota, ni me apené por ella. Dentro de mí bullía una necesidad de quedarme ahí, de romper lazos con mi familia y mi esposa y vivir; de que ese momento con una mujer desconocida, de la cual nunca supe el nombre, durara por siempre.

Unas horas más tarde, cuando regresé al palacio de mi primo, no dije nada. Él tampoco habló al respecto. En cambio, pasé el resto de mi viaje comentando sobre el castillo que construía en Trieste y me invadió tal nostalgia que sólo pude pensar en el día que habría de tomar curso en mi bote, junto a mi tripulación para volver al hogar, sin saber que aquélla no sería mi última aventura en ese continente, pero...

Max, ya llegarás a ello. Sigue con tu historia y deja que las aguas del tiempo te lleven hasta el momento presente.

Capítulo XXXVIII

EL VIAJE DE REGRESO A MADEIRA me pareció más largo de lo que hubiera esperado. Y es que tenía mil cosas en la cabeza, desde las primeras mariposas que me recibieron en Bahía hasta el momento de pasión que viví con aquella mujer negra.

Ah, mi querida Carlota, tenía ganas de encontrarme con ella otra vez; hacía tres meses que la había visto y tenía mucho que contarle. Fue una lástima que no me acompañara a Brasil, siendo que se trataba de nuestra luna de miel. Sin embargo, ya encontraríamos la forma de celebrar nuestro matrimonio.

Carlota no había regresado a Trieste ni se había embarcado en el viaje a Brasil. Aunque le había escrito algunas cartas y ella lo hacía de vuelta, no eran largos relatos de lo que cada uno hacía en continentes separados. Sin embargo, nuestro matrimonio había cambiado en ese tiempo y yo debí darme cuenta cuando ella no fue a recibirme.

La cosa sucedió más o menos así. Cuando llegué al puerto no me dejaron descender, puesto que había una prohibición a causa de una enfermedad en el puerto. Cinco días tuve que permanecer en el barco, y en cada uno de ellos no dejaba de pensar en mi querida Carlota, y no por su ausencia, sino porque se corrió la voz, en todo Madeira, que yo esperaba para desembarcar. De modo que Carlota, para verme, subió a uno de los barcos que se encontraban en el puerto y, por unos minutos al día, me contemplaba desde la cubierta, toda vestida de blanco, como un alma perdida; sólo me miraba y yo a ella. Parecía un fantasma, sin expresión alguna, sin mover la mano para saludarme; sólo estaba ahí, como los muertos en los cuentos de horror.

Cuando finalmente me dieron el permiso de desembarcar, encontré el puerto tan lleno de vida, como siempre, con mercancías que llegaban de América en cajas pesadas y sacos tejidos; marineros de todas las edades caminaban en el puerto. Entre ellos busqué a mi Carlota o al menos una cara que pudiera reconocer. Por suerte estaba mi querido amigo Carlos, me sorprendió encontrarlo ahí. Corrió a mi encuentro y me estrechó con fuerza.

—Bienvenido a casa, Max.

Nos miramos con una sonrisa; recordamos, por un momento, cuando éramos niños. A él también tenía ganas de contarle todo lo que había vivido del otro lado del mundo, y justo cuando estaba por empezar a narrar mi primera anécdota, él habló:

—Tu querida Charlotte lo sabe todo, Max. Bueno, media corte europea sabe lo que anduviste haciendo por Brasil. Debes tener más cuidado, eres una persona conocida y cuando haces algo con una mujer, todo se termina por saber.

Conforme escuchaba esas palabras, sentí algo raro dentro de mí... como si el estómago se me vaciara de repente y mi corazón no estuviera ahí, un sentimiento de vacuidad completa de mis entrañas. Pálido, me detuve y me volví hacia mi querido amigo; el mundo se había convertido en un largo silencio.

—¿Por eso no me alcanzó en Brasil? —pregunté.

—No fue eso, su salud tardó en reponerse más de lo que los médicos habían considerado. Cuando era niña se mareaba cada vez que subía a un barco y tuvo miedo de que le sucediera lo mismo al cruzar sola el mar. Así que se quedó esperando hasta que... hace unos días le contaron todo.

—Pero ¿quién? —insistí.

—¿Para qué quieres saberlo? Nada puedes hacer al respecto; lo hecho, hecho está. Espías de Viena y de Bruselas te siguieron durante todo el viaje para dar parte de todos tus movimientos. Quién de los que fueron abrió la boca, no lo sé. No importa ya.

Se había abierto la caja de Pandora, no había mucho que pudiera hacer ya, pero ¡qué terrible sería enfrentar a Carlota en esas circunstancias! No sabía cómo se comportaría, tenía miedo a sus reclamos, a lo que dijera su hermano, mi hermano y, por supuesto, mi madre.

Encontré a Carlota en la misma casa en la que la había dejado. Carlos se retiró para que yo enfrentara ese momento doloroso.

Ella estaba en la sala, vestida de blanco con listones verdes en las mangas y en la falda. Leía una biografía sobre la vida militar de Napoleón Bonaparte. Cuando bajó el libro me miró con una frialdad tal, que sentí un dolor que me recorrió la espalda como si fuera golpeado por bolas de nieve.

—Charlotte... —balbuceé pero, al ver que no había cambio alguno en ella, le di un beso en la mejilla.

—Tus cartas fueron muy interesantes, Max. ¿Tuviste un buen rato en el imperio de Pedro II?

—Vi muchas cosas nuevas —respondí.

Ella apretó los labios y luego asintió lentamente. Cerró los ojos por largo rato. Pensé que vería lágrimas rodar por sus mejillas; sin embargo, ella permaneció fuerte, orgullosa, con la dignidad propia de una reina.

—Sí, ya lo creo Max. ¿Sabes qué es lo peor? A pesar de tu egoísmo, no puedo dejar de amarte. Y no sé qué hacer con mi corazón, porque además de lo que tú y yo pudimos sentir el día de la boda o ahora que nos miramos desde nuestros corazones rotos, no podemos negar que todavía hay afecto entre nosotros, aun hay futuro.

—Charlotte... —la quise interrumpir para ofrecerle una sincera disculpa, o al menos una excusa para ver si tenía la compasión de mujer para creer mis mentiras de hombre.

—No me interrumpas, Max. No he terminado de hablar —exclamó, y noté cómo su mirada se iba rompiendo, pero sin lágrima alguna—. Como te decía, aún hay futuro, y tiene que ver con esa unión política. No olvides que sólo nos permitieron casarnos por la alianza entre Bélgica y Austria, así que algo nos espera. ¿Qué? Aún no lo sé. No tienes que darme excusas para defender tu egoísmo de hombre. ¿Encontraré la forma de estar contigo? No lo sé, pero aún te amo. El castillo de Miramar está listo, tal como lo soñaste alguna vez, pero hice un pequeño cambio y estoy segura de que no te importará.

Ella seguía sentada y yo de pie, temblando ante ella.

—¿De qué cambio se trata? —pregunté, y esos tiempos tan largos en los que ella tardaba en responder me parecían una verdadera tortura, y yo no sabía cómo actuar.

—Dormiremos por separado y no volveremos a compartir el lecho; tendremos dos camas y, cuando estemos de viaje, dormiremos en habitaciones separadas. Mañana cuando estemos más calmados me podrás compartir todo lo que viste en América.

Forcé una sonrisa, mientras le decía:

—Ya tendremos oportunidad de hacer nuestra luna de miel.

Se levantó, me barrió con la mirada y susurró con desprecio:

—Ya veremos, Max.

Cuando me dejó solo, me dejé caer en el mismo sillón en el que ella había estado, me sentí completamente derrotado. ¿Cuánto tiempo tenía de conocer mi traición? ¿Cuántas lágrimas había derramado ya? No podía consolarla, puesto que yo era la persona que la había lastimado. Oh, mi querida paloma belga, si tan sólo pudiera tenerla entre mis brazos y cubrirla de besos, borrarle la mente, viajar en el tiempo para rehacer mi viaje a Brasil y no repetir el mismo error.

Supuse que Carlos se encontraba fuera de la casa, y así fue. Lo hice pasar a la sala para contarle todo. Me escuchó con paciencia y, una vez que terminé mi relato, me regañó ampliamente. No puedo repetir en palabras todo lo que me dijo, tampoco puedo negar que no tuviera razón. Estaba dolido, temeroso, ya no me importaba nada de aquel viaje.

Los silencios de Carlota continuaron por varios días; en ocasiones me hacía alguna pregunta sencilla del viaje y yo respondía con la idea de que tal vez me perdonaría. Finalmente, le pregunté cómo podía ayudar a la situación:

—Déjame sola, unos días, por favor. Lo necesito.

Asentí en silencio, sabía que mi presencia en la casa sólo le causaba más dolor, necesitaba tiempo para pensar. ¿Debería omitir la siguiente parte de mi historia? No, porque si no me llevaré el secreto a la tumba.

Le dije a Carlos que iríamos unos días a Viena. Aceptó, por supuesto, como buen amigo, y nos fuimos en mi yate hasta Viena, donde rentamos una casa para pasar unos días. Los criados que siempre me acompañaban se encargarían de auxiliarme en los menesteres diarios y Carlos me ayudaría a olvidar el dolor.

Le agradezco a Carlos que no me haya hablado mal de Carlota. En cambio, me obligó a salir a caminar por la ciudad, donde varios de sus habitantes me reconocieron cuando fui virrey y se acercaron a saludarme. Eso me alegró un poco. De alguna forma el mundo no estaba tan mal. La visita a la ópera me hizo bien, caminar por el gran canal mientras escuchaba a unos músicos callejeros me alegró el corazón; contemplar un atardecer desde la plaza de San Marcos me devolvió mi querida infancia. ¿Qué más podía pedir? A mi amada Carlota, mi ángel bienamado que pensaba en mí mientras trataba de sanar su alma rota en Madeira.

Rechacé todas las invitaciones a cenas y banquetes porque prefería la soledad y la compañía de mi amigo, pero sí acudimos a un mesón en el cual me dio a beber vino de Piamonte. Lo rechacé con el recordatorio de que no me gustaba beber nada de alcohol.

—A veces, un poco de vino es la mejor medicina para el alma.

Así que bebí, pero tan poco acostumbrado estaba que comencé a sentirme mareado. Las paredes llenas de arte y pinturas giraron a mi alrededor, y desde el otro lado del mesón noté a una bella italiana rubia que me guiñaba el ojo. ¡Demonios! ¿Por qué le haría caso?

Pero el tiempo sale de las venas cuando el alcohol entra en ellas y, antes de que me diera cuenta, la sentí a mi lado, en nuestra mesa. Su aliento se acercaba cada vez más, sus labios sobre los míos, sus manos en mi espalda. ¡Oh, Dios! Aun en aquel momento pensaba en Carlota, en lo que le había hecho. No recuerdo bien, pero me parece que la empujé o la alejé de alguna manera y le supliqué a Carlos que me devolviera a casa. Mi siguiente recuerdo es el de mi cama, durante la mañana, con un punzante dolor de cabeza y una aversión terrible al brillo del sol. Tenía el estómago revuelto, me dolía todo el cuerpo y, aunque me sentí con el cuerpo destrozado, fue peor con el alma. Otra vez había engañado a Carlota de la peor manera y esperaba que nadie se diera cuenta.

Horas más tarde, tomaba unas medicinas para aliviar un dolor de muelas, cuando Carlos me confirmó que sólo le había dado un beso a esa mujer y que luego me había traído a casa. Nada más. Aun así, la culpa me carcomía, por lo que pasé el resto de la tarde paseándome por la casa con el estómago revuelto.

Venecia no me ayudó a calmar lo que sentía, todo lo contrario. En cuanto estuviera bien, viajaría de regreso con mi esposa. Carlos estuvo de acuerdo y así lo hicimos. Así que mi breve viaje no fue placentero y no puedo escribir mucho más de él. Navegué de regreso y no le dije nada a Carlota; ella tampoco mencionó el viaje a Venecia, así que nunca supe si le contaron de mi escapada nocturna.

Una semana estuvimos en Madeira y decidimos volver a Trieste, no sin antes aceptar una invitación de mi madre a pasar unos días en Viena. Ya sabía que vendría un nuevo regaño de su parte. Así que aceptamos.

Nos embarcamos y partimos hacia la capital de imperio austriaco.

Mi madre y Carlota se hicieron amigas desde el primer momento. Gustaban de escribirse cartas, tomar el té y recomendarse libros para pasar el rato. Era, pues, normal que se dieran un largo abrazo al verse y se miraran cómplices de lo que ya sabían: mi traición. ¿Hablaron de ello en privado? No tengo razones para creer lo contrario, aunque nunca supe si fue cierto. Mi madre, al menos, aunque mantenía una mirada más fría de lo usual, nunca me reclamó por lo que había hecho.

Capítulo XXXIX

MAX, DEBES SER HONESTO CON TU SITUACIÓN. Sí, tengo que serlo. De vuelta en Miramar sabía del problema que tenía respecto a mi situación. Después de lo que sucedió en Lombardía-Véneto mi hermano no me daría una posición de gobierno, y al convertirme en virrey había perdido mi posición en la ala naval de Austria.

No tenía futuro en la política o en la armada. Carlota y yo éramos como una fantasía para el resto de Europa, una pareja que aparentaba felicidad, que vivía en un castillo de cuento y que pasaba las horas navegando en un yate o escribiendo poemas a las orillas del mar, pero la verdad es que esa vida, por más que fuera deseable, me parecía aburrida en extremo y un fracaso personal.

Pasaron los meses, el tiempo me pareció una verdadera maldición. Por ratos estábamos juntos y en otros salía a pasear todo el día en mi yate, mientras Carlota pasaba el rato en otros menesteres. Cada uno, en sus cartas a la familia, le mentía para decirle que teníamos una maravillosa existencia, pero era sólo para no preocuparlos. La existencia sin propósito puede ser la mayor de las maldiciones. Con frecuencia me he preguntado si el sentido de la vida no es, precisamente, encontrarle sentido. Cada diciembre colocábamos un árbol en el vestíbulo y lo cubríamos de manzanas y naranjas para celebrar la Navidad; en Pascua recibíamos a los niños de Trieste para darles chocolates y golosinas de Bruselas, y el resto del año manteníamos los jardines abiertos de Miramar para todo el que quisiera contemplar las flores extrañas que crecían ahí y el laberinto de arbustos que tanto les gustaba a las doncellas.

En el intercambio de cartas con mi hermano, Francisco José era frío, mientras que Carlos Luis y Luis Víctor eran afectuosos, como si el mundo no siguiera sin que yo estuviera en él. Mi madre me repetía que no descuidara mis labores de esposo y terminaba todas sus cartas con la idea de que Carlota aún no esperaba la llegada de un hijo. No estaba para decirle a mi madre que no esperara nietos pronto.

La empatía vino de la persona que menos esperaba, mi cuñada Sisi me envió una carta para preguntarme cómo me sentía, y eso fue el inicio de una serie de cartas que despertaron los celos de mi hermano quien, enojado, me envió un telegrama que decía:

No espero que el súbdito más fiel de mi reino me traicione.

Y ya no le escribí más a mi cuñada, no fuera a ser que desatara la ira de Francisco José.

Una mañana en la cual perdíamos el tiempo en la terraza, mientras Carlota pintaba una de sus acuarelas y yo trataba de componer un poema al ave Fénix (aunque no me salían las palabras), Carlota exclamó:

—Si tu hermano no desea ayudarte, ¿por qué no le escribes a Napoleón III?

—¿Crees que nos ayude?

Sin dejar de pintar la acuarela, respondió:

—Se tienen respeto y simpatía, eso me dijiste. Además siempre habla bien de ti y quizá podría ayudarte.

No lo había considerado, pero Carlota tenía una buena idea. De forma que pasé el resto de la tarde pensando en cómo pedirle ayuda para que me ofreciera un cargo, con tal de romper el aburrimiento de la vida diaria.

Curiosos son los pensamientos de los hombres, porque él también había considerado la cuestión y mientras mi carta viajaba a París, una llegaba a Miramar. Extrañado, llamé a Carlota al vestíbulo y abrí el sobre con la letra de Napoleón III.

Queridísimo Max,

¿Cómo te encuentras? Escribo con la esperanza de que este mensaje te llegue bien y consideres la proposición que te hago. Eugenia y yo hemos pensado mucho en la situación que viven Carlota y tú en el castillo de

Miramar, y en el glorioso legado que pudieron dejar al gobernar el territorio de Lombardía-Véneto por más tiempo. No escapa a nuestro entendimiento que ambos fueron educados para gobernar, que tienen ambiciones personales y que podrían ponerse al servicio del gobierno de otro país.

Es, por lo tanto, nuestro placer comunicarles una propuesta que, estamos seguros, será de gran placer para ustedes y la casa de Austria: ¡un nuevo reino glorioso! No es, debo aclarar, broma de ningún tipo y sí algo que podría beneficiarnos a todos. Tanto la casa de Austria como la de Bélgica, estoy seguro, estarán contentas de aceptar tal comisión, en el entendido de que será lo mejor para todos los involucrados...

No había terminado de leer la carta en voz alta cuando Carlota me arrebató el papel y continuó leyendo las palabras de Napoleón III, buscando un poco más de información sobre el imperio que nos era ofrecido. Noté que su mirada cristalina se levantó del papel y una frase brotó de sus labios como, seguramente, lo hicieron las palabras de suspicacia en los labios de santo Tomás.

—¿Grecia? ¿Quieren formar un reino en Grecia?

Se me iluminó la cara, me llenó una alegría inmensa que no sé cómo describir. ¡Un cargo! ¡Un imperio! ¡Una corona! Qué mal hacen las personas en creer que tales enseres dan la felicidad, pero en realidad estábamos desesperados por algo. Sin embargo, me di cuenta de que la desesperación de Carlota era menor que la mía, ya que Carlota bajó la vista y movió la cabeza.

—Deberíamos pensarlo —sugerí.

—Le escribiré a mi papá y a mi abuela para ver qué opinan, tú deberías hacer lo mismo con tu madre y con Francisco José. ¿No crees?

Y optamos por hacerlo esa misma tarde, aunque de inmediato comprendimos que había un problema importante que podría afectar nuestra decisión: para tomar la corona de Grecia debíamos dejar atrás nuestra fe católica y bautizarnos bajo la Iglesia ortodoxa. ¿Estaríamos dispuestos a hacerlo? Era algo que debíamos considerar en los siguientes días.

Capítulo XL

Como es bien sabido ya, ésa no fue la única corona ofrecida en 1863. Otra carta llegó de Napoleón III por esas fechas en la cual nos pedía a Carlota y a mí que recibiéramos a un grupo de hombres notables que habían viajado de muy lejos, de ese país llamado México. De inmediato recordé la carta que había leído de niño, México era ese lugar con el que Francia tuvo una guerra, décadas antes, a causa de la deuda de un pastelero, entre otros temas económicos.

Cuando yo pensaba en América me venían a la mente lugares como Brasil o Estados Unidos, pero México era esa antigua colonia de España que, tras su independencia, no había logrado levantarse de sus arcas vacías, de sus golpes de Estado y de su constante inestabilidad. ¿Qué podían querer ellos con nosotros? Era bien sabido que la mayoría de América tenía repúblicas, no monarquías.

Sin embargo, decidimos recibirlos como es debido.

El 13 de octubre llegó la delegación que nos fue anunciada, lo hizo a las primeras horas del día en la estación privada de tren que habíamos hecho construir especialmente para el castillo de Miramar. Todos los que acudieron iban vestidos con sus mejores ropas y fueron recibidos en el vestíbulo, donde les ofrecieron un poco de agua para refrescarse después de su largo viaje, aunque todos la rechazaron. Carlota y yo los esperábamos en el primer piso, yo vestía uno de los trajes de noche que usualmente llevaba a la ópera. Carlota prefirió un vestido negro sencillo, con el que le gustaba pasear en los jardines.

El lugar que escogimos para recibirlos fue nuestra propia habitación, puesto que se trataba de un espacio de gran tamaño. Sólo les pedimos a los criados que retiraran las dos camas y los demás muebles, para que sólo quedaran las paredes llenas de cuadros y la araña de cristal que colgaba del techo.

Uno a uno pasaron, como animalillos asustados, mirando a todos lados como si hubieran entrado en un mundo nuevo, ajeno al suyo. Todos, como si estuvieran amenazados, se mantuvieron juntos, silenciosos, como pequeños ratones.

Fue el diplomático José María Gutiérrez de Estrada, quien había pasado un buen tiempo en Europa y que Carlota luego reconoció como uno de los visitantes asiduos a las fiestas que se hacían en el palacio de Bruselas, el que dio un paso al frente. Llevaba un largo papel consigo, le temblaban las manos.

—Mi señor, Fernando Maximiliano, archiduque del imperio austriaco y miembro de la casa de Habsburgo, soy el representante de una asamblea de notables que se reunió en la Ciudad de México el 3 de julio con un propósito beneficioso para nuestra patria y...

Otro de los hombres que iba con él, al que luego llegué a conocer como Juan Nepomuceno Almonte, le susurró:

—Lee la carta que escribimos.

Y así lo hizo. El texto lo reproduzco aquí tal cual.

Señor:

La nación mexicana, restituida apenas a su libertad por la benéfica influencia de un monarca poderoso, y magnánimo, nos envía a presentarnos a Vuestra Alteza Imperial, objeto y centro, hoy día, de sus votos más puros y sus más halagüeñas esperanzas.

No hablaremos, Señor, de nuestras tribulaciones y nuestros infortunios, de todos conocidos, al punto de haberse hecho para tantos el nombre de México, sinónimo de desolación y de ruina.

Luchando hace tiempo por salir de situación tan angustiosa, y si cabe, más amarga aún por el funesto porvenir puesto ante sus ojos que por sus males presentes, no ha habido arbitrio a que esta nación infeliz no haya acudido, ensayo que no haya hecho dentro del círculo fatal en que se colocara, adoptando, inexperta y confiada, las instituciones republicanas, tan contrarias a nuestra constitución natural, a nuestras costumbres y tradiciones, y que, haciendo la grandeza y el orgullo de un pueblo vecino, no han sido para nosotros sino un manantial incesante de las más crueles desventuras.

Cerca de medio siglo ha pasado nuestra patria en esa triste existencia, toda de padecimientos estériles y de vergüenzas intolerables.

No murió, empero, entre nosotros todo espíritu de vida, toda fe en el porvenir. Puesta nuestra firme confianza en el Regulador y Arbitro Soberano de las sociedades, no cesamos de esperar y de solicitar con ahínco el anhelado remedio de nuestros tormentos siempre crecientes.

¡Y no fue vana nuestra esperanza!

Patentes están hoy los caminos misteriosos por donde la Providencia Divina nos ha traído a la situación afortunada en que actualmente nos hallamos, y que apenas llegaron a concebir como posible las inteligencias más elevadas.

México, pues, dueño otra vez de sus destinos, y escarmentado a tanta costa suya de su error pasado, hace, en la actualidad, un supremo esfuerzo para repararlo.

A otras instituciones políticas recurre ansioso y esperanzado; prometiéndose que le serán aún más provechosas que cuando era colonia de una monarquía europea, y más si logra tener a su frente un Príncipe Católico, que a su eminente y reconocido mérito reúne también aquella nobleza de sentimientos, aquella fuerza de voluntad, y aquella rara abnegación que es el privilegio de los hombres predestinados a gobernar y salvar a los pueblos extraviados e infelices, a la hora decisiva del desengaño y del peligro.

Mucho se promete México, Señor, de las instituciones que le rigieron por espacio de tres siglos, dejándonos, al desaparecer, un espléndido legado que no hemos sabido conservar bajo la República democrática.

Pero si es grande y fundada esa fe en las instituciones monárquicas, no puede ser completa si éstas no se personifican en un Príncipe dotado de las altas prendas que el cielo os ha dispensado con mano pródiga.

Puede un monarca sin grandes dotes de inteligencia ni carácter hacer la ventura de su pueblo, cuando el monarca no es más que el continuador de una antigua monarquía, en un país de antiguos monarcas; pero un

Príncipe necesita circunstancias excepcionales cuando ha de ser el primero de una serie de reyes; en suma, el fundador de una dinastía y el heredero de una República.

Sin Vos, ineficaz y efímero sería, creed, Señor, a quien nunca ha manchado sus labios con la lisonja, cuanto se intentase para levantar a nuestro país del abismo en que yace; quedando además frustradas las altas y generosas miras del monarca más poderoso, cuya espada nos ha rescatado y cuyo fuerte brazo nos sostiene y nos protege.

Con Vuestra Alteza, tan versado en la difícil ciencia del gobierno, las instituciones serán lo que deben ser para afianzar la prosperidad de Independencia de su nueva patria, teniendo por base esa libertad verdadera y fecunda, hermanada con la justicia, que es su primera condición y no es falsa libertad, no conocida entre nosotros sino por sus demasías y estragos.

Esas instituciones, con las modificaciones que la prudencia dicta y la necesidad de los tiempos exige, servirán de antemural incontrastable a nuestra Independencia nacional.

Estas convicciones y estos sentimientos, de que estaban poseídos muchos mexicanos, tiempo ha, se hallan hoy, Señor, en la conciencia de todos, y brotan de todos los corazones.

En Europa misma, sean cuales fueren las simpatías o las resistencias, sólo se oye un concierto de elogios respecto a Vuestra Alteza Imperial, y su augusta esposa, tan distinguida por sus altísimas prendas y su ejemplar virtud, que bien pronto, compartiendo a la vez vuestro trono y nuestros corazones, será querida, ensalzada y bendecida por todos los mexicanos.

Intérpretes harto débiles nosotros, de ese aplauso general, del amor, de las esperanzas y los ruegos de toda una nación, venimos a presentar a Vuestra Alteza Imperial la corona del Imperio Mexicano, que el pueblo, por un decreto solemne de los Notables, ratificado por tantas provincias, y que lo será pronto, según todo lo anuncia, por la nación entera, os ofrece, Señor, en el pleno y legítimo ejercicio de su voluntad y soberanía.

No podemos olvidar, Señor, que este acto se verifica, por una feliz coincidencia, cuando el país acaba de celebrar el aniversario del día en que el ejército nacional plantó triunfante, en la capital de México, el estandarte de la Independencia y la monarquía, llamando al trono a un Archiduque de Austria, a falta de un Infante de España.

Acoged, Señor, propicio los votos de un pueblo que invoca vuestro auxilio, y que ruega fervoroso al cielo que corone la obra gloriosa de Vuestra Alteza, pidiendo a Dios asimismo que le sea concedido corresponder dignamente a los perseverantes afanes de Vuestra Imperial Alteza.

Luzca, por fin, Señor, para México, la aurora de tiempos más dichosos, al cabo de tanto padecer, y tengamos la dicha incomparable de poder anunciar a los mexicanos la buena nueva, que con tanta vehemencia y zozobra están anhelando; buena nueva no sólo para nosotros, sino para Francia, cuyo nombre es, de hoy más, inseparable de nuestra historia, como será inseparable de nuestra gratitud; para Inglaterra y España que comenzaron esta grande obra en la Convención de Londres, después de haber sido las primeras en reconocer su justicia y proclamar su necesidad imprescindible; y, en fin, para la ínclita dinastía de Habsburgo que corona esta grande obra con Vuestra Alteza Imperial y Real.

No se nos oculta, Señor, le repito, toda la abnegación que Vuestra Alteza Imperial necesita, y que sólo puede hacer llevadera el sentimiento de sus deberes para con la Providencia Divina, que no en balde hace los Príncipes y los dota de grandes cualidades, mostrándose dispuesto a aceptar con todas sus consecuencias una misión tan penosa y ardua, a tanta distancia de su patria, y del trono ilustre y poderoso en cuyas gradas se halla colocado, el primero, Vuestra Alteza Imperial, y tan lejos de esta Europa, centro y emporio de la civilización del mundo.

Sí, Señor, pesada es, y mucho la Corona con que hoy os brindan nuestra admiración y nuestro amor; pero día vendrá, nosotros así lo esperamos, en que su posesión será envidiable, merced a vuestros esfuerzos y sacrificios que el cielo sabrá recompensar, a vuestra cooperación, lealtad y gratitud inalterables.

Grandes han sido nuestros desaciertos, y alarmante es nuestra decadencia; pero hijos somos, Señor, de los que al grito venerado de Patria,

Religión y Rey, tres cosas que también se aúnan con la libertad, no ha habido empresa grande que no acometieran, ni sacrificio que no supieran arrostrar constantes e impávidos.

Tales son los sentimientos de México al renacer, tales las aspiraciones que hemos recibido, el honroso encargo de exponer fiel y respetuosamente a Vuestra Alteza Imperial y Real, al digno vástago de la esclarecida dinastía que cuenta entre sus glorias haber llevado la civilización cristiana al propio suelo en que aspiramos, Señor, a que fundéis, en este siglo XIX, por tantos títulos memorable, el orden y la verdadera libertad, frutos felices de esa civilización misma.

La empresa es grande; pero es aún más grande nuestra confianza en la Providencia, y que debe serlo, nos lo dicen bien claro el México de hoy y el Miramar de este glorioso día.

Carlota y yo hicimos un esfuerzo por no mirarnos, mientras aquel hombre leía el largo documento. Pasé por una serie de sentimientos encontrados. En primer lugar, el asombro de que una nación tan joven como México me buscara para ofrecerme una corona; en segundo lugar, que esa patria tan lejana me tuviera en consideración para ocupar el puesto más alto de su gobierno. Napoleón III tenía que estar detrás de aquella maniobra.

El silencio que acompañó a la petición fue largo. ¿Qué se dice en una situación así? ¿Cómo se responde a un grupo de hombres extranjeros que te ofrecen el destino de su país?

Abrí los labios por un momento para hablar, pero las palabras no salieron de mí. Sentí la manos de Carlota acariciar mi brazo. Miré hacia un lado y hacia el otro. ¿Qué necesitaba para responder a su petición? ¡Tiempo! Tenía dos ofrecimientos sobre la mesa.

Precioso recinto había construido para recibir tal noticia, el arte que me envolvía, entonces, me dio cierta seguridad. Miramar era mi refugio, mi guarida, el lugar en el cual me sentía fuerte.

—Señores —respondí con voz segura—. Es halagador para nuestra casa que los ojos de sus compatriotas mexicanos se hayan vuelto hacia la familia de Carlos V en cuanto pensaron en una monarquía para su país. Sin embargo, reconozco, en perfecto acuerdo con el emperador de Francia, mi querido amigo Napoleón III, cuya iniciativa permitió la regeneración de su hermosa patria, que la monarquía no podía establecerse allí sobre una base legítima y perfectamente sólida sólo si toda la nación, expresando su voluntad, llega a ratificar el deseo de la capital. Necesito saber si su pueblo busca, en realidad, nuestro auxilio. Necesito saberlo antes de tomar una decisión. Deberéis hacer un plebiscito entre vuestros compatriotas para saber qué opinión tienen del proyecto. Por tanto, es del resultado de los votos de la generalidad del país que debo hacer depender en primer lugar, la aceptación del trono que se me ofrece. Sólo entonces tomaré la decisión.

Su misión había terminado, leído el documento, me lo entregaron, hicieron una reverencia a mí y otra a Carlota y se excusaron. Salieron de aquella habitación en silencio. Almonte fue el último en hacerlo, echándome una mirada lastimera. Tenía la impresión de que aquel ofrecimiento no se había dado tal como ellos lo habían esperado, pero ¿qué querían de mí? No podía aceptar de buenas a primeras, ni aunque tuviera el apoyo de Napoleón III. Al menos, no les había dicho que no tomaría la corona, sólo necesitaba tiempo para pensar.

Cuando nos encontramos solos, Carlota me miró con los ojos bien grandes.

—¡Un imperio, Max! —su sonrisa era tan grande que no la había visto tan emocionada desde que nos casamos.

—Tenemos que pensar muy bien qué es lo que vamos a hacer —respondí—, le escribirás a tu padre y a tu abuela para pedirles consejo. Yo haré lo mismo con mis hermanos y mis padres. Me gustaría saber qué corona deberíamos aceptar, al menos en su opinión. Además, no puedo tomar una decisión sin el apoyo de mi hermano. Él es el jefe de nuestra casa real y mi emperador.

Carlota estuvo de acuerdo. Con pequeños saltos, salió de la habitación para escribir sus cartas y yo fui a mi despacho para escribir las mías. Aunque, la verdad es que tenía mucha curiosidad de saber un poco más de México. No era un país que apareciera en los periódicos que leía todos los días, ni que apareciera en muchos libros, pero sí encontré referencias a su historia, al imperio azteca, a la conquista por parte del imperio español y de la influencia de mi antepasado, Carlos V. Además, lo que ya sabía, de su independencia casi medio siglo atrás.

Dejé la carta, que le escribía a mi madre, y fui hasta el librero. Ahí me hice de un atlas que me servía para navegar por el Mediterráneo y que solamente había contemplado en las secciones alusivas a Europa. En cambio, cuando me adentré en la parte norte del continente americano, vi por primera vez un mapa de México. Con mi dedo seguí los nombres de las ciudades: Veracruz, Puebla, Oaxaca, Ciudad de México... no eran fáciles de pronunciar, pero estaban ahí, lejanos, llamándome.

¿Grecia o México? Necesitábamos que nuestras familias nos ayudaran a decidir, aunque si por Napoleón fuera, Carlota y yo ya estaríamos de camino a la Ciudad de México.

No teníamos mucho que pensar.

Los días que siguieron, Carlota y yo leímos muchas veces la carta que nos dejó la comitiva que llegó de México. Por un lado, me imaginaba lo que implicaría ser el rey de un país tan mítico como Grecia, pero México, con sus pirámides y sus misterios, no se quedaba atrás.

Mientras en México se encargaban del tema del plebiscito para preguntar si ellos me querían como emperador, comenzaron a llegar las respuestas de nuestra familia. La primera fue de la abuela de Carlota, quien le recomendó que no tomáramos la decisión del imperio mexicano, ya que los mexicanos tenían fama de ser muy violentos y de no respetar a los extranjeros. Después llegó la carta de mi madre donde me decía que no tenía nada que pensar, puesto que en Grecia me mantendría en Europa y podría visitar Viena cada vez que quisiera. Sobre la misma línea respondieron Carlos Luis, Luis Víctor y el hermano de Carlota. Yo creo que el único que sugirió que era una buena opción la corona de México fue mi hermano mayor.

Carlota bufó:

—Claro, Francisco José lo que desea es mantenerte lo más lejos posible. No se te olvide que tú estás en la línea sucesoria al trono, y que hay regiones del imperio en las que tú eres más popular. Eso no le sienta nada bien a tu hermano.

Esa tarde nos encontrábamos en la terraza, abriendo cada uno de los sobres que nos habían llegado. Recuerdo que me dejé caer en un sillón forrado de terciopelo y suspiré. Recordé aquellos momentos de infancia en los cuales mi hermano mayor estaba ahí para apoyarme y sacarme de todos los problemas. ¿Tanto había cambiado él? ¿O yo?

Carlota seguía insistiendo en que no quería cambiar de religión para gobernar Grecia, aunque fuera nuestra opción más cercana.

Nos bastó con un par de cartas para que nos impulsaran a tomar nuestra decisión, ya que comenzaron a circular cartas por toda Europa, algunas entre nuestros familiares, otras escritas directamente a nosotros, para decirnos lo peligroso que sería irnos a otro continente. La abuela de Carlota insistió una y otra vez en que los mexicanos eran muy salvajes y que terminaríamos muertos en medio de una revolución.

En el caso de Napoleón, él nos invitó unos días a París para explicarnos mejor la situación, o mejor dicho para tratar de convencernos de su proyecto. ¡Y vaya que él deseaba consentirnos! Cuando descendimos en la estación del tren, ya nos esperaban sus hombres para hacerse de nuestros baúles. En francés, uno de ellos nos explicó:

—Su majestad imperial se encuentra muy complacido de que hayan aceptado su invitación a quedarse unos días en París. Nos hemos encargado de que se hospeden en uno de los mejores hoteles de toda la ciudad, no les hará falta nada, podrán pasear por los Campos Elíseos si así lo desean y pronto tendrán más noticias.

Carlota y yo miramos al hombre con desconfianza, pero aceptamos todo lo que nos decía. No sé por qué, pero la ciudad me pareció peligrosa en ese momento. Sentí un extraño presentimiento en mi estómago que no supe explicar.

Y en efecto, todo sucedió tal como él había dicho. Fuimos llevados a unas habitaciones cuya vista al bosque de Boloña era excelente y las camas en las cuales habríamos de dormir en las próximas semanas eran extraordinarias. Tenía la impresión de que toda Europa tenía la mirada puesta en la decisión que estábamos por tomar.

Nuestros criados y ayudas de cámara, que siempre viajaban con nosotros, se encargaron de guardar toda nuestra ropa. Le dije a Carlota que deberíamos salir a pasear, que la ciudad era muy bonita y que deberíamos recorrerla juntos. Por un momento vi ese brillo de amor en su mirada y aceptó. Tomados del brazo, caminamos entre las tiendas de ropa más famosas del mundo, nos llegó el olor del pan que se cocinaba en los hornos de los establecimientos, vimos a parejas de todas las nacionalidades beber vino para celebrar, y las hojas doradas que caían de los árboles daban un espectáculo digno de cualquier obra de arte. Y sin embargo, ni Carlota ni yo podíamos pensar en otra cosa que no fuera la corona.

No tenía que decirme nada para que yo supiera lo que había en el joyero de su corazón. En lugar de levantar la mirada para disfrutar la vista, miraba el borde de su vestido. Sólo levantaba el rostro para dedicarme una sonrisa tímida, mas pronto volvía a su ensimismamiento.

—¿Estamos haciendo lo correcto? —me preguntó—, ¿gobernar un país que no es el nuestro?

—Me pregunto lo mismo y no sé cómo gobernar nuestra propia tierra, y no sabemos hacer nada más. Fuimos educados para gobernar y no tenemos otra forma más que aceptar alguna de las dos propuestas que se nos han presentado. A alguna le tendremos que decir que sí, ¿no te parece?

—No lo sé, no lo tengo claro. Hay cosas del porvenir que no me quedan claras.

No fue un paseo que hayamos disfrutado, y menos cuando, a nuestra vuelta al cuarto del hotel, mientras hacíamos planes sobre la cena, un empleado nos llevó una carta de Napoleón:

Queridísimos Max y Carlota:
Espero puedan acompañarme a beber una copa de champaña en la sala de estar de este hotel.
Napoleón III

Aquello era algo que no sucedía todos los días. Él venía a vernos, en lugar de mandarnos llamar. Desde luego, el asunto de México debía importarle más de lo que yo había imaginado o no hubiera roto el protocolo de tal forma.

De inmediato, tanto Carlota como yo nos cambiamos de ropa. Yo con mi traje naval y ella con un vestido rosa pálido con el cual lucía su collar de diamantes. Apurados, bajamos a la sala de estar y nos encontramos con Napoleón y Eugenia. Ellos, sin protocolo alguno, nos saludaron como si fuéramos viejos amigos. Eugenia fue la primera en darme un abrazo, y luego fue con mi mujer, a la cual besó en la mejilla.

Nos sentamos en sillones muy cómodos, de frente, y trajeron una champaña en un cubo con agua fría. Sirvieron el vino espumoso en las cuatro copas de cristal. Napoleón levantó su copa y, antes de brindar, nos llamó la atención sobre la forma.

—¿Saben por qué las copas son así? —preguntó con una sonrisa.

Eugenia trató de esconder una pequeña risa, como la de una niña que está por cometer una travesura.

—De acuerdo con la leyenda, las copas de champaña las ordenó hacer Luis XVI con la forma de los pechos de su María Antonieta. Así, cada vez que él bebiera su vino, lo haría desde los senos de su queridísima reina.

A Carlota, por lo visto, no le gustó la anécdota, ya que se reclinó en el sillón y se arregló la mantilla que llevaba sobre los hombros para que cubriera su busto por completo.

—¿Cómo podemos serle de utilidad, mi querido Napoleón? —dijo ella, mostrando su practicidad.

—Quería hablarles del gran proyecto de imponer una monarquía en México. Y les sorprenderá saber que éste no será el primer imperio que tienen, sino el segundo. Cuando recién se independizaron, en 1821, coronaron a un hombre llamado Agustín de Iturbide.

—He oído hablar de él —respondí.

—Pero luego se enfermaron de republicanismo y, desde entonces, su país ha sido un polvorín. No se pueden imaginar la cantidad de golpes de Estado, de guerras internas, de problemas políticos y económicos. Han perdido más de la mitad del país en la frontera norte y en la frontera sur, y la mayoría de los presidentes que eligen no terminan su gobierno. Lo que el grupo de notables mexicanos les leyó en la carta que llevaron es correcto.

Yo solté un silbido. ¿Quién lo diría? Aun con los levantamientos ocasionales en Austria y lo que había sucedido en Lombardía-Véneto, Europa mantenía cierta estabilidad. Nunca pensé que hubiera países que vivieran así, como México.

—¿Qué sucedió con ese primer emperador mexicano?

Eugenia le dio un sorbo a su champaña, se inclinó hacia delante y murmuró, como si se tratara de un gran secreto:

—Lo fusilaron. A pesar de que había sido el hombre que negoció la independencia, ellos mismos lo mataron.

Sentí un gran peso en el estómago, y dejé la copa a un lado. Me imagino que se me fue el color del rostro, porque de inmediato Napoleón respondió con una gran risa socarrona:

—Eso no te pasará, por supuesto, porque yo estaré contigo. Bueno, no yo, pero sí Francia. Será como tener un imperio francés en México, con un emperador austriaco. ¿No te parece curioso?

Carlota escuchaba estas palabras, a veces asentía y otras entrecerraba los ojos para pensar un poco. Ni ella ni yo bebimos mucho ese día. Hicimos muchas preguntas y Napoleón nos respondió cada una de ellas, invitándonos siempre a aceptar la corona. Estaba muy emocionado por este proyecto, pero nosotros aún no habíamos tomado la decisión.

De vuelta en nuestra habitación, Carlota se paseó de nuevo frente a la cama.

—Esto no me gusta para nada, él quiere tomar el control. Napoleón quiere algo más en México y nos está usando. De eso estoy segura. Se lo tendremos que preguntar, Max. Al menos para tener toda la información antes de tomar la decisión, ¿no te parece?

Yo, sentado en uno de los sillones, me acariciaba la barbilla.

—Pero si aceptamos, tendremos el apoyo de Francia. Sin duda, también el de Austria y el de Bélgica. Eso debe ser suficiente para fundamentar un gobierno a largo plazo en otro país.

Ella negó con la cabeza.

—Ningún hombre le entrega a otro un país, hay algo aquí que no me gusta. Un truco que no vemos. Él debe ganar algo de todo esto, de eso estoy segura. Tenemos que seguirle preguntando.

Yo, sin embargo, intenté tranquilizarla.

—Francia tiene el mejor ejército del mundo, y él será el soporte de nuestro nuevo imperio hasta que logremos crear un ejército propio. Además, si los mexicanos realmente nos desean, entonces, nos lo dirán. ¿Qué te preocupa, Charlotte?

La mirada que me echó en ese momento estaba llena de un fuego que no conocía en ella. Siempre inteligente, pragmática, política, y con una practicidad única, me miró mientras torcía los labios. Aun así, me parecía una mujer bella.

—No entiendes nada, Max. Hablas de México como si ya fueras su emperador, como si hubiéramos aceptado lo que aquellos hombres nos propusieron así de la nada. Ni siquiera te preocupas por lo que yo tenga que decir al respecto o cuál sea la verdadera situación en el otro lado del mundo. Eres un idealista y un soñador, quieres gobernar de la misma forma en la que escribes tus poemas al vellocino de oro.

—Vamos, Charlotte, no hay necesidad de insultarnos. Sé perfectamente lo que puede salir mal si escogemos un mal camino y fracasamos. Después de nuestro virreinato, fracasar no es una opción. Abdicar tampoco será una opción. Tenemos que saber qué trama Napoleón antes de aceptar o rechazar cualquiera de las propuestas.

Carraspeé un poco y me levanté del sillón para estirar las piernas.

—Mejor asegurémonos de que nuestra ropa esté lista para mañana. *La traviata* nos espera y no tomaremos la decisión de México ni hoy ni mañana.

Dos días después, Napoleón nos invitó a cenar con él. Reconocí la casa en la que lo había conocido poco antes de mi viaje a Bélgica. Nos sentamos a una mesa larga, sólo cuatro personas, mientras nos llevaban cada uno de los diez tiempos que habían preparado para esa noche, sin olvidar el helado de hierbabuena para limpiar el paladar y la copa de jerez para degustar al final.

No recuerdo mucho del menú o de las palabras exactas que se dijeron aquella noche. Napoleón insistía en que era lo mejor para los países involucrados y que era importante que un príncipe, católico, de una buena casa real y que supiera gobernar se encargara del asunto.

Mientras retiraban los platos del postre, Carlota aprovechó para expresar las dudas que tenía en su mente:

—¿Cómo haremos para mantener esta idea loca?

—Además de los cientos de soldados franceses que les prestaría para este proyecto, les puedo ofrecer un préstamo de doscientos millones de francos, con un buen tratado de por medio. Algo en lo que todos ganemos. Y, con un buen administrador, México puede generar ese dinero en unos años.

Carlota, sin embargo, no estaba satisfecha con aquellas respuestas:

—¿Por qué?

Eugenia, siempre calmada y con una voz suave, casi musical, preguntó de regreso:

—¿Cuál es tu inquietud, querida? Yo creo que deberíamos dejar que los hombres arreglen estos temas.

Pero aquellas palabras no la iban a detener, pues ella siempre se había comportado más como un hombre que como una dama; ahí siempre ha radicado su fortaleza, es inmune a los caprichos y reglas que se han asignado a su sexo.

—Quiero saber por qué a Francia le interesa tanto el tema de México.

Una vez más, desprovisto de toda seriedad, Napoleón levantó la copa de jerez y le dio un buen sorbo para terminarse su contenido, luego le pidió a uno de los criados que le sirviera un poco más:

—Es una pregunta que llegó tarde, pensé que sería la primera que harían en cuanto recibieron la invitación de la comisión de México. Por supuesto que hay una razón para que Francia los apoye cuando se conviertan en emperadores. México tiene una deuda con nosotros, unos bonos bastante altos que se pidieron hace unos años y no se han pagado. Inglaterra y España están en las mismas que nosotros, aunque su deuda es menor y firmaron un acuerdo con México. No vieron la oportunidad de tener influencia en América para detener la expansión de Estados Unidos.

—Aún tenemos que pensarlo bien —exclamó Carlota.

—Piénsenlo bien, pero háganlo rápido, porque la oferta no estará mucho tiempo sobre la mesa y, si decidieran declinar a ella, necesito buscar otro príncipe que pueda ayudarme. Francia no va a dejar pasar la oportunidad de tener un imperio en México.

Capítulo XLI

MOMENTOS DE GRAN REFLEXIÓN fue lo que viví a mi regreso a Miramar. La vida me había puesto una oportunidad enfrente y no sabía qué debía hacer al respecto. Carlota era la que más reservas tenía de aceptar la corona mexicana, pero no la descartaba por completo.

A mí parecer los dos entendimos que la decisión sería nuestra, que los consejos que pedíamos a nuestros familiares eran solamente para orientarnos. Tanto ella como yo tuvimos largos periodos de ensimismamiento, de pensar mucho en soledad; ella en la terraza y yo navegando solo.

Carlos vino a visitarme por esos días y me hizo el comentario de que estaba muy callado. Quería saber de nuestra visita a París, pero le conté poco. Aproveché para pedirle un consejo a él también. Me miró a los ojos, como sólo un amigo puede hacerlo, y me dio unas palmadas en la espalda:

—Max, te conozco desde que éramos niños. En tu mente estás más enamorado de lo que puedes hacer en México que por la seguridad que te ofrece Grecia. Ya estás decidido y, en cuanto tú lo aceptes, también lo hará Carlota... y no creas que vas a ir solo. Yo te acompañaré.

En un arrebato sentimental lo abracé, tenía tanto miedo que necesitaba el consuelo de alguien. Mi cuerpo temblaba, mis ojos se llenaron de lágrimas. Ay, si tan sólo Carlos hubiera nacido con otro sexo...

La comitiva mexicana volvió más rápido de lo que yo hubiera esperado con los resultados del plebiscito que, según dijeron, organizaron en todo el país. Fue uno de los tantos días en los que yo navegaba en mi yate, y Carlota hizo esperar a los hombres en un salón donde los entretuvo un rato con historias de los jardines, les llevó pastelillos y otras viandas, y les sirvió vino de Austria.

Cuando desembarqué por la tarde, uno de los criados me fue a buscar para decirme que los resultados ya estaban ahí. Corrí al salón y Carlota se levantó para recibirme:

—¿Dónde estabas, Max? Te estamos esperando.

¿Cómo preguntaron a tantas personas en un país que, por extensión territorial, era tan grande? Nunca lo supe, así que vi con desconfianza todas las cartas de adhesión que me entregaron. Las tenían sobre una de las mesas, estaban firmadas por sacerdotes, familias importantes y militares del partido conservador. Abrí algunas, estaban en un idioma que todavía no comprendía, pero entendí algunas palabras.

—Caballeros, tengan mi eterno agradecimiento por lo que acaban de entregarme y sepan que he considerado su oferta. En dos días les haré saber mi respuesta.

Después de sus usuales reverencias, se despidieron para dejarnos solos.

Carlota continuó abriendo los sobres y contando apellidos.

—Max...

—Ya lo sé, Charlotte. Es un cuento duro de tragar. ¿Cuántas de esas cartas serán verdaderas? Aquí no hay apoyo real, pero hay interés. Además de Napoleón, tendremos el apoyo de mexicanos. No será difícil realizar este proyecto.

Carlota torció la boca.

—Entonces, ¿aceptarás?

Me volví, le tomé la mano. Temblaba un poco.

—¿Aceptaremos?

Tímida, y con una pequeña sonrisa, asintió.

—Aceptaremos —aunque no escuché convicción en sus palabras.

Capítulo XLII

CUANDO CARLOTA Y YO LLEGAMOS A VIENA, no sabíamos lo que íbamos a encontrar en el palacio. Le escribí a mi hermano para contarle de la situación, pero no había recibido respuesta. Por lo tanto, decidí que lo mejor sería discutirlo en persona y en privado.

Descendimos en la estación del tren, donde ya nos esperaban criados del palacio, y subimos a un coche cerrado. No se anunció en la ciudad nuestra llegada, mucho menos el tema que habríamos de tratar.

Nos encerramos en nuestras habitaciones de siempre y esperamos a ser llamados. No quise presionar ni molestar; después de todo necesitaba que Francisco José estuviera en su mejor disposición para ayudarnos. Carlota y yo nos paseábamos sobre la alfombra, mientras el té humeaba sobre la bandeja de plata.

—¿Nos escuchará? —me preguntó.

—Tiene que hacerlo. Soy su hermano y le conviene a Austria tener un aliado importante en América. ¿Te imaginas? Será como en tiempos de Carlos V donde se decía que en su imperio nunca se ponía el Sol. Si convenzo a Francisco José de que vea esto como algo que puede ayudarlo, nos dirá que sí. ¿Qué te preocupa, Charlotte?

—No sé, si estás tan seguro de que todo va a salir bien, entonces algo te preocupa a ti.

Y era cierto, porque no estaba seguro de la verdadera reacción de mi familia al respecto. ¿Qué diría mi madre?

Comimos y cenamos sin salir de nuestras habitaciones, puesto que no fuimos invitados a la mesa, y no quisimos interrumpir. Me sorprendió que ni mis hermanos ni mi cuñada se hicieran presentes para saludarnos, o que mis padres no quisieran tomarse el té de la tarde con nosotros. Era como si nos hubieran aislado por completo.

Cuando los criados se llevaron el plato de estofado de venado de la cena (y que me causó una indigestión terrible), me dijeron que mi hermano me esperaba en su oficina, pero solamente podría ir yo. Carlota debía esperarme. Me hubiera gustado sentir su apoyo en ese momento, pero no quise contrariar a mi hermano.

Me arreglé la barba frente al espejo, me aseguré de que el traje que llevaba estuviera limpio. Le di un beso a Carlota en la frente y ella dibujó una cruz en la mía. Todo tenía que salir bien, era lo que me repetía en cuanto salí al pasillo. Vamos, Max, tienes que ser fuerte, enfrentar el destino cara a cara.

Cuando entré a sus oficinas, me di cuenta de que estaríamos solos. Él y yo, como cuando éramos niños, con la diferencia de que había algo de frialdad en él. No se levantó para saludarme y bien me hubiera servido un abrazo suyo o que me susurrara al oído la palabra *hermano*. ¿Me culpaba todavía por el fracaso de lo que sucedió en Lombardía-Véneto?

—Siéntate, Max. Tenemos que hablar largamente de cómo serán las cosas si quieres irte a gobernar ese país de salvajes.

—México —lo corregí.

—Estás en la línea sucesoria al trono de Austria, Max. ¿Te imaginas lo que pasaría si yo muero y tú estás en México? ¡Un imperio europeo en manos de un imperio americano! ¿O si le toca a alguno de tus hijos, el día que mueras, ascender al trono? Tengo que proteger mis tierras de la influencia de las tuyas. Si deseas tomar la corona de ese país entonces tendrás que renunciar a tus privilegios como integrante de la familia Habsburgo, tus derechos a la línea sucesoria y cualquier propiedad que tengas en nuestra patria.

Conforme me iba diciendo aquellas palabras, se me abrieron los ojos.

—¡Me estás pidiendo que renuncie a mi legado, a mi identidad y a todo lo que soy! Quieres que tire por la ventana mi pasado para que tú estés tranquilo.

Él dio un golpe sobre la mesa al ponerse de pie.

—¡Para que Austria esté tranquila! Puedes ser un soñador, pero no a expensas del país que te dio la vida.

Intenté calmarme por un momento, los dos respirábamos muy rápido.

—Entonces escribe un documento y pon una cláusula de que se me va a devolver todo. Si la aventura en México no funciona, al menos puedo regresar con la frente en alto y rehacer mi vida acá.

Él negó con la cabeza.

—Si no te fue peor en el asunto de Lombardía-Véneto fue porque yo te ayudé. Te he permitido gastar, viajar y hacer lo que tú quieras. Si te dejo jugar a ser el emperador de México y vuelves en unos años, ¿qué mensaje crees que le estaremos dando a nuestro pueblo? Si lo que deseas es irte, entonces tendrás que hacerlo bajo mis condiciones. Todo en esta vida tiene un precio, y éste es el que yo le pongo a la corona de México.

Esta vez fui yo el que se puso de pie.

—Eres tan cruel que ni siquiera puedo imaginar que algún día fuimos hermanos.

—¿Fuimos? No te equivoques, la sangre que fluye por estas venas es la misma que lo hace por las tuyas. Somos familia, pero tenemos una obligación más grande con nuestra patria. Mamá tenía razón, no la podemos poner en juego sólo porque a uno de los miembros de la familia real le gusta jugar a ser Carlos V en un país de salvajes.

—México —insistí—. ¿Tan poca fe me tienes? Lo he pensado mucho, sé que Napoleón me prestará dinero y soldados para que todo salga bien. En cosa de unos meses todo estará resuelto. Piensa en lo que podríamos hacer México y Austria. México tiene minas de plata, plantíos de cacao, costas, puertos, ciudades llenas de arte.

Él sacudió la cabeza.

—Y un país vecino que nunca permitirá que un imperio se forme en su frontera sur. Estados Unidos encontrará la forma de meterse en tu imperio.

—Quizá no, el norte y el sur pelean. Eso nos da tiempo para instaurar un gobierno fuerte que ellos no podrán derrumbar.

—Eres un iluso, Max. Ésa será tu perdición, sueñas demasiado en un proyecto que no se va a concretar. Piensa en tu futuro, ¿no prefieres estar en Miramar que en la antigua ciudad de los aztecas? Allá no tengo que preocuparme por lo que haces.

—Así que Carlota tenía razón después de todo. Tienes envidia de que yo sea más popular que tú. No quieres que vuelva y que aún pese la casa Habsburgo sobre mí. Te gustaría que esté en Miramar donde no te moleste o en México donde no te estorbe.

Nunca vi su rostro tornarse rojo tan rápido. Tomó asiento mientras le temblaban las manos. Estoy seguro de que no esperaba que yo le contestara de aquella manera:

—Ya te dije mi precio. Si no lo aceptas, no te daré el permiso, como tu emperador, de ir a gobernar otro país.

Por un momento, intenté ablandar su corazón.

—¿Y como mi hermano?

Pero él hizo como si yo no hubiera dicho nada.

—Las Cortes se encargarán de que el documento que firmes sea legal y todo esté en regla. Puedes retirarte, no tenemos nada más que hablar.

Abrí la boca con la intención de responder, pero callé. Nada podía aportar que no lo enfureciera más. Cuando estaba por salir de la habitación, escuché de nuevo la voz de mi hermano.

—Mi madre te espera en su habitación. Quiere hablar contigo de algo muy importante. Yo no la dejaría esperando, si fuera tú. Puede cambiar la decisión que has tomado.

Después de todo, sabía que mi madre tenía voz en este problema. No dije más al salir, ni lo digné con una mirada, aunque fuera de reproche. Dejaría a Carlota esperando un poco más. Me fui directamente a las habitaciones de mi madre e hice algo que sabía que la molestaría. Entré sin llamar. Por lo visto, ya lo esperaba, porque no se sobresaltó.

Mi madre, cual estatua griega, se encontraba vistiendo su negro camisón, sentada en un sillón junto a la ventana. La luz plateada que la rodeaba parecía dotarla de un aura espectral que no pude comprender.

—Ya era hora de que llegaras, aunque por la forma en que lo has hecho pareciera que no has aprendido nada de mí. ¿Recuerdas una conversación que tuve hace años con tu hermano en la que dije que un día te daría las explicaciones que buscabas? Sí, claro que te acuerdas de ella. El rencor que tienes hacia mi persona hace que recuerdes perfectamente cada momento de tu vida. En eso nos parecemos tú y yo.

—¿Qué es lo que quiere de mí, madre? —le pregunté.

—Quiero que te sientes y escuches lo que tengo que decir, porque ha llegado el momento de explicarte todo lo que no has entendido. Crees que soy la mala del cuento, que soy fría y que no he hecho más que arruinarte la vida y deshacer todos tus sueños. ¿Qué harías si te dijera que eres el más querido de mis hijos? Y no sólo porque te pareces al Napoleón que llevo en mi corazón, aquel por el que me preguntaste tantos años atrás. He prolongado demasiado ese momento, pero si has tomado la decisión de aceptar la corona de México, entonces llegó la hora de abrir mi corazón.

La miré con desconfianza, no sabía si escucharla o huir de ahí. Conocía bien a mi madre, no tenía armas, pero sus palabras contenían tanto veneno que podrían matar a cualquier hombre. Tenía un sillón preparado para mí, frente a ella.

Al sentarme, noté un chocolate caliente a mi lado.

—Bebe —me ordenó.

Pero yo quería escuchar a mi madre, no tomar chocolate como cuando era niño.

—Por ahora prefiero que me reveles todos tus secretos —respondí, mi voz temblaba, sentí cómo el odio y el miedo fluían por mis venas. Estaba convencido de que las palabras que escucharía serían dolorosas, pero no podía continuar con la incertidumbre.

Sin mover ni un músculo, comenzó su historia.

—Todo lo que he hecho en mi vida ha sido por el imperio y para protegerte. No soy una mujer normal, porque la vida me ha rodeado de hombres que son menos capaces que tú. Cuando llegué a este palacio me di cuenta de que tu tío pensaba demasiado en él como para tener una patria a su mando. Así que, cuando empezaron las primeras protestas en su contra, sabía que la única forma en la que eso terminaría bien sería con su renuncia a la corona. ¡El poder tenía que ir a manos de tu hermano! Pero tu tío siempre fue un tonto, dándole alas a tu padre para que se convirtiera en el nuevo emperador. Si yo no hubiera intervenido no sé dónde estaríamos ahora. Sabía que así sucedería, por eso me encargué de que la educación de mis hijos estuviera dirigida para que aprendieran a gobernar.

—Pero sólo uno de los dos iba a heredar esa corona —protesté.

—Siempre supe que heredaría tu hermano, pero al darte la misma educación te permitiría un puesto en el gobierno o quizás en otro país. ¿No lo entiendes? Por eso convencí a tu hermano de que te ofreciera Lombardía-Véneto, pero él no quería. Te volviste popular y Francisco José no puede dejar de ser amado por su pueblo y lo conseguirá, si no es en vida al menos después de su muerte. Y en eso tú le estorbas. Siempre he cuidado de ti, convencí a tu hermano de no darte las fuerzas militares que necesitabas para defender tu virreinato, porque hacerlo significaría tu muerte. Y yo, hijo mío, te quiero vivo.

Y aunque creía en los sentimientos detrás de esas palabras, había algo más que quería saber.

—¿Y las mujeres a las que amé? ¿No tengo derecho a ser feliz?

—María Amelia era la única que realmente te convenía. Eres un archiduque de Austria, y lo que otros piensen de ti es importante para el gobierno. No se pueden contar chismes de cómo el hermano del emperador bailó hasta la madrugada. Cuando se tiene poder, el amor no es un derecho, es un privilegio. Uno del cual tú no gozas. Por eso las alejé de ti. ¿Sabes el hazmerreír en el que te hubieras convertido de casarte con ellas? Después de la muerte de María Amelia fue preciso hallarte una esposa, antes de que cometieras una locura. Arreglamos tu encuentro con Carlota y negociamos el matrimonio para que todo saliera bien. Cuando las cosas estuvieron calmadas, me encargué de que te ofreciera la corona de Grecia, pero... ¡Dios santo! ¡Siempre me llevas la contraria! Tenía que aparecer Napoleón III con ese maldito ofrecimiento de México. Una vez más, tuve que acercarme a tu hermano para proteger el imperio. Siempre me pones entre la espada y la pared, tú o el imperio. ¿No lo ves? Proteger el imperio es salvarte.

Cerré los ojos y asentí:

—Así que eres tú quien está detrás del documento que acaba de proponerme mi hermano.

Ella asintió. Por un momento rompió su pose de estatua griega. Tragó saliva y bajó el rostro, en un extraño signo de debilidad.

—Siempre he querido protegerte, pero no es fácil cuando cada una de tus acciones ponen en riesgo el imperio o a tu familia. ¿Recuerdas que una vez te dije que sentía lástima porque no fueras hijo de Napoleón II como dicen todos los rumores? Porque de ser así, no podría verte con amor, porque sabría que eres hijo de la infidelidad y no es

220

así. Aunque no lo creas, el cariño que siento por ti es mayor al de tus hermanos. Pero ahora es importante, no sólo pensar en ti, sino en el imperio. Ese documento los protege a los dos.

—Me arrebata mis derechos, madre —le reclamé.

—Pero te mantiene a salvo de cualquier persona que quiera usarte para golpear a tu hermano en tu nombre. También para evitar que los que se le oponen vean en ti una figura para reemplazarlo. He sido capaz de todo por este imperio, por defender a Austria y hacerla fuerte. Con la vanidad de Francisco José y tus sueños locos, no ha sido tan sencillo como parece.

—Y mientras yo me voy a México a gobernar, ¿te quedarás aquí?

—Sí, ése será mi castigo. Y tú te irás, sin saber cuándo volverás a ver a tu familia o si lo harás algún día. Ése será tu castigo. No me obligues a mover los hilos de la política para convencerte de quedarte; sabes que lo haré. Soy capaz de quitarte lo que más deseas con tal de que hagas mi voluntad y pueda protegerte.

Me levanté del sillón con una sonrisa, aún sin probar el café.

—Espero que no te arrepientas algún día de las situaciones que has creado. No puedes jugar a ser la madre de la nación sin pagar el precio por ello.

Su mirada de piedra me siguió mientras salía de la habitación.

Capítulo XLIII

CREO QUE NUNCA VI A CARLOTA TAN ENOJADA como cuando le conté de la reunión que había tenido con mi hermano, aunque me guardé todo lo que me había dicho mi madre. Después de todo, no quería destruir la amistad que había entre ellas.

Carlota, quien me había esperado sentada al borde de la cama, aguardó hasta la madrugada a que volviera a la habitación. Escuchó mi relato y, sólo entonces, se levantó de golpe y comenzó a jugar con los anillos de oro que llevaba en la mano.

—Ya me temía que algo así sucedería tarde o temprano. Tu hermano estaba esperando cualquier oportunidad para hacer algo así. ¿Lo vamos a permitir?

—No tengo otra opción, Charlotte. Si no firmo ese documento no podremos irnos.

Tras pensarlo un momento, respondió.

—¡Fírmalo, Max! Nada nos detiene. Si en realidad vamos a hacer esto, entonces hagámoslo bien, demos un salto de fe que cambie nuestras vidas. Si somos una molestia para tu hermano, entonces es hora de hacernos a un lado. ¿No te parece?

Pero yo no estaba tan seguro, de momento la corona de México no me parecía tan buena idea. Firmar no era tan fácil, dejar atrás años de mi vida por un sueño era difícil.

Francisco José y yo hablamos dos veces más, el diálogo se repitió. Pareciera que no teníamos otro tema de conversación fuera de mis proyectos en México. En la única cena familiar que tuvimos, el silencio reinó entre nosotros. Mis otros hermanos y Sisi le hacían preguntas a Carlota sobre Miramar, y ella les hacía promesas de que podrían visitarnos pronto. Mis padres eran estatuas, apenas comían; la tensión era tal que estoy seguro de que a todos nos dolía el estómago.

No soporté más lo que sucedía, y decidí que era momento de dejar Viena sin haber tomado la decisión acerca del documento que mi hermano me había propuesto. Me sorprendió que mi madre no insistiera en ello. Después de vaciar sus recuerdos y corazón aquella noche, se mostraba distante. No quería hablar conmigo, y tengo que aceptar que el sentimiento era mutuo. No podía dejar que mi madre controlara mi vida como cuando yo tenía ocho años y corría en la nieve.

En el tren de regreso, Carlota intentó convencerme por todos los medios posibles de que lo mejor era firmar e irnos.

—Compórtate como un Habsburgo —me repetía, y era en esos momentos que me daba cuenta de lo mucho que ella se parecía a mi madre.

Eso me asustaba.

Durante los días que siguieron a nuestra llegada a Miramar, Carlota le escribió al resto de su familia para pedir consejo y apoyo sobre México. Su abuela insistía en que moriríamos allá.

Todos esperaban una respuesta y yo no sabía qué hacer. Tenía que tomarla yo, sin ayuda de nadie. Ni siquiera de Carlos.

Por tres días navegué solo en mi yate, reflexionando entre los brillos del sol que se reflejaban sobre la superficie del agua. Por la noche, daba vueltas sin poder conciliar el sueño; volvió el dolor de muelas, casi no podía probar bocado porque todo lo que me llevaba a la boca me caía mal. Por momentos estaba completamente seguro de que mi destino quedaría sellado en México, y me asomaba a los libros como un chiquillo que espera un cuento nuevo. Por primera vez busqué en los periódicos todo cuanto se publicaba sobre México, lo cual era muy poco. Luego, me odié por rechazar cualquier tema que tuviera que ver con aquella nación, y me refugiaba en la idea de que mi vida en Miramar, si bien era simple, me parecía demasiado cómoda como para desecharla por un sueño.

México era, ya desde entonces, un país complicado. No fueron ajenas a mí las circunstancias que me llevaron a considerar la idea de encabezar un imperio. Desde el inicio supe que un presidente liberal, llamado Benito Juárez, encabezó una guerra con sus compañeros liberales en contra de un grupo de conservadores, para defender una nueva Constitución. Todo el país entró en una guerra terrible durante tres años, y el triunfo fue para los liberales. Y por eso, el grupo de los conservadores me buscaron para que yo fuera a gobernar. Sabía todo eso, entendía qué clase de país iba a gobernar y quienes me recibirían. Entonces, ¿por qué todos me llamaban iluso por considerar formar el imperio de una patria que no era la mía?

Pasados los tres días, sin que Carlota supiera que yo había tomado mi decisión, fui a la terraza donde ella pintaba una de sus acuarelas. El viento soplaba de tal forma que los caireles le caían constantemente en el rostro. Al verme, levantó el rostro como si no quisiera verme. No dijo palabra alguna y volvió, afanosa, a su arte.

—Ya sé lo que haremos con respecto al documento que me ha ofrecido mi hermano.

Sin dejar el pincel, preguntó:

—¿Ya te diste cuenta de qué clase de político es tu hermano, Max?

—Sé cómo se gobierna desde Viena —respondí, mientras pensaba en la mirada cruel de mi madre—. Y por eso entiendo que nuestra oportunidad de volar está en México. Firmaré el documento, aunque no esté de acuerdo con él. Le escribiré a mi hermano para que se haga todo lo necesario a fin de que se firme el documento.

Una sonrisa de triunfo se dibujó en los labios de Carlota.

Pero olvidé que mi persona era popular en toda Austria y cuando se dio a conocer la noticia del documento que iba a firmar, mis simpatizantes en el congreso intentaron bloquear tal acción o al menos que se añadiera la cláusula en la cual yo podría recuperar mis derechos, en caso de que la aventura mexicana no funcionara y yo abdicara del trono. Por supuesto, dicho plan no funcionó. Mi mamá tenía bien controlados a los parlamentarios como para permitir algo así.

Después de unas semanas, se acordó, mediante un telegrama, que la firma se haría, no en Viena, sino en Miramar.

Mi hermano habría de ir hasta la estación de tren privada del castillo, se quedaría unos días y entonces se llevaría a cabo el acto. Lo que Carlota y yo no esperábamos era que no solamente llegarían Francisco José y su esposa, sino que acompañándolos estarían mis padres, mis hermanos y mi querido Carlos. Todos, en familia, querían ser testigos de la firma, momento histórico para la familia. De forma que, por unos días, tuvimos una gran comitiva en nuestro castillo de Miramar, y mientras Carlota pasaba las tardes explicándole a Sisi, a mis hermanos y a mis padres cómo se había construido cada parte del castillo, Francisco José y yo nos encerrábamos en mi oficina para seguir discutiendo el acuerdo. No tanto la firma, sino alguna válvula de escape que me permitiera volver si algo salía mal.

No lo conseguí, puesto que mi hermano era tan duro como cualquier estatua de mármol confeccionada por los artistas de la Grecia antigua. No cedió ni cambió una coma del documento.

Si bien en las cenas mi madre sólo hablaba de las maravillas de la playa y de todos los diferentes estilos que albergaba mi castillo, cada vez que su mirada se posaba en mí arqueaba las cejas y apretaba los labios como diciendo: "Ya te dije qué es lo que tienes que hacer, por el bien del imperio".

Y es que, por más que hubiera tomado la decisión de firmar, el hecho de hacerlo no era nada fácil.

Me habría gustado pasar más tiempo con mis hermanos, pero ya establecido nuestro imperio mexicano podría invitar a Carlos Luis y a Luis Víctor a pasar unos días con nosotros. ¿No es cierto?

Ay, Max, qué difícil fue que firmaras ese documento, pero al fin lo hiciste el último día. Éste se leía de la siguiente forma, y se reproduce tal cual.

S. A. I. el archiduque Fernando Maximiliano renuncia por su augusta persona y en nombre de sus descendientes, a la sucesión de la corona en el imperio de Austria, así como a los reinos y países que de él dependen, sin excepción alguna a favor de todos los demás miembros que se hallan en actitud de suceder en la línea masculina de la casa de Austria y su descendencia de varón en varón; de manera que en cualquier tiempo que exista uno solo de los archiduques o de sus descendientes varones, aun de los más lejanos, llamados a ocupar el trono en virtud de las leyes que establecen el orden de sucesión en la casa imperial y particularmente en virtud del estatuto de familia firmado por el emperador Carlos VI el 19 de agosto de 1713, con el nombre de pragmática sanción, así como del estatuto de familia promulgado el 3 de febrero de 1839 por S. M. el emperador Fernando, ni S. A. imperial, ni sus descendientes, ni nadie en su representación, ni en ningún tiempo puedan alegar el menor derecho a la sucesión referida.

Y al final, con mano temblorosa, firmé con mi nombre completo: Ferdinand Maximilian Joseph Maria von Habsburg-Lothringen.

Era un 9 de abril de 1864. A la mañana siguiente se anunció, tanto a la comitiva mexicana como al resto de Europa, mediante cartas y telegramas (especialmente a Napoleón III, a quien yo personalmente le envié un mensaje).

Mientras comenzaban los preparativos para nuestra salida, también lo hacía mi familia. Todos partirían por tren (excepto Carlos de Bombelles), y llenaron la estación privada de baúles, jarrones y platos que mi madre había comprado en Trieste, y los diferentes vestidos que usaba Sisi. Durante dos horas, los criados de mi hermano y los míos se encargaron de subir todo a los diferentes vagones.

Entonces llegó el momento de la despedida. Empecé por el abrazo de mis hermanos y de mi padres, quienes me susurraron al oído:

—Buena suerte, Max. Te irá muy bien.

Y me quedé con ganas de abrazarlos por más tiempo para quedarme con algo de ellos, un aroma, un recuerdo, su forma de hablar, el color de sus ojos. ¿Cómo iba a saber que sería la última vez que estaría con ellos?

Mi madre estaba triste, noté que hacía un esfuerzo sobrehumano para reprimir las lágrimas. En un impulso impropio de ella, no esperó a que yo le diera un abrazo. Fue ella la que dio un paso al frente para rodearme con sus brazos. Era la primera vez que la veía vulnerable y me apiadé de ella dándole un beso sincero en la mejilla.

—Ve y demuéstrale al mundo lo que un Habsburgo puede hacer en un país tan atrasado como México.

Así, uno a uno, fueron subieron al tren hasta que en la estación solamente quedamos Francisco José y yo. Para la historia, dos emperadores; pero me pareció que volvíamos a ser niños, y su abrazo fue la despedida más dura que he tenido que encarar. Éramos dos almas rotas enfrentando el mundo, dos niños que hacían travesuras. Con los ojos húmedos nos miramos en silencio, sabíamos que no nos volveríamos a ver, que esa despedida era final. Algo dentro de nosotros nos lo decía. Compartimos tantos recuerdos sin hablar.

Lo escribí en el cuaderno anterior: Francisco José siempre estuvo para meterme en problemas, pero también para ayudarme a salir de ellos.

Entonces, Francisco José me miró a los ojos.

—Tienes que entender por qué acepté que firmaras ese documento. Tú crees que me he distanciado, pero sé lo que has vivido por años. Te dejo ir sin ataduras de ninguna clase, te doy la oportunidad de volar, de buscar tu sueño lejos de nosotros.

—Hermano… —lo quise interrumpir.

—Nada más puedo hacer por ti, sólo así podrás vivir libre de nuestra madre y de nuestro imperio. Al cielo pediré que te conceda paz y que puedas ser feliz.

Y el hombre al que yo creía un villano se redimió en el último segundo de nuestra historia juntos. Entonces, el abrazo que nos dimos no fue el de dos adultos, sino el de dos niños, una fría tarde de invierno, después de escuchar "El niño que amó a la luna". Y deseé que Dios nunca nos hubiera hecho nacer en una familia con poder y responsabilidad, porque pudimos haber sido mejores amigos, pero la Divina Providencia decidió que no habríamos de estar juntos.

Carlota me tomó del brazo mientras vimos partir a la familia. Mi madre, pegando su rostro a la ventana, me contempló hasta desaparecer en el horizonte.

—¿Eso fue una lágrima en su mejilla? —me preguntó Carlota, pero no le pude responder porque la figura de mi madre ya no estaba con nosotros.

Capítulo XLIV

En realidad, los preparativos para nuestro viaje comenzaron desde nuestro regreso de Viena. Carlota se despidió de su abuela con la idea de que nunca se volverían a ver, en virtud de la elevada edad de la anciana; Carlos planeó adelantarse a México para asegurarse de que todo estuviera listo, y se decidió qué piezas de mueblería serían llevadas a nuestro nuevo hogar.

Desde el primer día nos decidimos a aprender, no solamente el idioma, sino también la historia del país, ubicar las regiones en un mapa y todo cuanto nos pudiera servir. Ahí comenzó el gran amor que hoy siento por mi nueva patria, y que ahora llevo muy dentro de mí. En cuanto México entra en tu alma, ya no sale. Nunca. Carlota y yo no lo sabíamos entonces, porque hay patrias que se vuelven una maldición, en lo bueno y en lo malo, cual un matrimonio. Hay patrias que escogemos, hay otras que nos escogen.

He llegado al final de este segundo cuaderno. He narrado esta parte de mi vida como preludio a la aventura que habrá de venir y a mi fin.

Oh, qué vueltas da la rueda del destino y qué cruel es el sentido del humor del dios que creó el universo.

¡Oh, Max! ¿Crees que llegará el nuevo cuaderno antes de que llegue tu fin.

Sé que han decidido una fecha para mi ejecución y queda poco tiempo. Debo terminar esta historia antes de que acaben conmigo.

Debo escribirlo todo y lo que queda es aún más terrible y convulso.

CUADERNO
DE TAPAS AZULES

Capítulo XLV

¡MÉXICO! ¡Qué aventura tan gloriosa y maravillosa! Una bendición y una maldición, porque claro está que nadie es capaz de salir ileso de su experiencia. Con la misma fuerza que puede enamorar con sus sabores y olores, puede maldecir a cualquiera que ose entrar en su historia. Porque el único elemento común a su pasado es la sangre derramada de forma necesaria. Oh, sí. Sangre necesaria para mantener a su patria, sangre como sustento de vida. Sangre, muerte y pólvora.

¿Cómo iba a saber yo, desde otro lugar del mundo, que aquel nombre en un mapa iba a convertirse en mi nueva patria?

El día que escogimos para salir fue el 14 de abril de 1864.

Si he de ser honesto, pasé la noche sin dormir. Daba vueltas en la cama mientras imaginaba cómo me recibirían en Veracruz. Me emocionaba la aventura, lo desconocido, la posibilidad de dejar atrás las sombras de mi madre y de mi hermano. Escuché las olas impacientes estrellarse contra la playa y deseé que el mar se mantuviera tranquilo para que navegáramos el resto del día.

Mientras me vestía con mi traje negro, me asomé por la ventana. El Adriático nos esperaba con sus aguas azules llenas de vida, agitándose en un vaivén perpetuo. Ya estaba lista la fragata *Novara*, y también aquella que iba a escoltarnos, la fragata *Themis*.

Carlota entró a mi habitación. Su vestido negro acentuaba la palidez de su rostro.

—Max, ¿todavía no estás listo? Hay una representación de hombres importantes de Trieste que desean despedirse de nosotros. Además, casi toda la ciudad vino a despedirnos.

—Sólo unos minutos más —le pedí.

Torció un poco la boca y salió de la habitación.

Miré de reojo el desayuno que los criados habían dejado sobre la mesita. Tan sólo unos panecillos dulces y un poco de café. Me encontraba tan emocionado que no quise comer nada, porque creí que a mi estómago no le caería bien por la exaltación del momento.

Casi toda mi vida había quedado encerrada en baúles que entonces flotaban en el mar: ropa, recuerdos de infancia, cartas de mi madre y de mi hermano, libros sobre México y su historia. Bajé por las escaleras y salí al patio. El sol me deslumbró por un momento, descubrí que un grupo de personas coreaba mi nombre. Como bien había mencionado Carlota, el corregidor de Trieste hablaba de mí como un hombre bueno, trabajador y recto. Levanté el rostro para sonreír. Muy pronto sentí la mano de Carlota en mi brazo.

Ésa fue la primera ocasión en la que sentí que éramos, de verdad, la pareja imperial.

Al verme, el corregidor, un hombre larguirucho y de calvicie temprana, calló por unos instantes. Me miró con una sonrisa brutal. Luego, continuó con su cascada de alabanzas, lo cual logró que mis ojos no permanecieran secos. Muchos de los hombres y mujeres que nos rodeaban también soltaron algunas lágrimas. Recuerdo poco de las palabras de su discurso, sólo la emoción con la que la perorata salía de su boca, seguida de los aplausos que parecían interminables y una lluvia de pétalos blancos que cayó sobre nosotros.

Una niña de unos ocho años, con largos caireles rubios y un vestido rosa, se acercó a Carlota con un ramo de crisantemos. Le hizo una reverencia y volvió junto a su madre.

Había llegado el momento de partir. No había ya marcha atrás.

Fue difícil abrirnos camino entre aquella multitud que no dejaba de vitorear nuestros nombres y de desearnos felicidad. Sentí el roce de algunas de aquellas personas que deseaban tocarme por última vez.

Pronto llegamos a las escalerillas que nos habrían de llevar al lugar del embarque. Por decisión de Carlota, las habían adornado con un dosel de terciopelo rojo con hilo de oro. Carlota se apoyó en mi hombro para descender y yo la ayudé, siempre caballeroso. Ella se mantenía silenciosa, como si reflexionara largamente sobre todo lo que vivíamos. Su cuerpo no temblaba como el mío, seguramente porque se sentía segura de la aventura que íbamos a vivir. La lluvia de pétalos seguía cayendo sobre nosotros, en los hombros, a nuestros pies, como si el arcoíris se deshiciera ante nosotros.

En cuanto subimos a la fragata *Novara*, se izó la bandera mexicana para que todos los presentes la admiraran a lo lejos. Luego, tanto nuestro navío como el que nos escoltaría hicieron tronar los cañones a modo de despedida. Los fuertes de toda la ciudad respondieron con salvas de artillería. Carlota y yo saludábamos con la mano a quienes habían ido a despedirnos.

En aquel tumulto, alguien me preguntó al oído que si estábamos listos para partir. Yo asentí en silencio.

Se levaron anclas y tembló el motor mientras avanzábamos, donde más personas nos esperaban para despedirse de nosotros.

—¿Te encuentras bien, Max? —me preguntó Carlota.

Antes de responderle, miré con nostalgia el castillo de Miramar, mi joya arquitectónica, mi refugio del mundo. Me arrancaba del pasado para ver si el futuro se me antojaba un poco mejor.

Asentí lentamente.

—El futuro pinta bien, Charlotte —respondí, aunque no estaba seguro de si creía en aquello.

Se desvanecieron los árboles, las flores y los dolores que dejé encerrados en aquel palacio que alguna vez llamé hogar y al que, ahora sé muy bien, nunca habría de volver.

Me sentí mejor tras un día de navegación. Cada vez que nos acercábamos a alguno de los pueblos de la costa, Carlota llamaba mi atención.

—¡Mira, Max! Nos quieren.

Y era verdad, porque decenas de hombres y mujeres nos llamaban mientras agitaban pañuelos blancos a modo de despedida.

Algunos de los criados que nos acompañaban, y que habían de hacer el largo recorrido hasta Veracruz, no estaban acostumbrados a los viajes en barco, así que con frecuencia se encontraban mareados, para extrañeza de Carlota, quien se quejaba con frecuencia de que la comida nunca se servía a tiempo y que el té siempre llegaba tarde.

Serían cuatro semanas muy largas.

Cierro los ojos y me llegan a la mente las sensaciones de aquel momento, el crujir de la madera nueva del piso, la humedad fresca que llenaba mis pulmones, el susurro de las olas que nos acompañaban, el movimiento continuo del barco, Carlota sentada frente a su escritorio pasando las hojas de un viejo libro sobre los antiguos imperios de México; una brisa fresca nos rodeaba.

La noche del 16 al 17 de abril dimos la vuelta a la punta meridional de Italia, y ante nosotros apareció la costa napolitana. ¿Qué palabras podría usar para describir los valles fértiles, los despeñaderos, las nubes que rasgaban el cielo, o las villas en cuyos jardines crecían naranjos aromáticos. Las costas sicilianas estaban cubiertas por una bruma tan espesa que fue muy poco lo que pudimos apreciar, sólo alcanzamos a ver la cima de los montes.

—Ése es el Etna —le señalé a Carlota, quien contempló el paisaje en silencio, sin entender por qué me gustaba hablar de la naturaleza que nos rodeaba.

A mí parecer era como si me adentrara en la pintura de un paisaje y luego a otra, y otra más. El mundo parecía nuevo, único, me invitaba a albergar esperanzas de lo que vendría en México.

¡Oh, Max, resiste a la tentación de describir conventos y castillos!

Cuando nos encontrábamos con alguna embarcación austriaca nos saludaban al pasar, y yo les correspondía el gesto con una sonrisa.

En general, puedo decir que fue un viaje de relativa calma. A excepción de la noche anterior a nuestra llegada a Civitavecchia. Los cielos se tornaron negros, y rayos blancos iluminaron el cielo sin luna. El mar de terciopelo negro se arrugaba con la fuerza del viento. Pronto, la nave comenzó a moverse con fuerza, y me pareció que cada tabla, tornillo y ventana tronaban, produciendo sus propios ruidos. Carlota entró a mi habitación, en la que guardaba mis mapas de México, y me abrazó. Sentí que su cuerpo temblaba. La entendí de inmediato. Cuando yo era un joven marinero también sufrí, en el estómago, los horrores de las tormentas en el mar. Muchos de los hombres y mujeres que viajaban con nosotros sufrieron mareos, y los vi aferrarse a los muebles como si fuéramos a naufragar de repente. Pasamos una noche terrible.

No pudimos contemplar el Vesubio porque una densa niebla cubría el puerto. Carlota aprovechó para contarles a sus damas sobre cómo la ciudad de Pompeya había quedado sepultada en ceniza cuando el volcán hizo erupción, y ellas la escucharon con horror, pensando en que podía ocurrirnos lo mismo en cualquier momento.

Varias salvas de artillería tronaron en cuanto desembarcamos en el puerto de Civitavecchia. Nos recibieron el ministro francés Sartiges, el mariscal duque de Montebello y los embajadores de Austria y Bélgica. Por último, un grupo de cardenales enviados por su santidad el papa. Las demás embarcaciones ondeaban su bandera de gala. Las fanfarrias tocaron la famosa canción "Par la grâce de l'Empereur des français". La gente de la ciudad salió a saludarnos.

Lo que más nos emocionaba era que pronto estaríamos en Roma.

Dos horas después, cuando apenas nacía la noche, me encontré frente al Coliseo bañado por el tímido fulgor de la luna, lo cual disparó mi imaginación. En mi mente vi a cientos de ciudadanos romanos, con túnicas de diferentes colores, bordadas en hilos de oro, charlando entre sí al entrar al imponente edificio de piedra. También me fue posible contemplar otros edificios de aquellos tiempos remotos en los que César soñaba con la nariz de Cleopatra. Algunas de las ruinas que otrora habían maravillado al mundo, estaban cubiertas de enredaderas; y yo las examinaba para ver si me revelaban algunos de sus secretos.

Carlota, en cambio, se sentía atraída por el lujo de los edificios más recientes, como el castillo de San Ángelo o la cúpula de la basílica de San Pedro.

Nuestra breve estancia sería en el palacio Marescotti. Llegamos ahí hasta después de la una de la mañana. Las damas y criados se habían asegurado de que Carlota y yo tuviéramos nuestros baúles listos.

A la mañana siguiente, nos despertamos muy temprano. Bebí un jugo de naranja mientras uno de mis criados me ayudaba a vestirme con mi mejor traje. Carlota hacía lo propio en su habitación con un vestido de seda negra y las perlas más finas y brillantes de todo su ajuar. Nos perfumamos y rezamos nuestras oraciones. Íbamos nerviosos.

Poco antes de las ocho de la mañana llegamos a la plaza de San Pedro. Me maravillé de sus columnas simétricas y los estatuas de los apóstoles que parecían juzgarnos desde lo alto. El obelisco de origen egipcio se mostraba imponente ante nosotros. Un grupo de hombres religiosos, de todas las edades, nos recibió para llevarnos a las catacumbas donde monseñor Nardi ofició una misa. Recuerdo el velo que cubría el rostro de todas las mujeres. Ese día comulgué y recé en silencio para que nuestra aventura imperial tuviera éxito.

Al terminar, nos llevaron a una rica estancia donde nos saludaron cardenales, monseñores y guardias con los típicos atuendos rojos que me remitieron a los primeros años del Renacimiento artístico en el que prosperó el gran Miguel Ángel. Pío IX entró y tomó asiento en una gran silla forrada de terciopelo rojo. Nos bendijo a Carlota y a mí, y bebió un vino generoso que le llevaron en una pequeña copa, de la cual sorbía como si besara el cristal. El santo padre vestía de blanco. Nos ofreció su anillo para que todos lo besáramos.

Luego pidió que nos dejaran solos. Los hombres y mujeres que nos acompañaban salieron un momento junto con los guardias y cardenales.

Entonces, el rostro de Pío IX cambió, dejó atrás la dulzura y se volvió severo. Con voz ronca, se dirigió a Carlota y a mí en perfecto italiano:

—México nos es de mucho interés. Hace pocos años se le quitaron privilegios a la Santa Iglesia Católica en ese país, y una guerra cruel mandó a muchas almas piadosas e inocentes al otro mundo. Ideologías impías y liberales le han hecho daño a todos los países de América. Ahora está en sus manos, señor Maximiliano, que aquella perdida república vuelva a encontrar el camino correcto en las palabras de Nuestro Señor. Usted y nuestra querida Carlota tienen un trabajo muy importante que hacer para Dios.

Sentí la mirada de mi esposa, esperando que yo respondiera. No sabía cómo contestar sin hacerle un desaire. Después de todo, como parte de lo que había estudiado sobre México estaba la Guerra de los Tres Años, que había sufrido cuando conservadores y liberales se enfrentaron por la separación de la Iglesia y el Estado. Yo, por mi forma de pensar y mi educación religiosa sin supersticiones arcaicas, estaba de acuerdo con los liberales. Sin embargo, no podía comunicárselo así a Pío IX.

De modo que mi respuesta fue:

—Conozco el sentir de mi nueva patria y actuaré de acuerdo con los mandatos de mi conciencia.

Por un momento dudé de si el papa tomaría mi respuesta como un insulto, pero en cuanto se le curvearon los labios en una breve sonrisa entendí que mis palabras lo habían complacido.

—La corte celestial lo estará vigilando muy de cerca, señor Maximiliano. De su cuenta corre la salvación o la condenación de un país entero.

Al menos, pensé, aquello no terminó en una severa reprimenda.

Siendo que el encuentro privado fue para tratar esos temas sobre México, momentos después reanudamos nuestra visita a los terrenos papales en compañía de los cardenales, pero no de Pío IX. Contemplamos la Capilla Sixtina, los frescos de Rafael y algunas excelsas estatuas de los tiempos griegos. Aquella de Laocoonte y sus hijos fue la que más nos llamó la atención. Se nos permitió asomarnos por el balcón desde el cual el papa bendice a las personas que suelen buscarlo en la plaza de San Pedro.

Al despedirnos fuimos a uno de los palacios italianos en los cuales sostendríamos una larga comida con los reyes de Nápoles.

El clima durante nuestra estancia en Roma fue agradable. Recuerdo el aire limpio sobre las colinas azules, el sol brillante sobre nuestros hombros. Carlota y yo visitamos Santa María la Mayor, San Juan de Letrán y San Pedro en Cadenas donde contemplamos por largo rato la magnífica estatua de Moisés, esculpida por Miguel Ángel. En silencio, caminábamos por aquellos templos, ora admirando el arte religioso que nos rodeaba, ora pidiéndole a Dios que todo saliera bien.

El día 20, antes de dejar la ciudad, recibí una carta de los aposentos papales. Pío IX deseaba vernos una última vez. En esta ocasión sería él quien nos correspondería con su visita. Por supuesto, nos encargamos de que todo estuviera listo; nuestros anfitriones plancharon los manteles de blanco algodón, lustraron la cubertería de plata, los cocineros se esmeraron en preparar pastelillos. Aquello era un gran honor.

Nuestro invitado llegó antes de lo esperado, así que Carlota y yo nos encontrábamos en el primer piso de la casa, atendiendo algunos asuntos de gobierno, cuando una de las damas de Carlota vino a darnos el anuncio. De inmediato, nos preparamos y bajamos la escalera, seguidos de nuestra corte. Ahí se encontraba el pontífice. Uno a uno nos arrodillamos para besarle el anillo y él nos dio su bendición. Su visita era únicamente para recordarnos la petición que nos había hecho días atrás.

Su estancia fue breve, apenas comió algo.

Por la tarde, yo me quedé en casa mientras Carlota se fue a pasear con el resto de sus damas, dando una última vuelta a Roma.

El tren nos llevó de vuelta a Civitavecchia, donde salvas de artillería nos despedirían con respeto y solemnidad.

¡La *Novara* navegaba de nuevo a su destino!

Capítulo XLVI

BORDEAMOS LA COSTA con el agradable sopor que nos envolvía. El aire fresco permitía que Carlota y yo contempláramos las costas españolas y saludáramos a los niños que detenían sus juegos para agitar las manos. Sentí un nudo en el estómago al mirar hacia atrás, dejaba a mi familia y a mis hermanos, a mi adorado Miramar, le daba la espalda al pasado, a una parte de mí a la que siempre había querido. Y Carlota, quizás entendiendo la melancolía y la indecisión de la que era preso en aquel momento, me dio unas palmaditas en la espalda.

Entendí que yo miraba hacia atrás, mientras ella contemplaba el futuro.

El cielo se cerró cuando cruzábamos por Gibraltar, las nubes de tormenta soltaron su furia sobre la *Novara* y las fragatas que nos escoltaban. De nuevo, el vaivén provocó mareos en la tripulación. Los otros navíos se agitaban como el nuestro, las olas rompían contra nuestras embarcaciones y el viento soplaba tan frío que las damas de Carlota se echaron gruesas mantas sobre los hombros con tal de salir a ver las costas de África.

—No le encuentro la maravilla a una costa como cualquier otra —exclamó Carlota.

—Es así porque tú y yo hemos visto demasiadas costas y nos hemos acostumbrado a ellas. Tus damas no, y quizá sea la única oportunidad que tengan de ver algo así, Charlotte —murmuré.

Descendimos en Gibraltar, donde nos recibió el gobernador y el general Codrington. Carlota y yo subimos a un coche abierto en el que pudimos ver la ciudad, marcada por elementos moros y hebreos, pero inglesa en su forma ordenada de estar construida. No fue una visita muy larga, ya que descendimos de la *Novara* después del desayuno y estábamos de vuelta a la hora de la comida. Era entendible que algunos miembros de nuestra corte criticaran los detalles moros de la ciudad. Después de algunas breves visitas más, partimos hacia las islas de Madeira.

De nuevo me invadió el recuerdo de mi amada María Amelia, y me dolió el corazón como hacía años no lo hacía, lo que despertó sentimientos oscuros en Carlota. ¿Puede una persona viva sentir celos de una que ya ha perecido?

—Quieres despedirte de ella, ¿verdad, Max?

No respondí, porque no hacía falta agregar nada más. Cualquier palabra que saliera de mi boca sobraría.

—La emperatriz seré yo, ella no —respondió con voz ronca.

Y Carlota optó por ese silencio que todos los esposos recibimos alguna vez, frío, cortante. Ah, porque un silencio es capaz de expresar palabras infinitas. Sí, podría derramarse más tinta sobre lo que una persona calla que sobre las hipocresías que salen de su boca. ¿Es que acaso está prohibido que una persona se revele al mundo tal como es en realidad? Pero mi madre siempre me decía que debía guardar las apariencias ante todo, que lo que otros pensaran de mí era lo más importante, porque los gobernantes se deben a su presencia y a su imagen.

Y cuando recorrí la isla principal de Madeira, sabiendo que Carlota me esperaba en la *Novara*, pensaba en que si acaso un corazón podría escoger entre a quién recordar y a quién no. ¿Sabe quién vive o muere? Y fui hasta el altar donde alguna vez estuvo la caja mortuoria de María Amelia y, aunque se encontraba vacío, me incliné ante él como si estuviera ella. Recé por ella. Pedí por el eterno descanso de su alma, y lloré porque no era su mano la que me acompañaría a México, sino la de Carlota.

Sé que no es justo para Charlotte lo que escribo, y que no tiene la culpa de los designios de mi corazón, pero tampoco puedo ocultar que, si se me hubiera presentado la ocasión, habría escogido a María Amelia sobre Carlota, aun sabiendo que Carlota hubiera sido mejor gobernante porque…. ¿qué importa la razón cuando el hombre se gobierna con los asuntos del corazón? Y porque soy un tonto. Aun cuando los hombres miramos al pasado para analizar nuestras decisiones y reflexiones, pocos somos capaces de admitirlo. Escogemos aquello que nos emociona, no lo que nos conviene.

Qué frío y lejano me pareció Madeira entonces. Por más que deseé sentir el espíritu de María Amelia en el viento o usé la imaginación para escuchar su voz en el silencio de aquella iglesia, no vino a mí. Estaba yo abandonado por el mundo, dispuesto a convertirme en emperador de un país que apenas conocía, pero que había aprendido a querer. De haber sabido que sería la última vez que estaría en aquel lugar, me hubiera quedado más días ahí... oh, pero debíamos avanzar, hasta la meta final.

El viaje por el mar no fue fácil, el cielo plomizo nos siguió durante la larga travesía de veintiún días; el mar negro se agitaba a la menor provocación y cuando yo salía a cubierta todo lo que alcanzaba a ver era agua. No tuvimos un momento de quietud para descansar del violento vaivén de la *Novara*. Carlota era fuerte, a pesar de todo, y su estómago aguantó la agitada travesía. El mío ya estaba acostumbrado.

¿Y qué podía hacer yo en aquella nada infinita? Prepararme para lo que habría de venir. Pasaba largas horas sentado frente a mi escritorio, detallando un manual de etiqueta para la corte que habría de presidir: de cómo debían comportarse el mariscal o el maestro de ceremonias, quiénes podrían formar parte de mi corte o de la emperatriz. Por ejemplo:

Cuando el Emperador no pueda atender al servicio de la Casa Imperial, lo encargará al Gran Mariscal de la Corte y Ministro de la Casa Imperial, de quien recibirá entonces el Gran Maestro de Ceremonias las órdenes respectivas.

Comunicará las órdenes de la Emperatriz a las Damas de Palacio, previniendo a la que le toque entrar de servicio. Tendrá cuidado de entregar la cifra a las que sean nombradas, y servirá de conducto para que lleguen a conocimiento de la Emperatriz las observaciones, impedimentos o dificultades que tengan las Damas de Palacio para desempeñar su servicio, arreglándolo de acuerdo con la Emperatriz.

Tantas eran las reglas sobre cómo debían comportarse todos los miembros de la corte, en días normales, en Cuaresma, en Semana Santa, en las Pascuas navideñas, en las fiestas, durante las audiencias, etcétera... todos los días escribía para que mi mente no pensara en los horrores del movimiento que no terminaba.

Desde nuestra partida de Europa y durante varios días, el viento fue de un frío que calaba los huesos, y todos debimos abrigarnos con ropas pesadas y dormir con mantas gruesas. Al menos hasta que llegamos al trópico de Cáncer, en el que la temperatura dio un giro de ciento ochenta grados y el calor se volvió insoportable. El sopor hacía que sudáramos bajo la ropa, y que Carlota y sus damas sacaran abanicos para darse aire a todas horas.

Cuando no escribía el manual, tanto Carlota como yo practicábamos el español gracias a un sacerdote hispano de nombre Tomás Gómez que se reía de nosotros porque nuestro acento era muy curioso. Escribir y leer fue sencillo, ya que Carlota y yo hablábamos tantos idiomas que encontrábamos relación con alguno que ya conocíamos. Ah, pero hablar no era tan sencillo y debíamos corregir todas las palabras que pronunciábamos mal y repetirlas una y otra vez hasta que la forma de la boca, la posición de la lengua y la garganta nos permitieran expresarnos bien.

Viajaban con nosotros varios hombres mexicanos, entre ellos uno ya viejo que había trabajado en el Estado y que de cuando en cuando se sentaba a tomar el té con Carlota y conmigo. Lo recuerdo ahí balanceándose en la silla, acariciando su larga barba llena de canas. Sus ojos eran pequeñitos, de color negro y enmarcados por los surcos de piel gris. Hablaba como si pudiera mirar al pasado, con una nostalgia que provocaba que su voz pareciera lejanísima. Gracias a él conocí detalles de cómo se había llevado a cabo la guerra de Independencia de México, no tanto lo que yo había leído en los libros, sino cómo los mexicanos hablaban de su propio pasado. Comprendí un poco mejor aquel evento —que leí hacía muchísimos años en una carta de mamá— en el que Francia atacó el puerto de Veracruz a causa de la deuda a unos pasteleros y también la guerra intestina, más reciente, para separar a la Iglesia del Estado.

Una vez más escuché el nombre de Juárez, y comencé a tenerle simpatía. Me pareció que se trataba de un hombre cabal, serio, de convicciones férreas y de altos pensamientos, que bien le podrían servir a mi causa. Así que decidí invitarlo a mi gobierno.

—Le escribiré —dije de repente.

—¿A quién? —preguntó Carlota extrañada, pues ya se hablaba de otro personaje del imaginario mexicano.

—Le escribiré a Juárez, lo invitaré a participar en mi gobierno, necesitaremos hombres como él que nos apoyen. Si acepta, no lucharía contra nosotros.

—Pierdes el tiempo —replicó Carlota, y siguió con sus menesteres.

Pero yo sabía que mi idea tenía valor, que la única forma de sostener un imperio así era con los mejores hombres que un país pudiera darnos, y Juárez era uno de ellos.

Faltaba poco para llegar a las costas de Veracruz. A pesar del calor que nos rodeaba, el cielo era cada vez más negro y las olas se alzaban violentas. Aun así, encontré el tiempo de dejar a un lado el manual para la corte, y tomar una hoja blanca para escribir una carta en francés, que luego me ayudarían a traducir al español.

Al ciudadano Benito Juárez.

Me permito escribirle estas palabras para comunicarle mi deseo de que...

Capítulo XLVII

DESPUÉS DE UNA BREVE ESTANCIA EN MARTINICA, emprendimos el camino hacia México. El clima pasado el cabo de San Antonio* empeoró y entramos al Golfo de México. El sol pareció saludarnos por algunas horas y creí que Dios se había encargado de que nuestro recibimiento en Veracruz fuera luminoso, mas pronto me arrepentí de aquellas ideas supersticiosas, pues las nubes que presagiaban una tormenta regresaron y las olas se levantaron más furiosas que antes, de modo que algo de agua entró en el bote. Mi querida Carlota tuvo que llamar a sus damas porque sus pantuflas estaban empapadas, y algunas de sus joyas flotaban en el agua como pequeños barquitos preciosos.

Los marinos sacaron el agua, y los criados secaron la embarcación como pudieron.

Entonces, comenzaron los suspiros entre Carlota y yo, imaginando cómo sería la llegada a Veracruz. Cuando yo cerraba los ojos, imaginaba los arcos triunfales, las salvas de artillería y las multitudes agitando pañuelos blancos. Sí, ése sería el inicio de un glorioso imperio.

En el horizonte, entre la bruma y la niebla, apareció una larga línea gris que tomó forma en cosa de unos segundos. Una construcción surgió junto a nosotros. Así, a las dos de la tarde del 28 de mayo, navegábamos cerca de San Juan de Ulúa y anclamos ahí.

—Mira, Charlotte, Veracruz se rinde ante nosotros.

Y ella sonrió porque sabía que el viaje había llegado a su fin.

¿Qué sabía yo de Veracruz? Que era uno de los puertos más importantes de mi nuevo imperio, que había sido el escenario principal de aquella guerra entre México y Francia a causa de algunos pasteles

* Hoy, Cuba.

y que la fiebre amarilla estaba presente gran parte del año. La arena era gris, como si el polvo fuera grueso. A primera vista, las casas eran uniformes y algunas de ellas no tenían techo.

Una de las embarcaciones que nos escoltó desde Trieste se había adelantado para dar aviso de nuestra llegada y llevar la carta a Juárez; sin embargo, el puerto lucía desolado, apenas algo de gente. Noté que habían construido un improvisado arco en nuestro honor, pero que los fuertes vientos de Neptuno lo habían derribado, sin que persona alguna lo levantara de nuevo.

Nadie estaba preparado para recibir a los nuevos emperadores de México.

¿Qué hace uno cuando la vida lo coloca en una situación adversa? Se pone su máscara de sarcasmo para que nadie se percate de la desilusión que se lleva en el alma. Un hombre se guarda las lágrimas, da el primer paso con la espalda recta y enfrenta el dolor. Yo tenía sangre suficiente para ganar las batallas del mundo, y lo iba a demostrar. No me dejaría vencer por una tontería así.

—¿No quieres esperar un poco?— preguntó Carlota.

¿Qué iba yo a esperar? Cuanto más tiempo transcurriera, más ridículos nos íbamos a ver. Yo, con mis mejores galas, y Carlota con un blanquísimo vestido bordado y un rico chal de seda sobre los hombros. Gris era todo lo que alcanzaban a ver mis ojos y, a lo lejos, un rayo sin trueno. Me pareció que en cualquier momento caería una llovizna y quise apurar la ceremonia.

Se colocó la debida rampa para que descendiéramos al puerto y el primer rostro que vi fue el del general Almonte; detrás de él iba su comitiva. Primero hizo una extraña reverencia y luego estrechó mi mano. A continuación besó la mano de Carlota, quien no quedó impresionada por aquel gesto.

La pequeña comitiva que lo acompañaba se mantuvo en silencio.

Se escucharon las salvas desde San Juan de Ulúa y se me invitó a dar unas palabras.

Del bolsillo interior de mi saco, me hice de un papel en el cual tenía escritas algunas líneas:

—Mexicanos, ¡vosotros me habéis deseado! ¡Vuestra noble Nación, por una mayoría espontánea me ha designado para velar de hoy en adelante sobre vuestros destinos! ¡Yo me entrego con alegría a este llamamiento! Por muy penoso que me haya sido decir adiós para siempre a mi país natal y a los míos, lo he hecho ya persuadido de que el Todopoderoso me ha señalado por medio de vosotros la noble misión de consagrar toda mi fuerza y corazón a un Pueblo, que fatigado de combates y luchas desastrosas, desea sinceramente la Paz y el bienestar; a un Pueblo que habiendo asegurado gloriosamente su independencia, quiere ahora gozar de los frutos de la civilización y del verdadero Progreso.

Y seguí con unas largas palabras que había preparado, pero que, por lo visto, causaron poca impresión entre los presentes. Uno de los últimos párrafos era mi favorito.

—¡Mexicanos! El porvenir de nuestro bello país está en vuestras manos. En cuanto a mí, os ofrezco una voluntad sincera, lealtad y una firme intención para respetar vuestras leyes, y hacerlas respetar con una autoridad invariable.

Entonces, el general Almonte se volvió hacia su comitiva y le hizo una seña para que comenzaran los vítores y gritos. Pocas veces en mi vida he visto tales muestras de zalamería y de aplausos sin intención. Sentí una repugnancia tal que Carlota se inclinó hacia mí y dijo:

—Max, tus facciones —y comprendí que seguramente se me retorcía la boca en una mueca de asco.

Avanzamos por el puerto hasta una de las plazas más importantes en la cual habían construido una tarima de madera. El aire era cada vez más fuerte, cargado de sal y humedad, aullaba cuando pasaba entre las casas. Cuando subimos entre aplausos que causaban lástima, forzamos una sonrisa y escuchamos un discurso tras otro, alusivos a nuestra llegada. Fue una ceremonia tan larga y soporífera que vimos, con tristeza, que algunas de las personas abandonaban la plaza, y la luz se fue del cielo. Al final, nos entregaron un estuche cubierto de terciopelo negro. Cuando lo abrí, vi dos llaves plateadas. ¡Nos habían entregado las llaves de la ciudad!

Un rayo cruzó el cielo, al tiempo que terminaban la ceremonia con fuegos artificiales rojos y azules que inundaron el cielo.

—Será mejor partir en caso de que llueva —me susurró Carlota al oído y estuve de acuerdo.

Le dije a Almonte que lo más sensato sería que detuviéramos el evento y él, arrugando la nariz para mostrar su desaprobación, aceptó. Les dio las gracias a todos los presentes y los despidió. El viento bajaba la temperatura.

Al descender de la tarima, Almonte nos dijo que nos habían preparado un cuarto en la ciudad, donde podríamos descansar. Y nada me hubiera dado más placer, ya que sufría de la ilusión de que el piso se movía como si nos encontráramos en el mar, el cual es un mal común entre los marineros. Carlota se encontraba igual, aunque no se lo pregunté. Me percaté por cómo se sostenía de las paredes o de sus damas cuando caminaba.

—Será un honor —respondí.

Sin embargo, Carlota me detuvo del hombro y me susurró al oído:

—Recuerda que el puerto es conocido por su fiebre amarilla.

Ante lo cual, tuve que volverme hacia el capitán Almonte, excusarme con una de las sonrisas más falsas que mis labios han producido y exclamar:

—Lo siento mucho, no nos sentimos bien después de este viaje. Lo mejor será volver a la fragata y pasar ahí la noche.

Almonte, decepcionado, asintió; pero insistió en acompañarnos en nuestro regreso. Ahí vimos, de nuevo, el arco triunfal en el piso, el pedazo de basura que no fue capaz de recibirnos. No pude evitar sentir un pesar en el estómago, como si fuera un mal augurio. ¿Podría nuestro imperio ser más fuerte que esto?

Esa noche, mientras me encontraba solo en la cama, entendí que mucho de lo que sentía era un desencanto total. Quizá la falta de multitudes era una comprobación de que yo había tenido la razón de mi lado al mostrarme reservado a los votos que pedían mi llegada.

Al menos Carlota, intuyendo mis pensamientos, empezó el desayuno diciéndome:

—Espera a que lleguemos a la Ciudad de México y verás que los mexicanos sí te quieren. En algo tiene razón tu madre, un Habsburgo como tú puede hacer que este país progrese.

Y tengo que aceptar que comencé a odiar que repitieran tanto mi apellido, como si yo no pudiera separarme de mi familia, como si no fuera una persona independiente de mi madre o de mis hermanos. Había sido educado para gobernar, y lo haría de la mejor manera, sin recibir consejos de mi propia sangre.

Cambiaría el rumbo de México para mi satisfacción personal.

La verdad es que hicimos bien en descansar en la *Novara*, ya que también faltaban soldados para protegernos. Despertamos a las cuatro de la mañana y acudimos a misa una hora después. Descendimos de la *Novara* y esperamos, pues estaba pactado que damas mexicanas se unieran a la corte, de forma que aquellas jóvenes que Carlota traía consigo volvieran a casa. Sin embargo, ellas nunca llegaron. Yo no podía dejar de contar los errores y fallas que continuamente se acumulaban.

En un coche abierto nos llevaron a lo que ellos llamaban "estación". ¡Por Dios! Si no era más que una casa pequeña con vigas de madera, un cuarto improvisado desde donde salía el tren. La humedad crecía, y yo sudaba debajo del traje.

Antes de abordar el tren, Almonte se me acercó con un general de largos bigotes y barba pequeña debajo del labio:

—François-Achille Bazaine, general de división —se presentó en francés—. Me encargaré de llevarlos a la Ciudad de México, sus majestades.

—Muy bien, cumpla con su trabajo —respondí.

Nos reconoció a Carlota y a mí con un saludo militar y se mantuvo junto al tren mientras abordábamos. El coche que nos esperaba no era lujoso, el relleno de los asientos era paja. Supe, al sentarme, que no sería un viaje agradable, pero a Carlota le brillaron los ojos al asomarse por la ventana. Las vías eran nuevas, tendidas por los franceses para nuestra llegada.

En cuanto di la orden, el tren comenzó a moverse, de tal suerte que anduvimos por caminos en donde no vimos más que naturaleza en su máxima dualidad: por un lado, pantanos y lugares desiertos en los que apenas era posible encontrar algún arbusto verde en la tierra roja o amarilla; y, por el otro, grandes montañas y volcanes tan diferentes a los que conocía del continente europeo.

Cuando llegamos a La Soledad, descendimos del vagón al ritmo de una orquesta improvisada que tocaba en nuestro honor. Carlota sonreía, pero a mí me dejó un mal sabor de boca. El desayuno, sin embargo, fue abundante, guisos de todo tipo, pescados y mariscos asados, frutas que yo no conocía, infusiones de café, todo acompañado de discursos a nuestra llegada. A mi madre no le hubiera gustado perder el tiempo de esa forma.

Pasaron horas antes de que pudiéramos movernos de ahí. Casi tres horas duró aquel desayuno. Y Almonte, quien se había dado cuenta de nuestro rostro de cansancio, nos advirtió que así eran las comidas en México, llenas de música, de historias, de comida hasta la saciedad y de sobremesas tan largas que podían durar horas.

—Como si su vida estuviera llena de nada —reflexionó Carlota por un momento.

Y a partir de aquel día comenzó a obsesionarse con la idea de la nada mexicana, que al mismo tiempo la obsesionaba y desesperaba. Sobre todo porque aquel día no volvimos al tren hasta pasado el mediodía. Yo quería alejarme lo más pronto posible del puerto para evitar la fiebre amarilla.

El viaje duró una hora más para que llegáramos a Loma Alta, ya que ahí terminaban los ferrocarriles mexicanos. Me sorprendió que un país tan grande tuviera tan poca modernidad. Sabía que era debido a las guerras intestinas e intervenciones extranjeras, pero nunca creí que la situación fuera tan desesperada.

Bajamos del tren y subimos al coupé inglés que habían dispuesto para nosotros. Lo cierto era que los caminos a la capital estaban en peores condiciones, llenos de lodo y de insectos de todos colores (lo mismo mariposas que mosquitos), inundados de olores que no siempre eran agradables. Por eso decidimos hacer viajes cortos que nos permitieran conocer diferentes poblaciones, mientras que los carros con los quinientos bultos que llevábamos con nosotros se adelantaron.

Una vez más, contemplamos la desolación que causaron los problemas políticos en México, y Carlota y yo tomamos nota de todo lo que debíamos arreglar.

A mitad del verano recibí la respuesta de Benito Juárez.

Usted me ha dirigido una carta confidencial fechada el 2 del presente desde la fragata Novara. La cortesía me obliga a darle una respuesta, aunque no me haya sido posible meditarla, pues como usted comprenderá, el delicado e importante cargo de presidente de la República absorbe todo mi tiempo sin descansar ni aun por las noches.

El filibusterismo francés ha puesto en peligro nuestra nacionalidad y yo, que por mis principios y mis juramentos he sido llamado a sostener la integridad de la nación, su soberanía e independencia, he tenido que multiplicar mis esfuerzos, para responder al sagrado depósito que la nación, en ejercicio de sus facultades soberanas, me ha confiado. Sin embargo, me he propuesto contestar aunque sea brevemente los puntos más importantes de su misiva.

Usted me dice que "abandonando la sucesión de un trono en Europa, su familia, sus amigos y sus propiedades y lo que es más querido para un hombre, la patria, usted y su esposa doña Carlota han venido a estas lejanas y desconocidas tierras obedeciendo solamente al llamado espontáneo de la nación, que cifra en usted la felicidad de su futuro". Realmente admiro su generosidad, pero por otra parte me ha sorprendido grandemente encontrar en su carta la frase "llamado espontáneo", pues ya había visto antes que cuando los traidores de mi país se presentaron por su cuenta en Miramar a ofrecer a usted la corona de México, con las adhesiones de nueve o diez pueblos de la nación, usted vio en todo esto una ridícula farsa indigna de que un hombre honesto y honrado la tomara en cuenta. En respuesta a esta absurda petición, contestó usted pidiendo la expresión libre de la voluntad nacional por medio de un sufragio universal. Esto era imposible, pero era la respuesta de un hombre honorable.

Ahora cuán grande es mi asombro al verlo llegar al territorio mexicano sin que ninguna de las condiciones demandadas hayan sido cumplidas y aceptar la misma farsa de los traidores, adoptar su lenguaje, condecorar y tomar a su servicio a bandidos como Márquez y Herrán y rodear a su persona de esta peligrosa clase de la sociedad mexicana. Francamente hablando me siento muy decepcionado, pues creí y esperé que usted fuera una de esas organizaciones puras que la ambición no puede corromper.

Usted me invita cordialmente a la Ciudad de México, a donde usted se dirige, para que tengamos una conferencia junto con otros jefes mexicanos que se encuentran actualmente en armas, prometiéndonos todas las fuerzas necesarias para que nos escolten en nuestro viaje, empeñando su palabra de honor, su fe pública y su honor, como garantía de nuestra seguridad.

Me es imposible, señor, acudir a este llamado. Mis ocupaciones oficiales no me lo permitirán. Pero si, en el ejercicio de mis funciones públicas, pudiera yo aceptar semejante invitación, no sería suficiente garantía la fe pública, la palabra y el honor de un agente de Napoleón, de un hombre cuya seguridad se encuentra en las manos de los traidores y de un hombre que representa, en este momento, la causa de uno de los signatarios del Tratado de la Soledad. Aquí, en América, sabemos demasiado bien el valor que tiene esa fe pública, esa palabra y ese honor, tanto como sabe el pueblo francés lo que valen los juramentos y las promesas de Napoleón.

Me dice usted que no duda que de esta conferencia —en caso de que yo la aceptara— resultará la paz y la felicidad de la nación mexicana y que el futuro imperio me reservará un puesto distinguido y que se contará con el auxilio de mi talento y de mi patriotismo.

Ciertamente, señor, la historia de nuestros tiempos registra el nombre de grandes traidores que han violado sus juramentos, su palabra y sus promesas; han traicionado a su propio partido, a sus principios, a sus antecedentes y a todo lo que es más sagrado para un hombre de honor y, en todos estos casos, el traidor ha sido guiado por una vil ambición de poder y por el miserable deseo de satisfacer sus propias pasiones y aun sus propios vicios, pero el encargado actual de la presidencia de la República salió de las masas oscuras del pueblo, sucumbirá, si es éste el deseo de la Providencia, cumpliendo su deber hasta el final, correspondiendo a la esperanza de la nación que preside y satisfaciendo los dictados de su propia conciencia.

Tengo que concluir por falta de tiempo, pero agregaré una última observación. Es dado al hombre, algunas veces, atacar los derechos de los otros, apoderarse de sus bienes, amenazar la vida de los que defienden su nacionalidad, hacer que las más altas virtudes parezcan crímenes y a sus propios vicios darles el lustre de la verdadera virtud.

Pero existe una cosa que no puede alcanzar ni la falsedad ni la perfidia y que es la tremenda sentencia de la historia. Ella nos juzgará.

Capítulo XLVIII

CONFORME NOS ACERCAMOS A LA CAPITAL, perdí la sensación de asco y desilusión. Fui testigo de los diferentes arcos triunfales que colocaron por el camino y de los homenajes que nos rindieron. Si tuviera alguna crítica a ellos es que quizá fueron demasiados, pero Almonte quería hacernos saber que Carlota y yo éramos bienvenidos en tierras mexicanas.

Yo quería apurar el camino, y las celebraciones no me lo permitían.

Entendí que la naturaleza cálida del mexicano es muy diferente a la personalidad fría de los austriacos. Cada vez que llegábamos a algún pueblo, el cochero saludaba a todos y se aseguraba de conocer a quienes nos recibían. Carlota y yo, mientras tanto, nos enamoramos del Pico de Orizaba y de las diferentes montañas que descubrimos en el camino.

—¿Qué decía la carta de Juárez? —me preguntó ella.

Se la di para que la leyera, pero como se mareaba al leer en aquellos caminos tan rocosos, mejor se la expliqué lo mejor que pude.

—Ay, Max, eres demasiado ingenuo, eso te lo pude haber dicho desde el principio. Él era el presidente hasta que tú llegaste, lo último que él buscaría sería una alianza contigo. A él no podemos convencerlo, pero al resto de los mexicanos sí. Un Habsburgo con tus estudios y tu experiencia pueden convertir este país en algo más. Construir caminos, por ejemplo, para que no tengamos que volver a andar en esta terracería.

—Te construiré los que quieras Charlotte, y uno de ellos, el más grande todos, estará dedicado a ti.

Ya estaba acostumbrado a su sonrisa espontánea.

Después de pasar por Orizaba, el general Bazaine me informó que un guerrillero de nombre Porfirio Díaz se encontraba en una hacienda cercana con veinte hombres y temía que pudieran emboscarnos en cualquier momento. Más nos valdría que no nos dijeran nada, porque durante el resto del día anduvimos con dolor de estómago pensando en que estábamos en peligro.

Por fortuna, aquello no sucedió. Anoté el nombre de Porfirio Díaz en un cuadernillo que llevaba conmigo. Había pensado en que necesitaríamos también generales mexicanos para mantener nuestro imperio, y que alguien como él podría servirnos.

Una vez más Carlota giró los ojos:

—Recibirás la misma respuesta que te mandó Juárez. Estos hombres son tercos, y no estarán de nuestro lado, aunque sepan que es lo que más les conviene.

Pero yo quería intentarlo, porque...

—La esperanza es lo último que se pierde —le dije al recordar la leyenda de la caja de Pandora.

—No, Max, en política lo último que se pierde es la imagen y, en la guerra, es la vida. Y tú puedes perder ambas si das un paso en falso. La esperanza es alimento para el pueblo, y veneno para quienes gobiernan.

Ella era más práctica para las cuestiones políticas, siempre lo supe.

No discutimos más el asunto porque, conforme nos acercábamos a Puebla de los Ángeles, contemplamos la destrucción de la batalla y el sitio de los últimos meses. Me causó profunda tristeza que tantos edificios, bellas iglesias y campos hayan quedado completamente destruidos.

En la guerra, lo primero que se destruye es el arte, y es en lo que poco se piensa.

—Habrá que reconstruir esta ciudad también —agregó Carlota, quien llevaba una lista de todo lo que tendríamos que hacer en cuanto tomáramos el poder.

Sin embargo, había edificios que aún estaban de pie, de arquitectura rica que me apasionó ver, retablos de oro que aún se dejaban contemplar, arte de cuando esas tierras pertenecían al imperio español. Ahí tuvimos nuestra primera gran fiesta, entramos a un gran edificio y subimos por la escalera hasta el salón donde señores y señoras de todas las edades nos recibieron con aplausos. Querían tocarnos, saber de nuestra vida en Europa, de nuestros planes en México. Sabía que la mayoría de ellos eran muy religiosos, porque llevaban cruces de oro y plata al cuello, las paredes estaban cubiertas de pinturas en marcos de oro con referencias bíblicas.

El salón era alto y espacioso, las ventanas iban desde el piso hasta casi llegar al techo. Era un estilo muy diferente al que teníamos en Viena.

Carlota y yo no nos separamos, sino que caminamos hacia uno de los balcones para alejarnos un poco de la multitud. Frente a nosotros encontramos un patio lleno de naranjos, del cual emanaba un olor dulce. Pero no podíamos quedarnos ahí por mucho tiempo, ya que nosotros éramos los invitados de honor.

Nos llevaron a un comedor, en donde sólo pudieron sentarse algunos de aquellos señores, y parte de la corte que llevaba Carlota tuvo que bajar a las cocinas para tomar un refrigerio. Estaba yo muy cansado de tantos días de viaje, así que no recuerdo qué nos sirvieron. Recuerdo algo de pan y algunas viandas. Rechacé el vino. Carlota me dijo, después, que estaba algo viejo, casi a punto de avinagrarse.

Aprovechando el cansancio, nos despedimos de ellos y nos llevaron a la casona donde habríamos de descansar. Almonte les explicó a los dueños de la casa que Carlota y yo no dormíamos en el mismo cuarto. Se miraron con los ojos bien abiertos y no hicieron más preguntas. Tenían dos cuartos separados para nosotros.

Fue agradable dormir en una buena cama, pero yo deseaba llegar al palacio que nos habían prometido en la Ciudad de México. Después de todo, no había tenido estabilidad desde que partimos de Miramar.

A la mañana siguiente, Almonte nos llevó a visitar el fuerte de Guadalupe. Lo primero que me llamó la atención fue la diferencia en el clima. Mientras que en el puerto de Veracruz el calor húmedo era la norma, en Puebla encontré un clima templado, seco y, a pesar del verano, con un aire fresco.

Desde el fuerte, Almonte nos relató con detalle lo que había sucedido en la batalla del 5 de mayo de 1862, en la cual el ejército mexicano había vencido al ejército francés. Sin embargo, ahí estábamos, Carlota y yo, contemplado el campo en el que alguna vez hubo soldados muertos. ¿Valió la pena? El imperio seguía adelante, y no habría forma de detenerlo.

Almonte nos describió la batalla y le prestamos suma atención. Ignacio Zaragoza, quien estuvo a cargo de esa batalla, había muerto hacía meses. El otro general que había destacado era un hombre de nombre Porfirio Díaz. ¡Otra vez Díaz! Carlota me echó una mirada de reproche, porque sabía que yo pensaba en escribirle al tal Díaz para invitarlo a mi imperio. Ella pensaba que era una pérdida de tiempo, y yo me decía: "¿Y si no lo es, Max? ¿Y si la esperanza pudiera convertirse en algo más?".

Mientras yo miraba hacia abajo, al campo que se abría ante nosotros, Carlota lo hacía hacia arriba, estupefacta por el Popocatépetl y el Iztaccíhuatl y el resto de las montañas que nos rodeaban. Tenían una belleza singular. El color del cielo también parecía distinto, con una mezcla del azul de Viena y el blanco de Bruselas. Diferente, único, de nubes blancas esponjosas.

Con tal clima tan agradable, dimos otra vuelta por Puebla para ver el arte de las iglesias. Y Almonte no nos dejó a solas. Por más que Carlota y yo lo ignorábamos, él se quedó a nuestro lado. Noté que su admiración y su devoción hacia nosotros eran enfermizas. Carlota ni siquiera lo miraba o le dirigía palabra alguna, así que le ordenamos que nos llevara a la Ciudad de México lo antes posible. Ya habría tiempo de visitar, con más calma, la ciudad de Puebla y ayudar a su reconstrucción.

Tres días solamente estuvimos en Puebla, y subimos a nuestro carruaje para ir a la capital. Fuimos por el Camino Real a Cholula. Por supuesto, hubo más discursos y niñas con flores. Con tantos regalos, Carlota me dijo, en voz baja, que se sentía como una ninfa ahogada en su propio poder.

Yo había leído sobre Cholula en tiempos de la Conquista, de los ciento sesenta mil habitantes que entonces custodiaban el templo, el fuego sagrado que se elevaba para los dioses y los sacrificios a la serpiente de piedra que lleva el nombre de Quetzalcóatl. Mientras los largos discursos llenaban toda una tarde, yo imaginaba los templos de piedra, los dioses empapados en sangre, las emocionantes batallas que se libraron en el mismo espacio que nosotros ocupábamos.

Después nos llevaron a la pirámide sobre la cual se construyó una iglesia. Nos dijeron que tenía cincuenta y cuatro metros de alto. Así, tal como ésa, me imaginaba la ciudad completa. Cuando Almonte, o alguno de los hombres de la ciudad, nos contaba historias similares, Carlota apretaba los labios. Creo que no estaba de acuerdo con el pasado salvaje de nuestro nuevo país, aunque siempre sintió una empatía intensa con los indígenas del presente y un respeto por su pasado.

Cuando terminó el evento y nos dirigíamos a los cuartos en los cuales habríamos de cenar y pasar la noche, Almonte me detuvo.

—Su excelencia, permítame presentarle a uno de los generales más capaces de este nuevo imperio.

Carlota dio un paso para colocarse a mi lado, puesto que siempre debíamos estar así, como iguales, hombre y mujer con el poder de gobernar un país.

—¿De quién se trata? —pregunté.

Uno de los soldados, del cual no me había percatado, estaba de espaldas a nosotros y se volvió en cuanto escuchó su nombre.

—Tomás Mejía.

Mejía llegó a mí dando dos pasos largos. Era joven, de piel oscura y tenía su pelo negro peinado con una raya al lado. Su porte militar era innegable y su forma de hablar muy fluida.

Me hizo una reverencia con la cabeza antes de que me estrechara la mano.

—Mucho gusto, su excelencia. Puebla ya es nuestro y lo protegeremos de cualquier persona que desee hacerle daño al imperio mexicano.

Se lo agradecí, Carlota me imitó. Seguimos caminando hacia los cuartos que habían preparado para nosotros, sin imaginar cómo el hombre que acababa de conocer iba a ser tan importante para mi historia.

Capítulo XLIX

Como si se tratara de un espejismo o un acto de magia sutil, de aquellos que solamente se muestran en los cuentos de los días ya idos, apareció la Ciudad de México, abrazada por montes y montañas forrados de fina escarlata. Una niebla quieta flotaba sobre ella, como bruma estática; no eran nubes comunes o humo vivo. Los ríos daban vida a la ciudad, y en ellos transitaban lo mismo las flores más coloridas que jamás haya visto el arcoíris que frutas y verduras de todos los tamaños que sólo la imaginación puede crear.

Por un momento recordé la Venecia de mi infancia, y no pude evitar sonreír.

—¡Mira, Charlotte! —le dije.

Porque uno debe siempre interesarse por aquello que lo hace sonreír, que le arranca suspiros o que le demuestra que la sensación de asombro no termina con la niñez.

—¡Mira! —insistí, y ella me obedeció. Se asomó por mi ventana del carruaje y, silenciosa, contempló todo lo que se aparecía ante nosotros.

Entendí, en ese momento, por qué Hernán Cortes se enamoró de aquel rincón del mundo. Yo sabía que la Ciudad de México se había construido sobre las ruinas de Tenochtitlan, pero ese día comprendí que no se había perdido el mundo mexica por completo. Ahí estaba, vivo, lleno de misticismo, moderno y antiguo al mismo tiempo, esperándonos.

Mi nuevo imperio habría de construirse sobre el antiguo, pensé, y tendrá la misma gloria para que dure por siglos.

Conforme nos acercamos nos fue posible ver el espejo de agua en el lago de Texcoco, limpia y pura, los canales de desagüe, la vida que en ella vivía.

—Sublime —finalmente exclamó Carlota en perfecto francés.

Porque no importaba cuántas descripciones hubiéramos leído o contemplado de la ciudad, no podían compararse con aquella vista tan maravillosa. Era más grande que muchas de las ciudades europeas que yo había visitado en mi juventud. Y en algo se parecía México a ellas, por su pasado español, pero al mismo tiempo era diferente, con su propia identidad.

Llegó el momento de nuestra entrada. Habría de ser triunfal, sin par alguno, para que todos se acordaran.

Nunca olvidaré la fecha: 12 de junio de 1864.

Para hacerlo, llegamos primero al templo de Nuestra Señora de Guadalupe, donde ya nos esperaban importantes personajes de la capital para darnos la bienvenida. Entre vítores, descendimos del carruaje y caminamos por la plaza. La iglesia era de piedra, con finas imágenes talladas en la entrada. Cruzamos por el portón principal y sentimos el frío de su interior. Si bien mi intención era ofrecer una oración por el bienestar del imperio, no podía dejar de contemplar los candiles y cúpulas, el brillo de los altares, la maestría de las pinturas que colgaban en las paredes, los santos que nos rodeaban.

En el altar mayor se encontraba la tilma del milagro, aquélla en la que, según la tradición mexicana, se le apareció la Santísima Virgen a un indígena de nombre Juan Diego.

—Es la más bella de las pinturas —exclamó Carlota a mi oído—, tuvo que haberla pintado un ángel.

La tilma era la de una joven morena, con un manto estrellado sobre el rostro y las manos en señal de oración. Así que nosotros hicimos lo mismo, nos pusimos de rodillas y, por un tiempo, rezamos, mientras mi corte y la de Carlota, junto con Amonte y el resto de los invitados, nos miraban como si no fuéramos humanos, como si hubiera algo digno de contemplar al vernos.

¡Caray! ¿No podían darnos un poco de privacidad? Me sentía desnudo en público de tanto que nos miraban, y no les podía ordenar que me dejaran solo porque sería una actitud grosera hacia ellos.

Nos persignamos y salimos a la plaza. Fue tan sólo una visita rápida al lejano pueblo del Tepeyac, antes de entrar bien a la Ciudad de México.

Al avanzar en el coche negro nos acercamos al bosque de Chapultepec donde vimos por primera vez esos árboles que los mexicanos llaman ahuehuetes y que están ahí desde mucho antes de que Moctezuma fuera emperador. Aunque no la pude ver en el momento, había una construcción en el cerro del chapulín donde tendríamos nuestro castillo.

Ah, pero lo mejor estaba por venir. Cambiamos el coche por uno abierto para contemplar mejor lo que iba a suceder en nuestra entrada triunfal.

Conforme nos acercamos a la calle de Plateros, nos percatamos de las guirnaldas que colgaban de cada uno de los balcones en las casas, donde conté a cientos de niños aplaudiendo y coreando nuestros nombres. Desde la entrada a la ciudad y a lo largo de todo nuestro recorrido nos dimos cuenta de todos los arcos triunfales que habían levantado. ¡Qué diferencia al recibimiento en Veracruz!

Era un día de fiesta por lo visto, ya que los hombres llevaban sus mejores trajes negros y las mujeres vestían de negro y llevaban peinetas y mantillas españolas. Las escoltas de soldados que marchaban delante de nosotros y a la retaguardia eran magníficas. Los que iban a caballo cabalgaban con maestría.

No pude evitar sonreír, mientras Carlota hacía lo mismo. El constante coro de nuestros nombres y de cómo los pronunciaban nos emocionó grandemente. Ah, si Francisco José y mi madre pudieran vernos ahora seguramente tendrían otra opinión sobre nosotros.

Una lluvia de pétalos y papelitos verdes, blancos y rojos cayeron sobre nosotros.

A mi derecha cabalgaba el general Bazaine y a mi izquierda, mi querido amigo Carlos. Desde que me advirtió que se adelantaría a la Ciudad de México, ayudó a preparar aquel magno evento.

Pronto me di cuenta de que desde las ventanas también tiraban pliegos envueltos en papel rojo.

—¿Qué serán? —le pregunté a Carlota con la voz tan alta como pude para que me escuchara.

Fue Carlos quien me respondió:

—Son poemas que han escrito en honor de los nuevos emperadores. Toda la ciudad estaba ansiosa de su llegada.

¡Poemas en mi honor! ¡Marchas! Pareciera como si Dios me sonriera en ese momento y me dijera: No te preocupes, todo estará bien a partir de ahora, yo estaré a tu lado. Era nuestro nuevo pueblo que nos recibía con los brazos abiertos para que juntos renaciéramos, sanáramos de nuestras heridas. Yo podía hacer mucho por ellos, y ellos por mí.

Era una procesión alegre, musical, más grande de lo que yo hubiera pensado. Luego supimos, por las descripciones, que detrás de nosotros venía un carro pequeño forrado con hermoso papel dorado, en el cual viajaban tres niños disfrazados de ángeles. Más atrás, también custodiado por una escolta reducida, otro carro diminuto llevaba dos cuadros de tamaño natural, uno mío y otro de Carlota. Eran copias de unos que nos habían pintado en Trieste, pero eran suficientes para causar el asombro entre la muchedumbre que nos acompañaba.

Me causó extrañeza la cantidad de hombres y mujeres que se persignaban con sólo vernos pasar, como si fuéramos una especie de santos. Tal vez eso esperaban de nosotros, algún tipo de salvación en su historia caótica y revuelta.

Aquella calle larga nos llevó hasta una plaza casi cuadrada, mucho más grande de lo que yo me hubiera imaginado. Era como un sueño que se abría ante nosotros, palacios nos contemplaban, la historia de mi nuevo pueblo de la que ya formaba parte y... ¡qué deliciosa catedral tenía ante mis ojos! Porque en mis viajes por Europa no me había sido posible contemplar un edificio como aquél, en arte y en tamaño. Era un portento que parecía venir de los mismos ángeles.

Avanzamos por la gran plaza hasta detenernos en la carpa que se levantaba frente a la catedral. Cómo me hubiera gustado entrar, aunque fuera por un momento, para contemplar sus maravillas y secretos, pero no nos fue posible, porque nos esperaban un coro y el arzobispo para bendecirnos.

Descendimos del coche ante los gritos de todos los presentes. Yo lo hice primero y siguió Carlota, ayudada por Carlos de Bombelles. Ahí, frente a todos los que nos acompañaban, escuché el *Te Deum* más dulce que jamás se haya adentrado en mi espíritu.

Aunque me mantuve callado y en actitud solemne, dentro de mí tenía ganas de cantar con el coro de jóvenes, de bailar, de mostrarles a los presentes la energía que llevaba por dentro, como si mi corazón no estuviera hecho de latidos, sino de rayos y truenos, de una tormenta que deseaba mostrarse al mundo de una y mil formas.

Mi mente se posó en cada uno de los balcones de la plaza. Ni en los mejores momentos como virrey recibí tal acogida de alegría, ni tantas personas habían coreado nuestros nombres. Y Carlota, seria como su cargo lo exigía, levantó la cabeza con orgullo y apretó los labios para que todos la miraran. De un momento a otro extendió su mano para tomar la mía. Ni siquiera en ese momento la sentí temblar. Ella era, ante todo, una mujer de Estado que sabía cómo comportarse en cualquier circunstancia.

Cuando terminaron de tocar el *Te Deum*, la improvisada orquesta interpretó esa canción que me había enamorado desde la primera vez que la escuché en alguna de las islas, y que se repitió a lo lejos en mi trayecto a la Ciudad de México. ¿Su nombre? "La paloma".

Cuando llegó el coro de la canción, tuve que apretar muy bien mis labios para no cantar:

> Si a tu ventana llega una paloma
> trátala con cariño, que es mi persona.
> Cuéntale tus amores, bien de mi vida.
> Corónala de flores, que es cosa mía.
> ¡Ay, Chinita que sí! ¡Ay, que dame tu amor!
> ¡Ay, que vente conmigo, Chinita,
> a donde vivo yo.

La plaza se cubría de gloria, y era nuestra. Esos padrenuestros que siguieron eran por nosotros, y estoy seguro de que se elevaron hasta el cielo azul. Me habría gustado no ser Max, sino una golondrina que planeara entre las nubes para contemplar el desfile. Entonces, no hubiera sido yo el protagonista, sino el más humilde de sus espectadores. Quizás así podría darme cuenta de que algunas de las guirnaldas estaban hechas con materiales muy sencillos y que la pintura de los edificios no era muy buena.

Pero ¿qué importa eso? No podría yo convertirme en un ave, como tampoco podrían los enemigos del imperio volver a la capital. El nuevo orden de las cosas era éste, y yo planeaba disfrutarlo al máximo.

Sin embargo, sentí el cansancio en los huesos. La energía abandonaba mi cuerpo. Habían pasado horas desde la vista del primer arco triunfal, pero el avance por la calle de Plateros había sido lento, y la emoción hizo que el tiempo se me escapara de las manos, como cuando uno toma arena de la playa y se escapa entre los dedos.

La juntura de los edificios se entintó de naranja, como si el gris se manchara con la yema de un huevo, y de ahí se pasó al borde de las nubes. El atardecer llegaba implacable y una brisa fresca voló los adornos que se encontraban por toda la plaza. Bajé la mirada, el piso estaba cubierto de pétalos de flores y tapetes tejidos que iban de la carpa de la catedral hasta la entrada del palacio.

Antes, su nombre había sido Palacio Nacional, pero yo preferí darle un nombre más glorioso: Palacio Imperial.

Al caminar hacia él, cubierto de aplausos, lo contemplé. Era innegable que se había construido durante el tiempo en que España gobernaba esas tierras, y era magnífico, extenso, lleno de ventanas y balcones. Una planta baja y un primer piso, nada más, pero serían suficientes para tener ahí mis oficinas de gobierno y era ideal para que pasáramos nuestras primeras noches hasta que el castillo del cerro del chapulín estuviera listo para ser habitado.

Muchos oficiales de nuestro ejército estaban ahí, creando ese pasillo hacia la entrada del palacio, algunos aplaudían y otros tantos sonreían. Uno de estos últimos, como luego descubrí, era un joven llamado Miguel Miramón, quien fue el presidente más joven que había tenido México. Iba de la mano de una mujer joven, morena, de pelo negro.

Cuando entramos al palacio, encontramos más nobles y hombres importantes de toda la ciudad que deseaban felicitarnos por el cargo que habíamos aceptado. Carlota y yo nos mantuvimos juntos, con el porte imperial, a pesar del dolor en los huesos, el cansancio y el sudor. Cada pareja se presentó con una reverencia; nos decían que salvaríamos a la patria y que estaban ansiosos por la convocatoria para formar parte de nuestra corte. Entonces di algunas palabras, que ahora no recuerdo, les agradecí a todos y partieron.

De ahí, nos adentramos en el primer patio. Los hombres que nos esperaban eran menos, lo cual me permitió suspirar con alivio. Carlota hizo lo mismo, hasta se le escapó una risa:

—¡Lo hicimos, Charlotte! —exclamé en francés.

—Pensé que nunca terminaría la entrada —me respondió ella.

De verdad habían transcurrido horas, y nuestros cuerpos estaban cansados. Nos dolían las articulaciones de las rodillas, el espíritu, el cuerpo entero. Estábamos agotados, como si la ceremonia hubiera durado días. Y es que este tipo de reuniones, si bien son gratas, te arrebatan algo de vida, y uno termina cansado como si practicara calistenia por horas.

Fatigosa es la imagen pública, el servicio, el ofrecerse a los demás, pues los aplausos causan alegría y, por otro lado, se roban cualquier tipo de energía. Ah, pero al fin podríamos descansar.

Mi querido amigo Carlos me dijo:

—Max, lo lamento, no tuvimos tiempo de preparar unos cuartos para ti; las comitivas estuvieron ocupadas en otros menesteres, pero hay unas habitaciones en el primer piso que hemos improvisado. Dos camas a las que hemos puesto encima algunas mantas para que pasen la primera noche, pero mañana nos encargaremos de lo demás. Ahora te enseñarán las habitaciones, yo saldré por la puerta de atrás para no encontrarme con la multitud y no dar más molestias.

Nos llevaron a unos cuartos pequeños con dos camas. Carlota y yo vimos las mantas que habían puesto para nosotros y las charolas de plata con repostería francesa, dos tazas de leche tibia y una botella de vino alemán junto con dos copas. Como bien he escrito en otras ocasiones, el alcohol lo dejaba únicamente para fiestas públicas y lo bebía en pocas cantidades. Carlota tampoco lo tocó. En cambio, bebimos algo de la leche que nos habían llevado para aquella ocasión. No tocamos el pan; del cansancio que teníamos, se nos había quitado el hambre. Pero sí vimos los fuegos artificiales de todos colores que llenaban el cielo.

Curioso era el cuarto que nos habían dado para aquella primera noche, pues aún podía escucharse a la muchedumbre que llenaba la plaza, y sus murmullos eran como el zumbido de las abejas. Un panal era la Ciudad de México, y aquella noche, sin duda, lo sería en toda regla. Querían saber mucho más de sus emperadores, pero no estábamos dispuestos a complacerlos de ninguna forma.

Si bien Carlota estaba furiosa, no lo demostraba: sus baúles no estaban ahí, ni sus artículos más necesarios para el diario. Por suerte, una de las criadas le consiguió un camisón para pasar la noche, asegurándole que a la mañana tendría un vestido digno y sus cremas. En cambio, yo preferí dormir con la ropa que llevaba.

Por un momento, Carlota y yo nos sentamos al borde de la cama, silenciosos. Nos miramos. No sabíamos cómo expresar en palabras lo que habíamos vivido hacía unos momentos. ¿Estarían los emperadores anteriores con nosotros? ¿Agustín de Iturbide, Moctezuma, Cuauhtémoc? Quizá por eso la llama dorada de las velas bailaba cuando yo posaba mi mirada en ellas. Me dolía todo, por mi mente apenas cruzaban pensamientos; no éramos la figura pública ni la imagen que otros se habían hecho de Maximiliano y Carlota. Esos dos nombres que habrían de repetir durante los próximos años como si no fuéramos dos personas sino una sola, como un monstruo: Maximiliano y Carlota.

—Mañana arreglaremos todo, pero ya estamos aquí, Charlotte. Estas tierras son nuestras.

—Mañana será el inicio de la nueva aventura —respondió con una mueca; estaba más cansada que yo.

Por un momento sentí el deseo de besarla en la mejilla, pero me contuve. Ella esperaría el beso de su amado, por supuesto, pero yo no podía satisfacerla.

Se metió entre las sábanas rugosas, se volteó sobre el costado derecho y se durmió rápidamente. Lo supe por los leves ronquidos que eran tan propios de ella.

Yo recorrí la habitación soplando cada una de las velas, mientras mi mente repasaba lo único de lo que era capaz, una fórmula gastada: el padrenuestro que estás en los cielos… En la oscuridad me metí en mi cama, hecho un ovillo entre las sábanas para quedarme dormido entre los rezos.

Eran apenas las diez de la noche.

Y sí, soñé con el panal, con los pequeños insectos que se movían negros en un cielo de terciopelo y el zumbido constante que mencionaba nuestros nombres; al extender sus alas, vi guirnaldas verdes, blancas y rojas, los santos colores de las virtudes más importantes de la fe cristiana. Sin embargo, aquéllos no eran ángeles, sino insectos pequeñísimos y mi cuerpo estaba desnudo ante ellos, porque no hay más lógica en los sueños que las perversiones de la mente… aunque en ocasiones se mezclan con la realidad.

Los insectos de mi sueño se me acercaron, y pronto sentí picaduras y comezón en todo mi cuerpo. Sus pequeñas patas marchaban por el vello de mis brazos, subían por mi cuello y ¡un grito rasgó la noche!

Abrí los ojos y me senté en la cama. Carlota estaba de pie junto a mí.

—¡Chinches, Max! Nuestras camas están llenas de chinches. Nos dieron los colchones y las mantas que encontraron. No podemos dormir aquí.

Me levanté de la cama y me sacudí por completo hasta que dejé de sentir el hormigueo en el cuerpo. Necesitábamos un lugar para descansar. Carlota fue en busca de algunas mantas, mientras yo me di a la tarea de encontrar un lugar para dormir. Tanteando la noche y caminando por un palacio que apenas conocía, encontré un salón espacioso. Pinturas oscuras decoraban las paredes, lo mismo que altos libreros lleno de polvosos tomos encuadernados en piel, seguramente eran textos legales en lugar de los cuentos y la mitología que tanto disfruté de niño.

Conforme mis ojos se acostumbraron a las sombras vi dónde podíamos dormir: para Carlota, un piano, y para mí, una vieja mesa de billar. Me aseguré de que no tuvieran chinches y quité las pesadas bolas de marfil de la mesa.

Fui a buscar a Carlota y le conté mi plan; conocía de sobra lo que ella iba a decir. Cuando se lo detallé, me miró incrédula. En ambas manos sostenía unas mantas gruesas que se sentían ásperas al tacto.

—Es el único lugar que encontré, Charlotte. Pero es solamente por una noche. Mañana tendremos nuestra ropa, artículos, libros, botellas, perfumes y camas decentes para dormir. Los muebles vienen en camino.

Por un momento caminó hacia la ventana para mirar la plaza. Ahí, en la noche, vio caminar a personas vestidas de negro, esperando a que alguno de nosotros diera muestras de vida. Los fuegos artificiales seguían llenando el cielo.

—¿Sabes qué es lo peor, Max? Que cualquiera de esas personas nos daría un lugar para acostarnos si supiera que estamos aquí sin saber dónde dormir; nos ofrecerían hasta su propia cama con tal de ganarse un lugar en la corte o de tener un favor que cobrarnos luego.

—Mañana arreglaré todo —insistí.

Carlota, por cansancio o agotamiento, no replicó. Se acostó sobre la tapa del piano con su manta, y durmió. Yo hice lo mismo en la mesa de billar, pero no pude acomodarme, ya que no estaba acostumbrado a tal dureza. Di vueltas hasta que llegó el amanecer mientras reflexionaba cómo fue que uno de mis días de mayor gloria hubiera terminado en semejante situación.

Los problemas no habían hecho más que empezar.

Capítulo L

¿SE ARREGLÓ EL TEMA DE LAS CAMAS? Sí, aunque no de la manera que yo hubiera querido. Si en Austria, Sisi y Francisco José hubieran tenido que dormir sobre una mesa de billar, el escándalo se hubiera sabido en toda la ciudad en cuestión de horas; los responsables hubieran perdido el empleo y se habrían hecho las reparaciones necesarias. En México no sucedió nada. Se nos prepararon nuevas camas para la siguiente noche y nada más, como si el primer sueño de los nuevos emperadores no importara mucho.

Así era la Ciudad de México, un gran sueño del cual parecía imposible escapar, donde todos sus habitantes buscaban el placer, la magia, la fe, aferrados al pasado de su historia, incapaces de pensar en el futuro de su patria que, al mismo tiempo, fuera agradable; el tiempo es diferente, como una maldición, y de ahí brota la nada.

Cuando recorrí el palacio aquella primera mañana, me encontré con unas de las damas de Carlota; les pregunté dónde estaba el comedor y me respondieron que lo habían encontrado, pero que la vajilla que habíamos preparado con nuestras iniciales llegaría un poco más tarde. Entonces quise saber por la comida, después de todo tendríamos que comer algo antes de empezar el día, había mucho que hacer.

Carlota, aún con la ropa con la que había dormido, se aproximó a nosotros para escuchar mejor la respuesta:

—Disculpe, emperador, nosotras despertamos temprano en las casas que hicieron el favor de recibirnos y venimos aquí a ver en qué podíamos ayudar. Hay dos criados en la cocina que no han empezado a cocinar porque no han recibido instrucciones de qué debían preparar, que en cuanto reciban órdenes harán lo que se les pida.

—En Bruselas, siempre que despertaba, ya estaba listo el desayuno —respondió Carlota a modo de reproche a su dama—, yo nunca tuve que preocuparme por ello.

—Me encargaré de que preparen algo —respondió aquella dama, y se fue corriendo por el mismo pasillo.

Por lo pronto, se nos consiguió un cambio de ropa y con él fuimos a la sala de billar donde nos llevaron platos con diferentes viandas, algo de pan del día anterior que se pegaba en las muelas, un poco de jamón, queso y una infusión de café que tenía demasiada agua caliente.

Mientras intentábamos comer aquello, Carlota exclamó:

—Tendremos que arreglar el tema de la comida, hasta los criados del palacio de mi padre desayunan mejor que esto.

—Se hará, Charlotte, cada mañana tendrás el desayuno digno de una emperatriz.

Me miró de reojo, un poco desconfiada, pero logré que asintiera ante lo que le decía. Me quedó claro que si yo no hacía lo necesario, lo haría ella en su momento.

Después de comer, nos dimos a la tarea de recorrer el palacio y de asomarnos por cada una de sus ventanas. Pronto nos dimos cuenta de que Benito Juárez, en su huida de la Ciudad de México, se había llevado casi todos los archivos relativos a su gobierno y sus acciones en los últimos años. Con tal apuro fue su escape, que me fue posible ver las sábanas revueltas en las habitaciones donde dormían él y su esposa, que nadie arregló y también los cajones abiertos.

Carlota me recordó que aquél había sido el palacio de los virreyes en tiempos en los que México se llamaba Nueva España, así que me traté de imaginar a aquellos hombres de sacos de terciopelo y mujeres de grandes pelucas con plumas y faldas anchas recorriendo los pasillos en compañía de toda su corte, pero de eso ya había pasado mucho tiempo.

Me instalé en el despacho que había usado Benito Juárez y ordené que trajeran a Almonte y a Bazaine para que me hablaran de cómo estaba el país en aquel momento. Por fortuna tenían un mapa que desplegaron sobre el escritorio, me enseñaron los diferentes territorios en los cuales había hombres levantados en contra del imperio.

—Son liberales, fieles a Juárez y a la república —exclamó Almonte.

—Son rebeldes que debemos aplastar —lo corrigió Bazaine.

Los dos hombres se miraron con el ceño fruncido. Entendí que a ninguno le gustaba que los contradijeran, a pesar de que pensaban igual sin saberlo. Así que decidí poner un poco de orden:

—Señores, serán rebeldes o liberales, serán aplastados o llevados a las cárceles, pero necesito que este país esté en paz para que Carlota y yo podamos gobernarlo. ¿Me entendieron?

Ante aquella orden, los dos hicieron una reverencia.

—Como usted ordene —dijeron casi al unísono.

Y añadí:

—Quiero esos reportes de avance. Si ya tenemos Puebla, Oaxaca y Veracruz, el norte debe ser sencillo. Debemos tener control de todo antes de que Estados Unidos termine su guerra. Sólo Dios sabe lo que pasaría si no tenemos algo de orden aquí y el norte gana esa maldita guerra civil.

Ellos estuvieron de acuerdo.

Y los dejé solos para que planearan su estrategia, mientras yo me sentí confiado y volví al lado de Carlota para informarle que unos días más adelante visitaríamos el castillo de Miravalle para recorrer sus pasillos, tomar decisiones sobre las habitaciones y los jardines e imaginar todas las fiestas y banquetes que daríamos en su interior. Yo me imaginaba el oro, la cristalería de Bohemia, los jarrones de Venecia y las antigüedades que había comprado en Egipto, rodeado de los majestosos ahuehuetes que un día fueron parte del imperio mexica.

Carlota, en cambio, enfocaba sus tardes en revisar las finanzas del imperio que estaban llenas de deudas. Napoleón no se había equivocado: México le debía una buena cantidad a España y a Inglaterra, sin mencionar los bonos que se le debían a Francia. Después de tantos años de guerras intestinas e intervenciones, pocas personas en México tenían dinero.

—No hay dinero para nada, Max —me comentó, revisando los números.

—Bueno, pues entonces tenemos que encontrar una forma de ganar dinero, porque no creo que lleguemos muy lejos con los impuestos.

Y tenía razón, pero no sentí que tuviéramos que preocuparnos por eso. Para mí lo importante era ganarme a la gente de mi nuevo imperio y sabía bien cómo hacerlo.

Así fue como planeé viajes para que personas de otras ciudades vieran a su nuevo emperador y también, ¿por qué no decirlo?, para que yo conociera todos los rincones de mi nueva patria. Estaba ansioso por saber si las iglesias y la comida eran como las de Puebla, y también cuáles eran las necesidades de las poblaciones alejadas de la Ciudad de México.

Así que, de inmediato, tanto Carlota y yo comenzamos a pensar en lo que íbamos a hacer en nuestro imperio, pero cada uno de nosotros tenía una opinión diferente sobre cuáles debían ser la prioridades.

En el ínterin seguía trabajando en el manual de etiqueta para todos los miembros de la corte. Para mí era muy importante que estuviera listo lo más pronto posible. Además, empecé con los planes para crear la Orden Imperial del Águila Mexicana que premiaría a los miembros más destacados de México y que también formarían parte de la corte.

Capítulo LI

No había camino que nos permitiera transitar de nuestro Palacio Imperial al castillo de Miravalle. Al salir de la Ciudad de México hacia el bosque de Chapultepec, el camino se volvía pedregoso, con terracería húmeda.

Carlota se asomó por la ventanilla del carro, sorprendida por los majestuosos ahuehuetes que nos hacían sombra en aquel día caluroso de verano.

—Como los bosques más bellos de Europa —exclamó con un bufido.

Era una vista realmente hermosa, nos llegó un olor a tierra mojada y a hojas; era un aroma fresco que nos llenaba los pulmones y nos daba vida nueva.

Subimos por una pendiente hasta que llegamos a una rejas que se hallaban algo oxidadas. Éstas hicieron un chirrido largo al abrirse.

La primera impresión que Carlota y yo tuvimos del castillo nos dejó boquiabiertos. La vista que teníamos ante nosotros era imperdible. Primero, las copas de los ahuehuetes bajo un cielo de terciopelo azul claro; y el aire era tan limpio que a lo lejos podían contemplarse los techos de las casas de la Ciudad de México, las cúpulas de las iglesias y hasta la catedral.

—Es hermoso, ¿no es cierto, Charlotte?

—Podría acostumbrarme —dijo, mientras se abanicaba, a pesar del aire que nos refrescaba del calor.

Canturreando "La paloma" caminamos por los jardines que comenzaban a tomar forma bajo la tutela del jardinero que habíamos traído para tal fin. En los pasillos descansaban cajas y baúles con todas nuestras cosas: platos, jarrones, vestidos, trajes, libros, documentos y cualquier otro objeto que pudiéramos necesitar en nuestro día a día.

Tal como Carlota había dispuesto en el castillo de Miramar, ahora también dormiríamos por separado. Cada uno en su propia habitación y lugar de trabajo. Dispusimos una extensa habitación para que fuera nuestra sala de trono, en la cual recibiríamos a la corte. No tenía el tamaño del palacio de Schönbrunn ni de aquel en el que había crecido Carlota, pero era perfecto para nosotros. Cuando México estuviera en calma, podríamos hacer más grande nuestro castillo de Miravalle o construir otro en algún lugar del país que fuera más agradable para pasar los veranos.

—¿A partir de cuándo viviremos aquí, Max? —me preguntó al dirigir la vista al maravilloso valle que parecía haber sido creado para nosotros.

—A partir de hoy, Charlotte. Ya todo está dispuesto. Las obras continuarán sin que éstas nos estorben. Después de todo, no podemos quedarnos en Palacio, todo sigue hecho un muladar; se requerirá tiempo y un esfuerzo enorme para que todo esté habitable. De momento, es importante acabar con las chinches y con las pulgas para que pueda trabajar ahí. Aquí estaremos bien, ya verás que no nos molestarán mientras todo queda listo, y el jardín está perfecto para que tú y yo paseemos por él durante las noches estrelladas de invierno.

Entendí, por su mirada, que no creía mucho en mis palabras, pero era lo mejor. Después de todo, ¿por qué era tan malo gastar un poco de dinero en arreglar el lugar donde viviríamos? La imagen que dábamos, como emperadores, era también importante para nosotros.

Por un momento tuve la impresión de que ella quería darme un beso. Hubo una conexión entre nosotros, se inclinó hacia mí con las mejillas sonrojadas, pero de inmediato bajó el rostro y se alejó de mí.

—Creo que aquí podremos ser felices —aclaró.

Me dio gusto verla sentirse cómoda tan lejos de nuestro antiguo hogar. Sí, estaba de acuerdo con ella, encontraríamos la forma de ser felices en México. Le prometí, entonces, que mandaría a hacer una avenida para dedicársela a ella, una que fuera del palacio hasta el castillo para que siempre me viera llegar.

Se me ocurrió que era una forma linda de honrarla.

Ella volvió a sonrojarse.

Capítulo LII

TANTO A CARLOTA COMO A MÍ NOS PREOCUPABA cómo México trataba a sus indígenas y a sus trabajadores, porque fuimos testigos de escenas que nos causaron terror.

En nuestro camino a la capital vimos muchas veces lo que era costumbre: cómo ciertos patrones aplicaban el castigo corporal a los indígenas que trabajaban para ellos. A la menor provocación los amarraban a un árbol o a cualquier estructura que estuviera cerca y los golpeaban ora con varas largas, ora con látigos que les dejaban la piel marcada. De modo que Carlota comenzó a trabajar en una ley que prohibiera este tipo de actos.

Tuvimos que limitar, también, las horas de trabajo; no era posible que una persona trabajara durante más de quince horas cada día y que además le pagaran tan mal. No, para ello establecimos las jornadas de ocho horas laborales. En cuanto a las llamadas tiendas de raya —en las cuales los empleados terminaban endeudados, a costa de su salario, por algo de comer—, cancelé las deudas que excedieran los diez pesos. Terminé con su monopolio, ya que este tipo de establecimientos eran manejados únicamente por los patrones.

Ya no se pudieron vender o comprar empleados de una hacienda a otra, como si hubiera esclavitud. Eso no lo iba a permitir. Si no estaba de acuerdo con lo que había en Brasil, menos con mi propio imperio. Había que proteger a todos los hombres y mujeres que yo gobernara, para que su trabajo no fuera causa de más dolores y abusos.

Carlota y yo queríamos que el nuevo rumbo de México fuera uno de libertad y de progreso. Éramos, después de todo, liberales.

Si la Iglesia católica esperaba que le devolviéramos los edificios que perdió durante la guerra que antecedió a nuestra llegada, se quedaría esperando. Más que nunca estábamos convencidos de que el rumbo correcto era el de separar a la Iglesia católica de todo lo que tuviera que ver con las decisiones del actual gobierno.

¿Y la promesa al papa? Ay, Max. Era obvio que la había hecho para mantenerlo contento y que nos diera su bendición, pero el retroceso en las leyes le hubiera costado mucho a México. Ni Carlota ni yo estábamos dispuestos a devolverle a la Iglesia católica esos privilegios, con los cuales habían abusado desde hacía varias décadas.

Estas medidas que adoptamos, si bien eran necesarias, resultaron impopulares para algunas personas. Cuando alguien es cercano al poder, entiende muy bien que cualquier cambio político o social es malmirado hasta que se vuelve cotidiano, lo cual puede ser peligroso o benéfico. Nosotros esperábamos que fuera lo segundo.

Las primeras semanas transcurrieron con cierta tranquilidad. Yo me levantaba muy temprano, desayunaba con Carlota en el gran comedor, en los platos que tenían nuestro monograma y el escudo pintado: un medallón en el cual, al centro, se encontraba el águila mexicana, parada sobre un nopal, devorando una serpiente; la corona imperial remataba el medallón, que estaba protegido por las dos águilas de la casa Habsburgo y, en la parte de abajo, nuestro lema: "Equidad en la justicia". El desayuno consistía en fruta y panadería, y si mi estómago estaba fuerte, café; de otro modo, té.

Al terminar, me iba en un coche cerrado hasta el Palacio Imperial, donde me reunía, principalmente, con los militares para que me dieran nuevas sobre lo que acontecía en las luchas contra los republicanos y en el control de los puertos, con especial énfasis en el de Veracruz. A lo largo del día, recibía a personas de toda índole para escuchar sus peticiones y todo lo que quisieran decirme al respecto.

Con lo que yo no contaba era que aquella época del año tenía un clima muy complicado. Todos los días, en cuanto las campanillas del reloj de mi escritorio anunciaban que eran las tres de la tarde, todo el cielo se tornaba negro. Un viento frío y húmedo recorría las calles, a veces se empañaban los ventanales. El preludio de la tormenta eran los rayos de todos colores que atravesaban el cielo, ruidosos, como si se tratara de fuegos artificiales. Al caer las lluvias torrenciales, se inundaban las calles, se convertían en lodo, y era habitual que se mantuvieran así por varios días. De modo que yo salía del castillo al palacio sin saber cuándo volvería. Entonces me tenía que quedar a dormir en la habitación que estaba cerca de mi despacho y rezar por que hubieran eliminado todas las chinches de mi primera noche.

Vaya que era caótica la Ciudad de México y, por lo que me comentaban algunos de los criados con los que ocasionalmente intercambiaba alguna palabra o dos, aquellas inundaciones eran cosa común en cada julio y agosto. Ya me encargaría más tarde de arreglarlas. Por el momento tenía otros problemas...

Bazaine y las tropas francesas no eran tan eficaces como yo hubiera esperado. Los generales rebeldes aún atacaban las ciudades tomadas por el imperio, entraban como mosquitos a las ciudades y, tras hacer daño, huían. Los puertos de Manzanillo, Mazatlán y Guaymas aún seguían en manos de los rebeldes y eso representaba un gran problema, ya que tenían el control de las aduanas; por ellos, nosotros perdíamos dinero.

Bazaine, si bien era un militar capaz, también estaba lleno de excusas y en cada ocasión que lo citaba en mi despacho, me ofrecía una letanía de pretextos con el fin de que lo eximiera de sus fracasos, pero lo cierto es que su incapacidad era muy costosa. Le di un ultimátum, esperando que eso lo apurara o tendría que escribirle a Napoleón III para que lo relevara del cargo y se lo llevara de regreso a Francia.

Bazaine, molesto, hizo una extraña reverencia hacia mí y exclamó:

—Se hará como su imperial majestad ha ordenado —y se fue a realizar sus labores y yo me quedé ordenando el mapa del imperio mexicano, el cual quería dividir en cincuenta departamentos para un mejor funcionamiento. Claro, en cuanto la paz y la estabilidad me lo permitieran.

Agosto transcurría entre lluvias y encharcamientos. Melancólico, pasé las tardes recargando la barbilla en mis manos o presionando la nariz contra el cristal para contemplar el agua fría caer sobre la plaza, mientras mexicanos de todos los géneros y clases corrían a buscar refugio.

Cuando el clima me lo permitió, un día regresé temprano al castillo de Miravalle, en donde Carlota se había encargado del gran banquete que ofreceríamos a las familias más importantes del imperio, entre las que se encontraban, por supuesto, los Almonte, mi querido Carlos y algunos nobles belgas y austriacos. La comida que se sirvió fue francesa, ya que la mexicana, por más deliciosa que fuera, tenía el extraño poder de incomodarme el estómago.

Ese día anuncié que en agosto empezaría mi primera gira para conocer los territorios de mi imperio, a las personas que vivían en él y para que otros me vieran. Aunque ya lo habíamos conversado, no habíamos definido una fecha, así que Carlota se sorprendió de mi anuncio, abrió los ojos bien grandes y me miró con la boca abierta. Esperaba que me dijera un "no me comentaste nada, Max" o un "yo quería acompañarte a conocer el imperio", pero en lugar de ello se acercó a mí como si quisiera darme una buena bofetada, me tomó del brazo y se dirigió a los presentes:

—Es nuestro deseo conocer mejor las necesidades del imperio, y las decisiones que sean necesarias las tomaré yo, con el consejo de mi esposo, quien me enviará cartas y comunicaciones constantes para tener un mejor gobierno.

Los presentes levantaron sus copas y volvieron a gritar vivas a nuestros nombres.

A la mañana siguiente, mientras tomábamos nuestro desayuno de pan, fruta y café. Carlota me miró fijamente y, conteniendo el volcán furioso que llevaba en su corazón, exclamó:

—No me habías dicho nada, Max. Pensé que todo lo haríamos juntos y...

—Necesitamos conocer México y también necesitamos que alguien se quede en la capital para que no haya un vacío de poder. Yo puedo ir a recorrer los caminos y tú puedes quedarte a gobernar.

Lo pensó por un momento y argumentó:

—Pero estamos casados, y también deben vernos como una pareja. ¿No crees que deberíamos viajar los dos?

—Creo que llegará el momento en el que podamos hacerlo, cuando se consolide la paz y el imperio se encuentre estable. Confía en mí, Charlotte. Lograremos quedarnos en el poder por muchos años más.

Por más que insistió, yo me negué. La necesitaba en la capital.

Así pues, el 10 de agosto, escoltado por dos pelotones de caballería, di inicio a mi gira.

Capítulo LIII

Si POR MÍ FUERA, viajaría con menos soldados, pero la escolta era importante. Las tropas que simpatizaban con Benito Juárez tenían la particularidad de atacar cuando menos se pensaba, y yo no podía morir dejando un imperio vulnerable. De tal suerte que estuve acompañado en todo momento por soldados, mi mayordomo y otros hombres a mi servicio.

Carlos, por supuesto, me acompañó en todo momento.

—Esto parece un sueño, ¿verdad? Montañas, volcanes, insectos de todos colores, plantas extrañas, frutas desconocidas, cielos diferentes, platillos exóticos. Entre Grecia y México, tomaste la mejor decisión.

Y debí reconocer que tenía razón, puesto que las maravillas de mi nuevo imperio me tenían enamorado por completo. Dentro de mí nació la necesidad de escribirle mil poemas, de dedicarle libros enteros, de probar cada sabor único y de disfrutar de la música que escuchaba en cada pueblo.

Estaba enamorado de mi nueva patria.

La primera parada fue en Querétaro, en donde recorrimos la plaza de la ciudad y vimos, desde fuera, el Convento de la Cruz, sin imaginar los eventos que sucederían dos años más tarde.

En una comida que organizaron en mi honor, un hombre de la ciudad me sirvió algunos ingredientes que probé por primera vez como el huitlacoche, el queso fresco que ellos elaboraban y la masa de maíz frita en manteca, que, si bien era deliciosa, me sentó terrible al estómago. No había terminado de comer, cuando escuché los ruidos que hacía mi estómago y supe que no estaba de acuerdo con lo que comí.

Mi anfitrión, dándose cuenta, le dijo a uno de sus criados que nos trajera una de sus botellas especiales.

—¿De qué se trata, don Carlos? —pregunté, puesto que en México el nombre de Carlos es el más común en hombres de dinero y política.

—En unos momentos lo descubrirá, algo que le ayudará a aliviar sus dolores de estómago —respondió.

Lo primero en lo que pensé era que se trataba de veneno, pero nadie se atrevería a envenenarme en público, y Carlos no se veía preocupado, sino divertido. De forma que acepté una pequeña copa de cristal cortado en la que sirvieron aquel líquido transparente. De inmediato me llegó un olor agradable a alcohol.

—Dele un buen sorbo, señor Maximiliano —me dijo.

Todos los presentes se inclinaron hacia mí, mientras yo obedecía.

Aquel licor me llenó la boca y me quemó al bajar por el esófago. Tosí un par de veces, mientras el calor me recorría el cuerpo. Mi rostro se tornó rojo, me temblaron las manos. Me mareé en cosa de unos segundos. Y, a pesar de ello, tuve que reconocer que el sabor era delicioso.

—Es tequila, ¿no es cierto?

El hombre rio.

—Es nuestro vino tequila, uno de los símbolos de nuestro México. ¿Le servimos un poco más?

Negué con la cabeza.

—Es delicioso, pero no podría soportarlo. No bebo mucho alcohol, y no quiero sentirme mal. Es un buen digestivo, pero será en otra ocasión.

No fue muy diferente la visita que tuvimos en Puebla; la sala en la que cenamos era muy parecida. Las casas, bajas, con un patio central, fueron construidas durante el tiempo en el cual México se llamaba Nueva España. Paredes de yeso y piedra, cuadros de antaño colgados en las paredes, rastros de las guerras en las calles, lodo y terracería. Ahí probé el mole sobre una pechuga de pollo, salsa espesa y deliciosa que me dejó con graves problemas intestinales por tres días.

Cuando tuviera tiempo me gustaría que todas estas ciudades lucieran más europeas; las remozaría, enseñaría su gloria al mundo.

Después de permanecer unos días en Querétaro, descubriendo los platillos, la arquitectura y las mariposas que revoloteaban por los jardines, viajamos a Guanajuato, a las ciudades en las cuales se decía que había iniciado la guerra por la independencia de México, precisamente en la misma época del año. No fue sorpresa, entonces, que el aniversario del grito de Dolores nos sorprendiera en esa ciudad. Todo estaba planeado.

Por aquel entonces, según me informó Almonte, era costumbre que se festejara en la Ciudad de México, pero al estar yo en Guanajuato decidí que la mejor opción era celebrar ahí.

Acostumbrado a las grandes ciudades, a los palacios y a las catedrales, me pareció que Dolores, Celaya, Irapuato y León eran tan sólo comunidades pequeñas. Históricas, sí; llenas de arquitectura por contemplar, también; pero de un tamaño tan reducido que se recorrían y conocían en pocos días.

El 15 de septiembre —como era la costumbre se celebraba la independencia, no el 16, que era la fecha correcta— pronuncié las siguientes palabras:

Mexicanos:
Más de medio siglo tempestuoso ha transcurrido desde que en esta humilde casa, del pecho de un humilde anciano, resonó la gran palabra de independencia, que retumbó como un trueno del uno al otro océano por toda la extensión del Anáhuac, y ante la cual quedaron aniquilados la esclavitud y el despotismo de centenares de años.

Esta palabra, que brilló en medio de la noche un relámpago, despertó a toda una nación de un sueño ilimitado a la libertad y a la emancipación; pero todo lo grande y todo lo que está destinado a ser duradero, se hace con dificultad, a costa de tiempo. Años y años de pasiones, combates y luchas se sucedían: la idea de la Independencia había nacido ya, pero desgraciadamente aún no lo ve la nación. Peleaban hermanos contra hermanos; los odios de partido amenazaban minar lo que los héroes de nuestra hermosa patria habían creado.

La bandera tricolor, ese magnífico símbolo de nuestras victorias, se había dejado invadir por un solo color, el de la sangre. Entonces llegó al país, del apartado Oriente, y también bajo el símbolo de una gloriosa bandera tricolor, el magnánimo auxilio; una águila mostró a la otra el camino de la moderación y de la ley.

El germen que Hidalgo sembró en este lugar debe ahora desarrollarse victoriosamente, y asociando la independencia con la unión, el provenir es nuestro. Un pueblo que, bajo la protección y con la bendición de Dios, funda su independencia sobre la libertad y la ley, y tiene una sola voluntad, es invencible y puede elevar su frente con orgullo.

Nuestra águila, al desplegar sus alas, caminó vacilante; pero ahora que ha tomado el buen camino y pasado el abismo, se lanza atraída y ahoga entre sus garras de fierro la serpiente de la discordia; mas al levantarse nuestra patria de entre los escombros, poderosa y fuerte, y cuando ocupe en el mundo el lugar que le corresponde, no debemos olvidar los días de nuestra independencia ni los hombres que nos la conquistaron.

¡Mexicanos, que viva la independencia y la memoria de sus héroes!

Mi discurso fue acompañado por aplausos de todos los presentes y luego se organizó un banquete para los soldados y nobles que me acompañaban. En todo momento le escribía a Carlota para darle noticias. Iniciaba mis cartas con un "ángel bienamado" y luego procedía a describir todo lo que veía, sentía, tocaba, probaba y conocía. Deseaba que Carlota me acompañara a todos esos viajes, pero necesitaba que ella se quedara en México para gobernar, según lo establecido en el Estatuto Provisional del Imperio, y dar la audiencia propia de cada domingo. De esta manera, Carlota se convirtió en la primera mujer en gobernar estas tierras.

Conforme avanzaba septiembre, yo seguía cabalgando, con mi debida escolta, por las ciudades, conociendo más de la historia de los hombres y mujeres que protagonizaron la independencia de México. Supe que una tropa juarista andaba por la zona, pero no se atrevió a atacarme, así que estuve fuera de peligro. El gran problema fue que tampoco nuestras tropas francesas quisieron atacar al enemigo.

Cada vez que andábamos cerca de alguna comunidad las personas salían a recibirnos, a gritar vivas en honor a nuestros nombres, a enseñarnos a sus hijos o a hacernos peticiones que iban desde la caridad de algunas monedas para comprar algo de comer hasta la construcción de un acueducto para que pudiera llegar agua a sus comunidades.

Carlos me ayudaba a recoger estas inquietudes para que, al regresar a la capital, pudiera atender cada una de ellas.

Donde me hubiera gustado quedarme más tiempo fue en Morelia y en Cuernavaca, ya que el clima cálido me pareció ideal para descansar varias semanas y las mariposas que nos rodeaban eran algunos de los especímenes más hermosos que yo haya visto.

Regresé a la capital el 30 de octubre, cuando el otoño estaba asentado en la ciudad. Adoptando la cultura europea, pronto descubrí que las panaderías replicaban recetas francesas y que las familias más importantes aprendían francés como un nuevo idioma. Todos querían tener un pedacito de Austria o de Francia y eso nos complació a Carlota y a mí.

Encontré a mi querida esposa en el castillo de Miravalle. Su rostro estaba pálido y sus manos cansadas, de leer y firmar un sinfín de documentos. No encontró mucho interés en mi descripción de las maravillosas ciudades que conocí en mi viaje, pues para ella era más importante la situación del imperio, pues proseguía la inestabilidad política y económica, y así no se podía gobernar.

—Están por iniciar las fiestas por el día de Todos los Santos, ¿por qué no descansamos estos días? —le sugerí.

Ella sacudió la cabeza.

—No, Max. Un gobernante no tiene descanso, porque ningún país tiene descanso alguno y menos cuando está en tal estado de desorden. Estaría loca si permitiera que México siguiera en tal curso por unos días.

—Ya estoy aquí, Charlotte. Descansa y deja que yo me encargue de todo —insistí.

Y, aunque aceptó, no dejó de trabajar hasta altas horas de la noche, de forma que se tornó más delgada y pálida con el paso de los días. Incluso sus damas de compañía se mostraron preocupadas por ella, pero Carlota quería seguir, necesitaba trabajar por el imperio a costa de su propio beneficio y salud.

Ninguno de nosotros sabía, entonces, el precio que pagaría por ello.

Capítulo LIV

Las Pascuas navideñas llegaron más rápido de lo que hubiera esperado. Pronto, balcones y ventanas se llenaron de guirnaldas rojas, blancas y verdes en alusión a las virtudes cardinales. Las misas de adviento en catedral se llenaron de mexicanos que esperaban vernos a Carlota y a mí en oración.

El aire soplaba frío, las naranjas dulces y las mandarinas llenaban los árboles, el aire se perfumaba de canela y otras especias. El 12 de diciembre volvimos a la villa del Tepeyac para conmemorar la aparición de la Santísima Virgen a Juan Diego. La devoción del pueblo a la imagen nos enterneció.

—Los pueblos supersticiosos son un arma de dos filos —me susurró Carlota al oído mientras yo rezaba un avemaría.

—A mí me preocupa más que la superstición sea para la república y que su dios sea Benito Juárez —le respondí.

Porque si bien la religión suele ser el opio de los pueblos, muchas veces esa religión es política y el fanatismo es veneno para esas sociedades.

No quise preocuparme por ese tema, de momento. En cambio, me enfoqué en vivir las diferencias de cómo se celebraban las fiestas. Recuerdo que en mi infancia mandamos colocar un pino en el castillo de Schönbrunn, y lo adornamos con velas y manzanas. Sin embargo, aquel árbol navideño era una novedad para los mexicanos, pero les gustó tanto la tradición que supe que pronto las familias ricas de todo el país nos imitarían y repitieron el gesto los siguientes años. Bebimos vino caliente especiado y contamos historias de Hans Christian Andersen. Los mexicanos, en cambio, comían de los dulces que se preparaban en los conventos, se reunían en familia para romper piñatas y beber ponche. Carlota y yo asistimos a pastorelas, que no eran otra cosa que pequeñas obras de teatro en las cuales se representaban a los pastores que adoraron al niño Jesús en su nacimiento.

Una costumbre que sí compartíamos tanto los europeos como los americanos era la de cantar villancicos, aunque las canciones y las letras fueran diferentes.

Siguiendo la tradición, en la víspera de Navidad invitamos a Almonte, al príncipe Salm-Salm, a Bazaine y a otros miembros importantes de la sociedad con sus respectivas esposas. Fue una velada agradable. Durante la cena salimos del salón del banquete para contemplar las estrellas y la blanca luna que brillaba sobre nosotros. Era un lindo homenaje que rendía la creación a aquella noche santa en la que todo puede suceder.

La comida estuvo deliciosa, el chocolate caliente insuperable, los dulces deliciosos y los vinos austriacos me llevaron de vuelta a mi hogar. Al día siguiente le escribí a mis padres y a mis hermanos para contarles un poco de México. No les hablé de los problemas que experimentábamos, ya les llegarían los reportes de los soldados y de los voluntarios belgas y austriacos. Mi madre sólo me pedía que siguiera adelante con la encomienda y que pensara como un Habsburgo.

Con el cambio de año, deseé y esperé que todo mejorara en nuestro favor para que el imperio fundamentara su presencia en el país. Si tan sólo pudiéramos aplacar a los rebeldes.

Capítulo LV

LA FALTA DE DESCENDENCIA NO PASÓ DESAPERCIBIDA para nadie. Para 1865 resultó evidente que sería un problema establecer una dinastía en México si Carlota ni yo podíamos tener hijos. Además, la historia de que ella y yo dormíamos en cuartos separados y no compartíamos lecho, se difundió por todo el país. De modo que tuvimos que actuar rápidamente.

Carlota y yo habíamos hecho planes en caso de que no tuviéramos hijos y era necesario que entraran en acción. Retomar la casa real de Agustín de Iturbide era una forma de honrar al primer imperio mexicano y fundamentar el segundo.

A través de largas negociaciones que llevaron todo el año, se logró que Ángel Iturbide renunciara a sus derechos al trono de México a cambio de una generosa pensión y adoptamos a su hijo, Agustín de Iturbide y Green, para que nos sucediera en el trono, con tal de aplacar esa parte del problema.

El acuerdo que firmamos y dimos a conocer fue el siguiente:

Art 1°. Se concede el título vitalicio de "Príncipes de Iturbide" a Don Agustín y Don Salvador, nietos del Emperador Agustín de Iturbide, así como también a su hija Doña Josefa de Iturbide.

Art 2°. Los Príncipes mencionados en el artículo anterior, tendrán el tratamiento de Alteza, y tomarán rango después de la familia reinante.

Art 3°. Este título no es hereditario, y en el evento de que los mencionados príncipes tuvieran sucesión legítima, el Emperador reinante o la Regencia se reservarán la facultad de conceder el expresado título, en cada caso, a aquel o aquellos de sus sucesores que estimaren convenientes.

Art 4°. En virtud de los arreglos celebrados con los miembros de la familia Iturbide, el Emperador toma desde hoy a su cargo la tutela y curatela de los mencionados príncipes Agustín y Salvador de Iturbide, nombrando cotutora a la Princesa Josefa de Iturbide.

Art 5°. El escudo de armas que usarán los mencionados Príncipes será el antiguo de su familia, con manto y corona de Príncipe, y teniendo por soporte a los dos lobos rampantes del mismo escudo de su familia, concediéndoles por gracia especial el uso del Escudo Nacional en el centro del mencionado blasón, según el diseño que se acompaña.

Art 6°. Los príncipes de Iturbide tendrán derecho de usar la escarapela nacional sin flama, y el botón con su corona de Príncipe.

Por otro lado, estaba el tema de los guerrilleros y de los militares que todavía apoyaban a Benito Juárez y a la república, generales que atacaban ciudades, tomaban puertos, escapaban de las cárceles y agredían a los soldados franceses o a los voluntarios austriacos; aquellos a los que Bazaine no podía controlar a pesar de sus frecuentes promesas.

Al principio pensé que esos guerrilleros se cansarían o sucumbirían a las armas europeas que eran superiores en técnica, de modo que iba escoltado a Cuernavaca a pasar varios días solo y regresaba a la ciudad. En toda ocasión me acompañó Carlos y mi escolta, y Carlota se quedó en la ciudad a gobernar. Sin embargo, conforme transcurrió 1865 comprendí que debía ser enérgico donde Bazaine fracasaba una y otra vez.

Después de reunirme con mi gabinete publiqué una ley enérgica que más bien buscaba asustar a los rebeldes:

Mexicanos,

La causa que con tanto valor y constancia sostuvo don Benito Juárez había ya sucumbido, no sólo a la voluntad nacional, sino ante la misma ley que este caudillo invocaba en apoyo de sus títulos. Hoy hasta la bandería en que degeneró dicha causa, ha quedado abandonada por la salida de su jefe del territorio patrio.

El gobierno nacional fue por largo tiempo indulgente y ha prodigado su clemencia para dejar a los extraviados, a los que no conocían los hechos, la posibilidad de unirse a la mayoría de la Nación y colocarse nuevamente en el camino del deber. Logró su intento: los hombres honrados se han agrupado bajo su bandera y aceptado los principios justos y liberales que norman su política. Sólo mantienen el desorden algunos jefes descarriados por pasiones que no son patrióticas, y con ellos la gente desmoralizada, que no está a la altura de los principios políticos, y la soldadesca sin freno, que queda siempre como último y triste vestigio de las guerras civiles.

De hoy en adelante la lucha sólo será entre los hombres honrados de la Nación y las gavillas de criminales y bandoleros. Cesa ya la indulgencia, que sólo aprovecharía al despotismo de las bandas, a los que incendian los pueblos, a los que roban y a los que asesinan ciudadanos pacíficos, míseros ancianos y mujeres indefensas.

El gobierno, fuerte en su poder, será desde hoy inflexible para el castigo, puesto que así lo demandan los fueros de la civilización, los derechos de la humanidad y las exigencias de la moral.

México, Octubre 2 de 1865

Y el 3 de octubre se publicó:

Todos los que pertenecieren a bandas o reuniones armadas, que no estén legalmente autorizadas, proclamen o no algún pretexto político, cualquiera que sea el número de los que formen la banda, su organización y el carácter y denominación que ellas se dieren, serán juzgados militarmente por las Cortes Marciales, y si se declarase que son culpables, aunque sea sólo del hecho de pertenecer a la banda, serán condenados a la pena capital, que se ejecutará dentro de las primeras veinticuatro horas después de pronunciada la sentencia.

Más allá de establecer la ley, lo que yo buscaba era infundir un poco de miedo para que la población se calmara y los rebeldes dejaran de luchar contra el imperio. Pero los mexicanos resultaron ser un hueso difícil de roer. No acataron esta ley, sino que continuaron con sus luchas, atacando a los soldados franceses con tal maestría que Bazaine y los demás generales ya no sabían qué excusas presentarme.

Juárez se movía en el norte en su carruaje negro, dando esperanzas a todas las ciudades en las que pasaba la noche. En más de una ocasión estuvimos cerca de arrestarlo y hubiera sido mejor tenerlo bajo reclusión, pero no se dejaba. En el sur, Porfirio Díaz luchaba por recuperar Oaxaca y cada vez que lo arrestaban en Puebla lograba escapar y armar de nuevo su ejército.

Aunado a esto, pareciera que todo lo que podía salir mal se estaba cumpliendo. Las circunstancias eran adversas, ya que Napoleón me pedía que comenzara a pagar la deuda de los bonos, pero el tema de los impuestos aún no funcionaba por el desarreglo en el que se encontraba el imperio. Para complicar aún más la situación y, contra todo pronóstico, según lo que me habían aconsejado, la Guerra de Secesión en Estados Unidos no la ganó el sur, sino el ejército de Abraham Lincoln, quien estaba en contra nuestra.

Si Estados Unidos no ayudó a Juárez de inmediato fue por el asesinato de Lincoln en un teatro, de otro modo Carlota y yo estaríamos en problemas.

Sin embargo, la esposa de Benito Juárez tuvo a bien reunirse con el nuevo presidente de Estados Unidos, en la Casa Blanca, para buscar apoyo para su causa.

Yo me enteraba de todo esto en mi despacho del Palacio Imperial, a veces en el castillo de Chapultepec; con frecuencia viajaba en solitario a Cuernavaca —una locación en la que el tiempo era más agradable— para tomar decisiones y revisar documentos de gobierno.

Ah, qué tardes doradas tan deliciosas, la temperatura templada, el silencio, el vuelo infinito de las mariposas en círculos laberínticos, los poemas que escribí bajo la noche estrellada, la idea de vivir ahí para siempre, alejado de los problemas. Ahí gocé de una soledad que pocas veces se me había permitido, lejos de mi esposa, de los fantasmas del pasado, de mis padres y de mis hermanos. Era feliz y me sentí culpable por ello.

Carlota era la que pasaba el tiempo en Chapultepec, gobernando mientras su corazón palpitaba cada vez más rápido y las preocupaciones le arrebataban el sueño. Yo sabía, por lo que me escribía en las cartas —y por los reportes que me enviaban— que sus nervios la llevaban al límite. Ella quería que el imperio triunfara, que todo saliera bien, que pudiéramos gobernar México por muchos años más y estaba decidida a lograrlo. Pobre de mi ángel bienamado, no había nada que pudiera aliviar sus dolores de cabeza, ni yo, ni su familia, ni el imperio. Para la emperatriz Carlota ni Dios era fuente de consuelo. Y yo era uno de sus problemas más grandes.

Cuéntalo todo, Max, anda, ¿qué tienes que perder? Tu reputación ante la historia ya está arruinada.

Sí, lo supe desde que me llegó uno de los tantos panfletos que se imprimían en mi contra, en los cuales se inventaban una cantidad de rumores que no tenían sustento alguno: como el de que yo tenía una enfermedad venérea y que por eso Carlota y yo no teníamos hijos, o de que Carlos y yo íbamos a Cuernavaca a entregarnos a nuestras pasiones desenfrenadas de amor sodomita, entre otros temas.

Estaba claro de que tenían la idea de deshacer la imagen de fortaleza que nosotros intentábamos crear.

En una de las ocasiones en las que cabalgaba por los caminos del imperio, una familia de indígenas se acercó a mí con un niño en brazos. La escolta los detuvo, pero yo les dije que avanzaran hacia mí, pensando en que me harían alguna de las peticiones usuales. Aunque su español no era muy bueno, me hicieron saber que el niño era su hijo, y que no podían darle una buena vida y que, por lo tanto, me lo entregaban. ¡Tal atrevimiento provocó que los soldados y los nobles que me acompañaran mostraran su cara de disgusto! Pero yo tomé al bebé en brazos, la manta era de una tela áspera, el pecho de la criatura subía y bajaba con rapidez. Abrió sus ojos tan sólo un momento, pero en aquellos segundos me pude percatar de sus ojos negros, de su boca suave, de su piel morena.

¿Por qué no?, me dije. Era una gran oportunidad de unir mi vida a la de México, así que acepté adoptarlo. Al día siguiente lo bautizamos con mi nombre, Maximiliano.

Ah, pero cruel es la mano del destino, ya que a las pocas horas el infante dejó de respirar y murió.

Ni siquiera lo pude llevar ante Carlota para decirle que habíamos adoptado un crío. Aunque de eso se enterarían las lenguas viperinas y se lo irían a contar a Carlota, quien consideró una afrenta terrible el que yo hubiera realizado un acto tan importante, como adoptar a un niño, sin anunciárselo. Aunque siempre me pregunté si lo que le molestó a Carlota fue la adopción en sí, o que el niño fuera de una de las razas propias de los mexicanos.

Ah, mi pobre Carlota, toda la situación la llevaba al límite, y yo tenía miedo de lo que pudiera suceder con ella. Sobre todo por los largos periodos en los que se encerraba en su habitación y no sabíamos de ella.

La tensión política entre Prusia y Francia crecía cada vez más, y la aventura mexicana aumentaba sus costos de manera exorbitante.

Capítulo LVI

Orispelo, mi caballo, era una de las grandes alegrías de aquellas épocas en las que cabalgaba sobre los extensos territorios de Cuernavaca, esperando que la situación se resolviera sola. Claro, eso cuando no me encontraba en cama, ya que los diferentes platillos y bebidas de México, por más deliciosos que fueran, no le sentaban bien a mi delicado estómago. El mole, de nuevo, me dio fiebre, el tequila me puso en cama y el pozole obligó a mi mayordomo a enviar por el médico. Así que fue cosa común que en mis viajes me acompañara un galeno. Fui de nuevo ese niño enfermo, pero Carlota era la única que se enteraba de mis dolencias, no estábamos para mostrar la imagen de un imperio débil y más en las situaciones adversas que teníamos en ese momento.

El mundo estaba en mi contra. Para Estados Unidos y el resto de los países americanos yo no era más que un vulgar aventurero, un loco soñador, una marioneta en manos de las ambiciones de Napoleón III. Ninguno de ellos consideraba que había sido mi decisión la de estar en México, la de gobernar un imperio, la de llevarlo a la gloria, la de adoptar una nueva patria y amarla como propia, la de buscar el bienestar de ella y llevarla al concierto de las naciones civilizadas. ¿Acaso los soñadores no podemos caminar con los pies firmes en la tierra?

Los europeos contrarios a las ideas de Napoleón III, que no eran pocos, no miraban con buenos ojos la empresa mexicana, y los críticos del gobierno de Francisco José lo acusaban de dejarme a la deriva cuando más necesitaba de los Habsburgo. Todo se me salía de las manos, pero aún esperaba que nuestro gobierno quedara bien cimentado antes de que fuera demasiado tarde.

Quizás el principio del fin comenzó una tarde lluviosa de finales de 1865, cuando llegaron emisarios de Bruselas. Carlota y yo, como siempre, nos encontrábamos en palacio por el asunto de las Pascuas navideñas. Me pareció raro que aquellos hombres quisieran entrevistarse conmigo en lugar de hablar directamente con Carlota.

Los hice pasar a mi despacho y les pedí que hablaran. Eran tres hombres sin cabello, de semblante triste y largos abrigos de color negro. Llevaban una carta consigo que dejaron sobre el escritorio.

Miré el sobre sin abrirlo.

—¿Cuál es el propósito de su visita? —pregunté.

—Hemos de tratar estos temas con sumo cuidado, señor Maximiliano. Es indispensable anunciarle a la emperatriz que... su señor padre ha muerto. Leopoldo ha tomado el trono y una de sus primeras órdenes ha sido el retiro de las legiones y expedicionarios belgas de México.

Miré la carta y abrí el sobre aunque estuviera dirigido a mi queridísima Carlota. Al abrirlo, me encontré con una fina hoja de papel en la cual, con delicada caligrafía, se encontraban escritas las siguientes palabras.

Queridísima hermana.

Papá ha muerto. Tras una breve enfermedad, su vida terminó a lo largo de tres meses. Lo que empezó con dolores de cabeza que lo postraron en cama la mayor parte de noviembre, terminó en disentería. En el lecho en el cual habría de exhalar su último aliento, le leí la última carta que enviaste, con el fin de mostrar la desesperada situación en la que se halla México, y le hablé de vuestra petición de enviar más tropas, armas o dinero para ayudar. Cerrando los ojos, sus labios se abrieron para susurrar un padrenuestro y exclamó: "que Dios os bendiga, yo ya no os puedo ayudar".

Reza por el alma de nuestro padre, yo lo haré por la tuya. Yo tampoco los puedo ayudar más. Bélgica tiene compromisos más importantes con su patria que con México.

Tu hermano,

Leopoldo

¡Cuánto dolor leí en esas palabras! Era como si hubiera muerto mi propio padre. Recordé aquella vez que lo conocí en su palacio, y todas las ocasiones en las que conviví con él. Al cerrar los ojos, me invadió la nostalgia de mi propia boda, la música, el banquete, el añejo vals que Carlota bailó con su padre mientras lloraban los dos. ¿Cómo decirle a mi amadísima Charlotte que uno de sus familiares más queridos había fallecido?

Me levanté de la silla para estrechar su mano:

—No se preocupen, caballeros, yo me encargaré de informárselo a la emperatriz. De momento, haré todo lo posible por que los atiendan como es debido —se miraron entre sí, y fueron llevados al comedor para que cenaran algo.

Yo, en cambio, tenía el penoso deber de informarle a mi esposa la noticia. Entré en su habitación sin anunciarme, Carlota estaba sentada frente al espejo de su tocador, cepillando cuidadosamente su largo pelo, seguramente para que alguna de sus damas le hiciera un peinado antes de la cena.

—Charlotte, tengo algo muy importante que decirte...

Ella continuó con el movimiento rítmico del cepillo, siempre hacia abajo.

—Ha llegado una comitiva de parte del rey de Bélgica —añadí.

Una sonrisa iluminó su rostro, se levantó de un salto y corrió hacia mí.

—¡Vamos a verlos, Max! Deben de tener noticias frescas. Cenaremos con ellos, les serviremos nuestros mejores platillos y mañana los llevaremos a conocer...

No soporté más, la tuve que interrumpir antes de que su corazón se emocionara más.

—¡Tu padre ha muerto, Charlotte!

Un momento de silencio, un trueno irrumpió en él. Las gotas de lluvia resbalaron por los cristales de la ventana. Una sonrisa rota se dibujó en sus labios, mientras me miraba sin hacerlo. Un trazo de locura cambió sus rasgos y no la reconocí.

—¿Charlotte? —pregunté.

Comenzó a reír incontrolablemente, lágrimas de tristeza rodaban por sus mejillas. No sabía qué hacer, la abracé con fuerza mientras le acariciaba la cabeza.

—Resignación, Charlotte —repetí una y otra vez hasta que se calmó; la acosté en su cama y le pedí a sus damas y criados que la atendieran.

A la mañana siguiente un médico me confirmó que la tensión era tan grande que Carlota estaba enferma de los nervios. Tenía que darle unos días para que se tranquilizara, y entonces le daría la noticia de que su hermano era ya el rey de los belgas y que nos retiraba todo el apoyo.

Pobre Carlota, su mente demostró una fragilidad que nunca hubiera esperado. Y aquello era tan sólo el inicio.

El costo de la empresa mexicana y la presión de una guerra inminente obligaron a Napoleón III a anunciarle al congreso francés que retiraría las tropas de nuestro país. De modo que me enteré de la decisión por los periódicos antes de recibir su carta. Y tal vez tuve la esperanza de que Napoleón tuviera otra forma de apoyarnos o dejara alguna de las tropas con nosotros, para ayudarnos. Vana fue mi esperanza, el retiro del apoyo sería total.

Comenzaron la desesperación, las largas noches sin dormir, los dolores de estómago, las ganas de soltar un grito desgarrador a la luna, el deseo de que el mundo llegara a su fin para no tener que enfrentar los problemas, de escribir cartas para buscar apoyo: a Benito Juárez, a Porfirio Díaz, a Mariano Escobedo y a cuanto militar y político mexicano se me ocurriera.

Carlota y yo no nos dimos cuenta de que estábamos acorralados, y yo ya no sabía si pensar en el estado del imperio o de la mente de mi esposa. Los dos estaban al límite por causa mía.

Fue el último día de mayo de 1866 cuando llegó la carta de Napoleón; Carlota y yo la leímos juntos.

Después, ella me dio la espalda, tenía la mirada perdida en la ventana. ¡Cómo recuerdo contemplar su silueta junto a la ventana! Todo su cuerpo temblaba. Vestía de negro. El cielo estaba pálido. El aire estaba impregnado de la cera de las velas prendidas que nos rodeaban.

—Estamos atrapados, sólo nos queda una salida —la voz salió de sus labios como un hilo.

Yo dejé caer la carta de Napoleón sobre mi escritorio. Ahí tenía un mapa del imperio. Todos esos territorios eran míos, eran Habsburgo. Si nos dieran tan sólo una oportunidad de gobernarlos nosotros.

—Atrapados, ¿eh? —respondí, ensimismado con el mapa.

—No nos queda otra opción, Max. Nosotros solos no podemos mantener esta locura. Necesitamos ayuda, que Napoleón cumpla su palabra y nos ayude con los soldados.

Yo sacudí la cabeza.

—¿Y qué hago, ir hasta París para reclamarle?

—Tú no, pero yo sí puedo. Si tú eres el emperador de México, yo soy la emperatriz. Ir en nombre de los dos a París a exigirle a Napoleón que cumpla su palabra y, antes de que termine el año, estaré de vuelta —se volvió hacia mí con los ojos grandes llenos de lágrimas—, ¿confías en mí?

—A ti te confiaría mi vida, Charlotte. Es de Napoleón de quien desconfío.

Rodeó mi cuello con sus brazos, nunca la sentí tan débil y vulnerable, como cuando uno está a punto de despertar de un sueño; su mente era como una nube que se disipaba en la tormenta. Por un momento, ella recordó el amor y devoción que la llevaron a casarse conmigo, porque me cubrió el cuello de besos.

—No abdiques por nada en el mundo, mantente en la decisión que tomaste y cuando volvamos a encontrarnos, todo estará en paz.

No pude corresponder a sus besos, sólo nos miramos con lástima, con miedo, con una incertidumbre que nos alejaba y fue tanto el dolor que no soporté que el siguiente mes, antes de su partida, pasáramos mucho tiempo juntos, hasta el fatídico día.

¿Es verdad que un corazón está hecho para latir un número de veces antes de que la vida llegue a su fin? Si los dioses se sientan a tejer telarañas doradas en las que hilan todos los destinos de la humanidad, ¿qué me queda más que soñar que aún hay esperanza de que pueda cambiar el futuro?

A mi lado tenía una vela cuya luz alcanzaba a manchar el retrato de mi Carlota suspendido en la pared. Pensaba en su promesa de que volvería para ser aclamada de nuevo como Carlota Amalia, emperatriz de México, y que caminaría por los salones de este castillo entre los aplausos de mis súbditos; sería admirada por todas las mujeres del imperio, imitarían su forma de vestir, caminar y hablar. En los bailes reales impondría la moda. No habría hombre que se resistiera ante su belleza heredada de la casa real de Bélgica, pero los rechazaría a todos porque yo estaré a su lado, reflejando el amor en mis ojos.

El equipaje estaba listo, lleno de los recuerdos del castillo de Chapultepec; yo sólo pensaba que sería cuestión de tiempo lograr que nuestro imperio se estableciera definitivamente en México, como un faro glorioso que, desde Europa, alcanzara a disipar con toda su luz las sombras del nuevo continente. Salí de mi habitación, observándola tan sólo por un momento para que su imagen quedara grabada en mí como una joya de oro.

Carlota me tomó del brazo:

—Estoy lista —mintió.

Caminamos por el pasillo donde los soldados se multiplicaban frente a mí, eran siluetas sombrías que no tenían formas definidas y sus ojos carecían de brillo. Me parecieron como estatuas que se movían sólo por nuestras órdenes y los caprichos de nuestros generales. Hombres débiles que no fueron capaces de vencer al ejército de Juárez, a pesar de nuestra superioridad. ¿Qué importaba ya si estaban ahí o eran sólo sombras que se proyectaban en las columnas? A pesar de ser 30 de junio, el viento permanecía frío.

—¿Desde cuándo el mundo entero se volvió irreal para mí?

—El mundo nunca fue real para nosotros, Charlotte —le respondí.

Su vestido rozó el suelo frío, mientras acudían a mí antiguos pensamientos, las memorias de un jardín de rosas, las historias que me contaron cuando era niño, el recuerdo del rostro pálido de mi madre al despedirse, el abrazo de mi hermano.

Nos apoyamos en la balaustrada de la terraza, mirando hacia el oscuro futuro que nos esperaba. A pesar de su aparente calma, sabía que le afectaba nuestra situación. Nos abrazamos de nuevo, pero sentí un frío inusual en ella. Vi que las sombras de cansancio se marcaban bajo sus ojos.

En el patio ya la esperaba un coche cerrado con todos sus baúles y dos de sus damas de compañía. También mi querido Carlos estaba ahí, para escoltarla hasta Europa. No sabía a quién más confiarle algo tan preciado para mí; sólo a mi amigo de la infancia.

Carlota me miró por última vez:

—Napoleón no puede hacernos esto, cuando yo hable con él...

—Te va a decir que no puede ayudarnos. Vas a tener la misma respuesta de mi hermano.

—Tan sólo déjame intentarlo, verás que si me entrevisto con ellos, en persona, encontrarán la manera de prestarnos auxilio. Ten un poco de esperanza en que Dios va a librarnos de ésta.

—Charlotte, Dios nos abandonó desde el día en que llegamos a México.

—Iré a una audiencia con el santo padre. Cuando le explique todo, nos ayudará, ordenará a los países europeos que...

—¿Y Estados Unidos? Ellos son nuestro mayor problema, no Juárez.

—Todo se resolverá, ya lo verás. Si Europa entera nos tendiera la mano para tener una propiedad en América, Estados Unidos tendría que replegarse. Aún están vulnerables por la guerra.

No podíamos dilatar más el momento. Todo estaba listo para que Carlota viajara a Mérida y de ahí a Europa. Y en ese último abrazo, me llené de su perfume, de su esencia, compartimos un roce de labios y una lágrima diamante embelleció su semblante.

—Hasta que volvamos a vernos, mi ángel bienamado.

—Confía en mí, Max. No abdiques y todo se arreglará.

La ayudaron a entrar en el primer carruaje, en el segundo iría Carlos y los baúles en el tercero. Como impulsados por el viento frío, vi los coches alejarse hasta perderse en las sombras de los ahuehuetes y entonces descubrí que el frío no venía del viento, sino de mi interior.

Möge Gott immer über dich wachen, mein Engel.

Capítulo LVII

Es un lugar común decir que uno no sabe lo que tiene hasta que lo ve perdido, y así me sucedió con Carlota. Cuando llegué al castillo de Miravalle, sentí que me faltaba su sombra, sus reclamos, el sonido de su vestido al rozar el suelo. No estaba solo; claro, me rodeaban criados y mayordomos, el jardinero trabajaba como era su costumbre y en las cocinas preparaban la cena. Sin embargo, me parecía que no había nadie más que yo.

Entré a su habitación y me senté en su cama. Pasé mis dedos por mi escudo imperial en la cabecera. Contemplé los jarrones y el crucifijo. Sus posesiones estaban ahí, pero ella no. Y me asaltó una duda terrible. ¿Qué pasaría si ella no regresaba? El mar, en aquellos días, no era amable. Era temporada de huracanes, el agua estaba intranquila y Carlota, propensa a los mareos y otro tipo de desgracias, seguramente tendría un mal viaje.

Confiaba en ella y en mi querido Carlos para que lograran su cometido. Napoleón debía cumplir con su promesa de ayudarnos con los soldados, o no tendríamos ninguna esperanza de mantener este proyecto. Alguien en Europa debía voltear su mirada hacia mí, aunque fuera para hacerle contrapeso a Estados Unidos.

Sólo dos años habían pasado desde nuestra llegada a tierras mexicanas, y todo parecía más peligroso que nunca. Encontraríamos la forma de resolver todo este asunto; Carlota era una mujer inteligente y sabría cómo negociar una salida.

Mientras tanto, aproveché para escribirle a mi madre. Si alguien podía convencer a Francisco José de que me apoyara de alguna forma sería ella. Tenía que hacerlo porque, quizá, se me iba la vida en ello.

En México, tanto la causa republicana como la imperial vivían momentos desesperados, en los cuales todo podía perderse en un segundo.

La diferencia, a mi entender, estaba en los hombres que apoyaban cada una de estas causas. Por ejemplo, los voluntarios belgas y austriacos estaban cansados de no recibir sus salarios completos y de no encontrar la paz y las riquezas que se les había prometido; y la lealtad de los hombres tiene un precio, y no siempre puede mantenerse con base en promesas. Luchaban por un país que no era el suyo y que no habían adoptado. No bastaba con que yo me sintiera mexicano; ellos no compartían ese sentimiento. En cambio, los hombres mexicanos luchaban por su país, por lo que a ellos les parecía correcto y porque, seguramente, serían recompensados en cuanto mi imperio fuera destruido.

Estoy hablando de hombres como Porfirio Díaz. Incapaz de mantenerlo preso, encontraba formas de escaparse y formar de nuevo su ejército. Habría que encontrar la manera de arrestarlo de nuevo.

Aunque Juárez anduviera por el norte del país, el sur aún estaba en mis manos, pero ¿por cuánto tiempo?

Tenía que pensar que yo me había quedado en México para contener los restos que quedaban del imperio. Ya no estaba seguro de que pasearme por diferentes territorios para que me vieran como su emperador fuera suficiente. ¿Cómo podría defenderme sin hombres ni armas? Buscaría a la Iglesia católica; después de todo, me había apoyado al principio.

Me fui hacia el Palacio Imperial y mandé llamar al arzobispo Pelagio Antonio de Labastida y Dávalos a mi oficina para tratar de buscar algún tipo de apoyo. Lo recibí una tarde lluviosa, vestía con su sotana usual aunque su cara me recordó a la de un sapo que vi alguna vez en uno de mis libros. Estaba enojado, apretaba los labios y caminaba con pasos pequeños. Nos sentamos en dos sillones separados, que se encontraban de frente. Rechazó todos mis ofrecimientos de una bebida, ya fuera vino, café o coñac. Al verme, torció la boca en forma de asco, pero sus palabras fueron amables e hipócritas a la vez.

—¿En qué le puedo ser útil, su majestad?

—Necesito su apoyo —dije claramente—. Como sabe, las cosas no están bien en México y la Iglesia católica podría ayudarnos en esto.

La pequeña sonrisa que se le dibujó en el rostro me dejó helado. Cerró los ojos por un momento antes de responder:

—Señor Maximiliano, cuando usted llegó a México buscábamos que se desecharan las nuevas leyes y nos devolvieran las propiedades que nos arrebató Benito Juárez. En cambio, usted no le hizo caso a las advertencias que le di ni a lo que le pidió el santo padre. ¡Incluso permitió la libertad de cultos en México! No sabe cuántas almas se irán al infierno a causa de ello y usted es el único culpable, su imperial alteza. ¿Cómo podríamos darle nuestro apoyo si no lo hemos recibido?

Intenté responder:

—Señor arzobispo, le pido que reconsidere. Sin duda, estará mejor conmigo que con Benito Juárez, y sus feligreses están más contentos con un imperio que con una república. Si nos diera su apoyo, podríamos negociar algún tipo de apoyo del imperio a la Iglesia católica.

Pero hubiera sido más fácil conseguir el apoyo de una piedra. El arzobispo se levantó con un suspiro.

—No nos engañemos, señor Maximiliano. Su esposa nunca permitirá que nosotros formemos parte del mundo político de este país. Me va a prometer algo que no podrá cumplir. Tuvo la oportunidad de dar a este país un rumbo más agradable para Dios, pero se equivocó o fue mal aconsejado. México es un país católico, nunca lo olvide.

Caminó hacia la puerta, mientras yo lo llamaba:

—¡Arzobispo! ¡Su excelencia!

No tuvo la cortesía de dirigirme una mirada al salir de la habitación, y nunca más lo volví a ver. No respondió mis cartas. Había perdido el apoyo de la Iglesia católica. Y yo me sentía desesperado, no sólo necesitaba que Carlota consiguiera su cometido, tenía que hacerlo rápido.

Sin mi Carlota, sin la Iglesia, sin Francia y sin Austria me sentí solo, desamparado y al borde de la desesperación. Ningún imperio puede sostenerse de ideales y de buenos deseos. ¿Se habrá sentido así Agustín de Iturbide, antes de abdicar de la corona mexicana? Al menos salvaría la vida, pero ¿a qué costo? ¿Cómo podríamos Carlota y yo presentarnos ante las demás familias reales después de haber perdido un imperio?

Yo me imagino que mi madre convencería a mi hermano de devolverme los derechos que firmé y que podría conservar el dinero que mes a mes me daban, y que ahora se iba en pagar el crédito que había pedido para el castillo de Miramar. ¿O no? Después lo que sucedió con la firma de ese documento...

Yo era una pieza de ajedrez sin movimiento alguno, en una posición en la que me encontraba vulnerable. Cualquiera podría acercarse a mí para hacerme un jaque definitivo. Hace mucho que yo había dejado de ser el rey y Carlota la reina.

Ah, Carlota. Por varias semanas no tuve parte de ella o de Carlos; me fue negado el conocimiento de lo que ella hacía en Europa, y yo tenía miedo de que se repitiera una de las crisis nerviosas que tuvo en México. No, mi Carlota era fuerte, tenía que serlo para salvarnos a los dos.

Finalmente, el 12 de octubre llegó la primera comunicación, un telegrama corto por parte de Carlos y, al leerlo, lo comprendí todo: Carlota contrajo meningitis, el médico hacía todo lo posible. No entendí la gravedad del asunto hasta que recibí una carta de Carlos:

Querido Max,

Carlota se encuentra bajo los cuidados del médico Josef Gottfried von Riedel después de lo que aconteció. Querido amigo, lamento ser la persona que te cuente estos pasajes de la vida de tu mujer, y por la forma en que habré de narrarlos. Creo, sin embargo, que no puede hacerse de otra forma, y es menester que enfoques tus energías en levantar el imperio que te queda para cuando tu Charlotte se encuentre mejor.

Carlota se encontró mal durante el transcurso del viaje. Las olas levantaron la embarcación de tal forma que todos nos sentimos mal. Ella se encerró en su camarote y no salió hasta que llegamos a Europa. Se le sirvieron todas sus comidas en él y sus damas la atendieron de acuerdo con todos los protocolos.

Cuando llegamos a París nos recibió una comitiva de parte del emperador, que no se hizo presente de modo alguno, pero envió a una orquesta a tocar el himno, pero en una terrible equivocación interpretaron, según parece, el de Perú; lo cual causó una gran consternación en la emperatriz, quien se quedó callada durante toda la ceremonia, pálida y limpiándose el sudor de la frente. Por días enteros intentó que Napoleón le ofreciera un momento de su tiempo; Carlota buscó apoyo en importantes familias de abolengo para que le pidieran a Eugenia que se apiadara del proyecto mexicano.

El día que sucedería el encuentro, Carlota despertó con una fuerte migraña. En confidencia, me dijo que soñó que Napoleón III era el mismísimo anticristo bíblico, y que él había enviado a alguien para que la envenenara. Por la forma en que me lo contó, supe que ella creía que su sueño era verdad, quizás una especie de revelación divina que sólo ella podía entender. Dudé en si debía dejarla ir a la reunión.

Napoleón se mantuvo solemne, y su amable esposa bajó la cabeza en todo momento. Me pareció evidente que habían discutido sobre México. La tensión se sentía en el aire. Sin dilatar mucho el asunto, pues el emperador de los franceses dijo tener otros menesteres en los cuales habría de ocuparse el resto del día, le explicó a Carlota que nada podía hacer por ti, que las tropas no volverían y que si México no estaba pacificado se debía a tu falta de destreza y a tu mal gobierno. Carlota apretó los labios con un enojo evidente, pero mantuvo la calma, agradeció la audiencia y se marchó. No quiso insistir a causa de la migraña que la aquejaba.

Por esos días comenzaron a llegar más cartas. El hermano de Carlota y tu propio hermano, Francisco José, negaron estar en posibilidad de ayudarnos de cualquier forma: dinero o voluntarios. Las familias adineradas o bien posicionadas que se atrevían a recibirla decían lo mismo, el resto la ignoró. Carlota pasó de ser una mujer querida y apreciada en Europa a representar un proyecto que todos empiezan a ver como fallido.

Carlota buscó mi consejo, algo teníamos que fraguar para ayudarte, querido Max. Desayunábamos un día en un café de Trieste cuando se le ocurrió la idea de hacerle una visita al santo padre. Si él decidía apoyar el imperio mexicano, entonces las naciones europeas lo seguirían, por derecho divino. Carlota no esperó a tener respuesta a su carta, tomó un tren que la llevó directamente a Roma, en donde se reuniría con él. Pero ella no comprendió que ya no eran los tiempos en los que su santidad los veía a ustedes como la salvación de México. Pío IX no la recibió para una audiencia, sino que la invitó a desayunar con él, rodeada de otros personajes importantes de la ciudad. Ahí, el comportamiento de tu esposa se tornó más errático de lo que cualquiera de nosotros hubiera esperado.

Aunque no estuve presente, escuché de testigos presenciales que Carlota hizo algo que asombró a todos. En cuanto les sirvieron una taza de chocolate metió los dedos en el líquido espeso para llevárselos a la boca, dejando a todos estupefactos. El lindo vestido de color blanco que había escogido para la visita quedó salpicado de manchas marrones. El santísimo padre, haciendo un esfuerzo para ignorar estas muestras, le recordó a Carlota que tanto ella como tú hicieron la promesa de ayudar a la Iglesia católica en México. La respuesta de tu esposa, querido Max, dejó estupefactos a todos, ya que se inclinó hacia el santo padre y exclamó que Napoleón III era el anticristo en la Tierra y que sólo ella lo sabía; por lo tanto, sus demonios, repartidos por toda Europa, habían hecho una conjura para eliminarla. Dijo que la única copa segura era la de Pío IX, y le rogó que le dejara beber jugo de naranja de ella. La describieron como una endemoniada bíblica, y fue escoltada de regreso a sus habitaciones en Roma.

Max, la locura de tu esposa creció con el paso de las horas. Esa idea de que alguien la quería envenenar la llevó a despedir a todas sus damas y a refugiarse en su habitación. Para comer, sus alimentos debían ser preparados frente a ella. Llegó a tal nivel que la cocinera debió llevar una gallina viva y cortarle el pescuezo frente a ella antes de cocinarla. La habitación se llenó de un humo negro que molestó a los vecinos.

Puesto que no quería beber de ninguna agua que le ofrecieran, Carlota salió a la mitad de la noche y corrió descalza por las calles de Roma. A la luz de la luna se le vio en la fuente de Trevi, bebiendo del agua con ambas manos. Fue imposible contener este comportamiento por más tiempo. Junto con el embajador de Bélgica y un enviado especial que llegó de Viena, logramos que Carlota confiara en nosotros lo suficiente para subirla a un tren que la llevara hasta Miramar, donde se halla recluida hasta la redacción de esta carta. Donde, como ya escribí, el médico Josef Gottfried von Riedel, enviado por su hermano Leopoldo, la atiende. De momento permanecerá encerrada hasta que sea posible calmarla un poco.

Tu esposa, querido Max, oscila entre periodos de locura, en los cuales dice cosas terribles del imperio y de las personas más cercanas a ella, y

otros en los que se encuentra lúcida y cuerda. Quizás el descanso en Mira-
mar le venga bien para que pueda recuperarse y vuelvan a encontrarse en
situaciones más tranquilas, ya sea en México o de vuelta en Europa.

De verdad, querido amigo, lamento ser yo la persona que te comuni-
que estas terribles noticias.

Carlos de Bombelles

Tuve que leer la carta dos o tres veces para alcanzar a entender la gravedad de las palabras de Carlos.

Entonces comprendí que la idea de abdicar no era tan descabellada, después de todo. ¿A qué me quedaba en un país en el que ya no tenía un ejército que me defendiera? Sin dinero para levantar más voluntarios. Sin apoyos políticos de las diferentes fuerzas de México y con la presión de Estados Unidos de que todo volviera a la normalidad anterior a mi imperio.

Cuanto más tiempo me quedara en el poder, Benito Juárez crecería como héroe y sería símbolo de la resistencia.

Comencé a fraguar un plan de huida, mientras los militares mexicanos hacían su guerra en contra mía.

A los pocos días llegó un sobre y reconocí la letra de inmediato. Era de Carlota, ¿la había escrito en un momento de locura o de sensatez? Eran tan sólo unas líneas que leí con el corazón roto.

Tesoro entrañablemente amado:
Me despido de ti. Dios me llama. Te doy gracias por la felicidad que siem-
pre me has dado.

Que Dios te bendiga y te haga ganar la gloria eterna.
Tu fiel Carlota.

Capítulo LVIII

Ésta es la letra de una canción que escuché en las calles de la Ciudad de México y que, según me dicen, se ha vuelto popular en todo el país. El autor es Vicente Riva Palacio.

Alegre el marinero
con voz pausada canta,
y el ancla ya levanta
con extraño rumor.
La nave va en los mares
botando cual pelota,
adiós, mamá Carlota,
adiós, mi tierno amor.

De la remota playa
te mira con tristeza
la estúpida nobleza
del mocho y del traidor.
En lo hondo de su pecho
ya sienten su derrota;
adiós, mamá Carlota,
adiós, mi tierno amor.

Acábanse en Palacio
tertulias, juegos, bailes,
agítanse los frailes
en fuerza de dolor.
La chusma de las cruces
gritando se alborota,

adiós, mamá Carlota,
adiós, mi tierno amor.

Murmuran sordamente
los tristes chambelanes,
lloran los capellanes
y las damas de honor.
El triste Chucho Hermosa
canta con lira rota:
adiós, mamá Carlota,
adiós, mi tierno amor.

Y en tanto los chinacos
que ya cantan victoria,
guardando tu memoria
sin miedo ni rencor,
dicen mientras el viento
tu embarcación azota:
adiós, mamá Carlota,
adiós, mi tierno amor.

Capítulo LIX

POR HABER SIDO VENCEDOR EL 3 DE OCTUBRE DE 1866 en la batalla de Miahuatlán y el 18 de octubre en la batalla de la Carbonera, el general Porfirio Díaz comenzó a tomar control del sur. Poco después empezó el sitio de Oaxaca. En el norte hacía lo mismo el general Mariano Escobedo. Los rumores indicaban que Benito Juárez había comenzado su peregrinar a la capital. La salida de las tropas francesas y de los voluntarios se tornó en un asunto cada vez más grave.

Ah, si tan sólo tuviera dinero en las arcas. Bien dice el dicho que cuando los sueldos se pagan, las revoluciones se apagan.

Necesitaba ser precavido en mis siguientes acciones, un paso en falso podría ser fatal. Sin consultarlo con nadie, decidí que no saldría de la Ciudad de México hasta que me sintiera listo y di la orden de que la corbeta *Dandolo* se mantuviera en Veracruz. Mandé allá algunos documentos importantes, jarrones, joyería y todo cuanto se me ocurrió. Claro, con el peligro de que durante el viaje de la Ciudad de México al puerto de Veracruz se rompiera algo o fuera robado por alguno de los salteadores de caminos.

Aún no estaba seguro de lo que iba a hacer o de cómo renunciaría a la corona para mantener la poca imagen que me quedaba. Tenía que hacerlo correctamente, ya que de otra manera podría dañar a Francisco José.

Ay, siempre mi hermano, aunque estemos en lugares tan distantes, nuestros destinos parecen estar unidos más que nunca, ¿no es cierto?

Mi madre, quien seguramente se encargó de estar al tanto de todo lo que acontecía en México, no pasaría por alto el desastre en el que se encontraba no sólo el imperio, sino la cordura de la emperatriz, y adelantándose a mi decisión me envió una carta. Ésta no vale la pena repetirse aquí, más que por una frase que ya me había dicho la última vez que nos reunimos en Viena: "un Habsburgo no abdica jamás".

Bien, estaba escrito, no podría regresar a Austria, porque mi madre me había retirado todo el apoyo con esas sencillas palabras y de nada me valdría ir a llorarle como cuando tenía ocho años, porque la archiduquesa Sofía no hubiera perdonado, jamás, una muestra de debilidad como la de abandonar un trono. La había obligado a escoger entre la felicidad del imperio austriaco y la mía... fallando en mi contra.

Si acaso puede llamarse así, apareció un rayo de esperanza en la figura del general Miguel Miramón. Pidió una reunión conmigo y se la concedí en el palacio, para no llevarlo al castillo, donde mis recuerdos de Carlota eran cada vez más dolorosos, y la nostalgia era mi agonía de cada día.

En cuanto lo vi entrar, recordé la primera vez que tuve la ocasión de conocerlo, ese día feliz en el que toda la capital salió a celebrar nuestra llegada. ¡Y qué rápido se nos cayeron los cimientos de este imperio! Ahora lo tenía frente a mí, vestido de general, siempre con su porte militar y su mirada alerta como la de un búho.

—Su imperial excelencia —dijo, haciendo una reverencia leve con la cabeza—, si me permite, le comunico que no todo está perdido. Con los pocos hombres que me quedan puedo comenzar a recuperar las ciudades más importantes y tener control de todo el imperio en tan sólo unos meses.

—¿Está usted seguro? —le pregunté dudoso, mi esfuerzo por evitar que me temblara la voz fue infructuoso.

—No cuente lo que ha perdido, sino lo que aún mantiene. Puebla, Querétaro y la Ciudad de México aún son nuestras y nos pueden ayudar a recuperar el resto si la estrategia está bien planeada.

Quizás aquel joven podría triunfar en donde Bazaine fracasó tantas veces. Si los generales de Juárez no querían unirse a mi imperio, quizás otros mexicanos que hicieran campaña podrían ayudarnos.

Conforme las tropas francesas abandonaban el país, creció mi ansiedad. Perdía el control de mi imperio, y de mi vida. Carlota me había pedido no renunciar, mi madre me suplicaba que recordara que un Habsburgo no abdica en tales circunstancias. ¿Y yo? ¿Estaría sujeto por siempre a los caprichos de otros? ¿De mi madre, de mi hermano, de Napoleón III, de mi esposa, de Juárez, de los mexicanos?

El lento aleteo del viento de los últimos meses de 1866 me hizo comprender que las tácticas de Miramón, a pesar de sus buenas intenciones, no servían de mucho, puesto que las tropas republicanas mantenían su avance.

Cuando Porfirio Díaz recuperó Oaxaca y amenazó con avanzar hacia la Ciudad de México, tomando Puebla en el camino, la situación se tornó lamentable.

El 5 de febrero de 1867 Bazaine evacuó a todas las tropas francesas de la capital y, una semana después, junto con Miguel Miramón y escoltado por mil quinientos soldados más dejé atrás la Ciudad de México.

Mis últimos momentos en el castillo de Miravalle y en el Palacio Imperial fueron agridulces, llenos de recuerdos como la de aquella primera noche con la cama llena de chinches, de los paseos por los jardines, de las tardes de verano bajo la sombra de los ahuehuetes, el tequila, el mole, los buñuelos, los dulces de yema de huevo de las monjas, los desfiles, el Paseo de la Emperatriz que nunca terminaría de construir,* los aplausos, los vivas, los *Te Deum* en catedral y las orquestas que tocaron "La paloma" en las fiestas... Mis lágrimas manchan este papel, déjenme cantar un rato mientras las balas no se ensañan conmigo.

> ¡Ay, Chinita, que sí! ¡Ay, que dame tu amor!
> ¡Ay, que vente conmigo, Chinita!,
> adonde vivo yo...

---

* Actualmente, el Paseo de la Reforma.

Capítulo LX

Bien hubiera dejado un camino de lágrimas en mi andar hacia Veracruz, con la esperanza de que me mostraran el camino de vuelta a la Ciudad de México. Porque en mi mente creía que volvería a ser emperador junto a Carlota, con Benito Juárez y Porfirio Díaz rindiéndome pleitesía.

Qué silenciosa salida, qué diferente a los festejos que se organizaron para recibirnos. Cuando se gana o se pierde, duele que no haya palabras de consuelo. Carlota, sin sentido alguno de la realidad y presa en Miramar, o de mi querido Carlos de Bombelles, tratando de ayudarme de cualquier modo. Las dos personas a las que más amaba en la vida estaban lejos.

Ni Miramón ni Bazaine podían ofrecerme otro tipo de ayuda espiritual o que calmara mi angustiado corazón.

Sin escribir un anuncio oficial de abdicación, planeaba irme del país, huir lo más lejos posible y encontrar la forma de solucionar todo. Y al mismo tiempo, el deseo de morir (no por propia mano) crecía en mi interior.

No pude, sin embargo, ver el ancho mar en el que había llegado. Las ciudades se encontraban en manos del ejército de Benito Juárez, de sus partidarios y también de aquellos conservadores desencantados que pensaron que Carlota y yo resolveríamos en favor suyo. Cualquier mexicano era mi enemigo y podía emboscarme si yo me quedaba en los caminos.

Nos encontramos con el general Mejía, un hombre capaz, de buen porte, rostro redondo y piel morena. Iba con algo de tropa y nos hizo una seña para que nos detuviéramos. Paramos en un paraje desolado. No podría reconocerlo en un mapa, soplaba el viento caliente y húmedo a la falda de los volcanes. Necesitábamos un lugar para guarecernos en busca de una vía de salida.

—Mi emperador, no pueden seguir por este camino, hay peligro adelante. Necesitamos volver.

El general Miramón agitó la cabeza.

—Más peligroso sería volver a la Ciudad de México, nos podría emboscar Porfirio Díaz en cualquier momento. Hay todavía una ciudad leal al imperio, una que puede protegernos en lo que reunimos las fuerzas para escapar de México.

Como si el general Miramón y el general Mejía se hubieran puesto de acuerdo, los dos exclamaron:

—Querétaro...

Y sí, parecía la mejor opción para retomar la energía necesaria que nos llevara a crecer en fuerzas militares o a huir de esta patria en caso de que fuera muy necesario.

Escupiendo en el suelo, maldije a Napoleón y emprendí la marcha.

Entré a la ciudad el 19 de febrero de este año. Ya me esperaban, de modo que las personas salieron a ovacionarme, a cantarme "La paloma", a gritar vivas con mi nombre y, por un momento, me sentí como el loco soñador que, durante los primeros días del imperio, viajaba a la capital.

El ejército que nos acompañaba estaba compuesto mayormente por mexicanos y era por México que yo resistía, a pesar de todo. Para no ser gravoso para ninguna familia de la ciudad, montamos varias casas de campaña ahí cerca, en el Cerro de las Campanas y las primeras semanas dormí sobre el duro piso. Durante el día, sostenía largas reuniones frente a un mapa para saber qué íbamos a hacer a continuación.

Aquello no era más que un dolor de estómago y de cabeza. Mientras que el general Miramón y el general Mejía discutían sobre qué era lo que se debía hacer a continuación, Bazaine, quien nos acompañaba, se quedaba callado, pálido y con un labio temblándole.

Debí imaginar que Bazaine no era un hombre de fiar y que sus facciones de rata de barco tenían algo que ver con su alma. Lo comprendí un día que me fueron a buscar al amanecer para decirme que la carpa en la que Bazaine dormía estaba vacía. Horas después llegó un mensaje de que lo habían visto camino a Veracruz. El muy cobarde tenía decidido abandonar el barco que se hundía y volver a Europa.

Al menos, el general Leonardo Márquez venía a reforzarnos y eso nos daba esperanzas.

Capítulo LXI

EL GENERAL MARIANO ESCOBEDO sitió Querétaro el 14 de marzo. Rodeó la ciudad con todos sus hombres para evitar que nadie entrara o saliera, mientras que el general Márquez se desvió a la ciudad de Puebla para detener el avance de Porfirio Díaz.

Ante este cambio de circunstancias, optamos por un nuevo lugar para resguardarnos: el Convento de la Cruz.

Nuestra situación se tornó desesperada en pocos días: los recursos eran pocos, la comida escaseaba y los estofados que preparaban pronto le cayeron mal a mi estómago sensible. Mi cuerpo fue mi propio enemigo: la disentería, el agua sucia por el sitio y las múltiples enfermedades comenzaron a cambiarme; del príncipe austriaco que hacía suspirar a todas las damas de Europa sólo quedó un guiñapo, consumido por su propia ambición.

Necesitábamos romper el sitio a toda costa, pero cada vez que intentábamos luchar con los soldados que teníamos, las desavenencias entre Miramón y Mejía resultaban en decisiones torpes y en batallas perdidas.

Así pasó marzo, y yo ya no sabía qué hacer para dormir.

Ordené que uno de los soldados se dirigiera a la Ciudad de México o a donde fuera para conseguir soldados y volvió con mil doscientos jinetes que nos dieron el gane en una primera batalla, pero el sitio no se movió. Mariano Escobedo mantenía el cerco implacable sobre nosotros.

El 2 de abril Porfirio Díaz tomó la ciudad de Puebla y avanzó sobre la capital del país.

Llegó una primera carta del ejército republicano recomendándome que me rindiera. ¡Jamás haría algo así! Si un Habsburgo no abdica, tampoco encuentra una oportunidad para rendirse sin importar qué suceda.

Abril fue de avances y retrocesos; encomendándome en la maestría de Miguel Miramón, noté cómo se ganaron algunas de esas batallas, aunque de nada nos sirvieron para romper el cerco o avanzar en posiciones. No perdí la esperanza, porque cada triunfo podría ser la salvación que buscábamos.

Peligrosa es la desesperación, porque es la semilla para la esperanza más falsa que puede sentir el ser humano.

Cada vez que el general Miramón me decía: ¡Ganamos una batalla!, mi corazón saltaba de alegría como si un pequeño triunfo en Querétaro pudiera lograr el restablecimiento total del imperio o la cordura de mi Carlota. ¿Y qué me quedaba a mí, con mis dolores de estómago y mis noches de insomnio, sino contemplar los mapas de lo que fue mi fugaz imperio o caminar por las capillas del convento en espera de que Dios escuchara el eco de mis padrenuestros? Qué silencioso es el creador cuando sus criaturas lo necesitan, y qué doloroso es saberlo.

Luego estaba la moral de las tropas, que es lo más doloroso de un sitio. Porque cada triunfo en el que no se obtiene una ganancia tangible, sabe a fracaso. Y para nosotros, el sitio de Querétaro nos parecía como una colección de bonitos fracasos. Para colmo, tanto el general Miramón como el general Mejía vivían de recriminarse cualquier pequeño detalle de las batallas, como si cada uno tuviera la solución mágica para sacarnos de aquel problema.

Para finales de mayo, la ciudad entera sufría, podían contarse los agujeros de las balas en las casas, el estruendo de los cañones era tan común como el canto de las golondrinas y el dulce aroma de las flores había sido reemplazado por la pólvora amarga, la carne muerta, la madera quemada y otros olores que los vientos de guerra arrastran consigo. Las moscas y los mosquitos nos rodeaban sin que tuviéramos forma de alejarlos de nosotros. El hambre era cosa de todos los días, y mi cuerpo parecía desaparecer en el espejo; la piel se me pegaba a los huesos, mis facciones eran recuerdo y trozos de mi barba habían encanecido de repente.

En cosa de unas semanas envejecí décadas.

Era tal mi cansancio, que las pocas horas que tenía para dormir eran oscuras, sin sueños, sólo me recostaba en un catre y despertaba tres horas después con un dolor en las articulaciones. Pero no podía llamar a un médico para que me aliviara. Estaba condenado al dolor y al sufrimiento.

Y cada día que pasaba me decía: hoy será el día que pueda llegar al puerto, hoy me dejarán salir, huiré lejos y perderé la cabeza como Carlota, pero al menos estaré vivo. Sí, hoy será el día.

¡Tonto que fui! Debí escuchar a los soldados y consejeros que me rodeaban en aquel momento e intentaban convencerme de negociar mi rendición a cambio de un salvoconducto o cualquier otro menester que pudiera llevarme a la libertad o, al menos, que salvara mi vida.

El 13 de mayo, en una de las acostumbradas reuniones que sostenía con mis generales, no me quedó otra opción que decirles:

—Cinco mil soldados mantienen hoy este lugar, tras un asedio de setenta días, realizado por cuarenta mil hombres que tienen a su disposición todos los recursos del país. Durante este largo periodo se desperdiciaron cincuenta y cuatro días esperando al general Márquez que no volverá a tiempo, si es que acaso logrará hacerlo. Señores, ¡nos morimos en este infierno! O encontramos una forma de escapar de Querétaro o buscamos a un sacerdote que nos dé los últimos ritos antes de llegar a la presencia de Nuestro Señor.

Se miraron y asintieron. Estuvieron de acuerdo en que debíamos dedicar el tiempo no a planear nuestro siguiente ataque, sino a crear un plan de huida que nos permitiera escapar en cualquier dirección.

La fecha se fijó para el mediodía del 15 de mayo.

Nadie debía saber, la huida debía ser secreta.

Pero uno de mis hombres tenía otra idea.

Escribe su nombre, Max, no lo ocultes para la posteridad. ¡Está bien! Así lo haré. El coronel Miguel López, cansado del largo sitio y habiendo meditado sobre las consecuencias que podría traer su arresto, se escabulló en la madrugada y rompió el sitio para buscar a mis enemigos.

Ignorante de todo aquello, recorrí la celda del convento. Serían las últimas horas que pasé ahí. Me asomé por la ventana para ver la tierra seca y el resultado del sitio, me paseé frente al crucifijo para rezar y pedirle a Dios que me ayudara a que todo saliera bien. Esperaba navegar en unas horas, tenía que hacerlo. No había aguantado tantos días de sitio por nada.

Mientras me miraba al espejo para preguntarme si pronto podría volver a mi aspecto normal, las tropas de Mariano Escobedo avanzaron por la ciudad, sin levantar un solo tiro, sólo una polvareda terrible que aprovecharon para arrestar a cuanto soldado imperial encontraron a su paso.

Miguel Miramón vino a buscarme.

—¡Entraron a la ciudad! Están por llegar al convento.

No había tiempo que perder, no me encontrarían ahí si pudiera evitarlo. Me vestí con las primeras ropas que encontré y me fajé la espada al cinto. Sólo un sombrero de paja me guareció del ardiente sol. Salí por la puerta trasera del convento y monté mi caballo. Con paso veloz, escoltado por Miguel Miramón y por Tomás Mejía, me dirigí hacia el Cerro de las Campanas.

Al llegar ahí, nos apeamos para tomar una decisión.

—¡Por las montañas! —exclamó Mejía—. Es nuestra única oportunidad.

Sin embargo, era demasiado tarde, porque mientras discutíamos una ruta de escape, escuché la voz de Sóstenes Rocha, uno de los hombres más cercanos a Mariano Escobedo.

—Todo ha terminado, su majestad. El imperio ha llegado a su fin.

Detrás, un pelotón completo esperaba para detenernos y a lo lejos divisé la figura de Mariano Escobedo, con una sonrisa brutal, como si de golpe entendiera todo el dolor que habría de venir en los próximos días.

Desenvainé la espada y la sostuve frente a mí. Miramón, Mejía y todos los presentes me observaron con los ojos abiertos, tratando de descifrar mi siguiente movimiento, pero no quise atacar a los soldados que me esperaban ni pude suicidarme como un romano en tiempos del imperio de Calígula. En cambio, le ofrecí mi espada a Rocha.

—Para el general Escobedo, se ha ganado esta muestra de su superioridad.

Comprendí que Dios me había abandonado en los momentos de angustia.

Capítulo LXII

MI SUERTE ESTABA ECHADA DESDE EL MOMENTO en el que acepté la corona de México. Como si en el instante en el que mis labios pronunciaron el "sí" el destino hubiera disparado un fusil, cuya bala, con mi nombre, se quedó girando en el aire, hasta el fatídico momento en que habría de morir.

Se ensañarían conmigo, sería el representante de todos los errores del imperio, guiñapo para la historia y, sin embargo, ¿es tan difícil entender que de verdad amé a mi nueva patria, que quise su bienestar, que era costumbre de Europa que los príncipes educados gobernaran países ajenos a los suyos, que soñé que podía levantar un país en ruinas? Sí, soy un loco soñador, como lo es cualquier gobernante que de verdad quiera algo para sus gobernados.

¡Soy un loco, pero no un farsante! ¡Soy un ingenuo! ¡Sí! Y eso me hace igual a Benito Juárez y a Porfirio Díaz, el día que gobiernen (porque sus aspiraciones políticas se ven a leguas).

Me devolvieron al Convento de la Cruz donde me encerraron en espera de noticias de mi juicio. Estuve tan sólo un par de días ahí, en un estado de ansiedad tan severo que mis problemas estomacales empeoraron. De modo que me llevaron al Convento de las Capuchinas donde me informaron que mi juicio se llevaría a cabo en el Teatro de Iturbide... qué original. ¡Un teatro para la farsa, para representar la obra que Benito Juárez había pedido! Pero yo no sería parte de su circo ni me portaría como uno de sus payasos. Además, estaba débil, cansado, enfermo, con la piel sobre los huesos y los sueños rotos.

Tenía la impresión de que me acosaban los recuerdos de mi vida, las personas con las que conviví por años, amigos y familiares. Le solicité a uno de mis carceleros que le pidiera a mi abogado, Rafael Martínez de la Torre, que me dieran unos cuadernos y algo de tinta para escribir, y después de una de las sesiones de preparación para el juicio vino a dármelos, mientras me contaba sobre los animados discursos que ofrecía para salvar mi vida.

Le respondí que estaba haciendo un buen trabajo, pero mi estado era tan pobre que noté un dejo de lástima en sus ojos.

Así fue como pasé las horas en mi recuerdos. Por medio de mis palabras volví a "El niño que amó a la Luna", a las caricaturas que dibujaba en clase, a las primeras ocasiones que fui capitán de un barco, a los viajes que hice por Tierra Santa, a los ojos de todas las mujeres a las que amé y a las risas que compartí con mis hermanos... sentí frío cuando escribí de la frialdad de mi madre, y añoré las travesuras cómplices con Francisco José y las aventuras largas que viví con mi querido Carlos.

Lo conté todo tal como lo viví, lo sentí; lo conté como lo supe, porque ¿quién mejor que uno para contar la historia de su vida?

Ay, Max, ¿crees que a alguien le interesará leerla?

Cuando se terminó el segundo cuaderno, pedí el tercero; mientras la farsa seguía en el teatro. El mundo entero sabía cuál sería el veredicto final, de modo que personajes importantes de todo el mundo le escribieron a Benito Juárez para abogar por mi vida: mi hermano, la reina Victoria, mi cuñado Leopoldo, Isabel de España, Victor Hugo, Charles Dickens y Giuseppe Garibaldi. Incluso mi hermano logró que se me devolvieran mis títulos en cuanto regresara a Austria.

Se me había informado que la Constitución de 1857 abolió la pena de muerte para delitos políticos, pero yo sabía que Juárez lograría matarme de alguna forma u otra. Sin embargo, la base para las acusaciones en mi contra tenían que ver con la ley del 25 de enero de 1862 que castigaba delitos contra la nación.

Aunque los cargos reales me fueron notificados un poco después. Algunos de los más importantes fueron:

Uno, que yo era un instrumento de la intervención de los franceses.

Dos, que usurpé el título de emperador.

Tres, que atenté contra los derechos de un pueblo soberano y libremente constituido.

Cuatro, que usé las armas para afectar la vida, los derechos y los intereses de los mexicanos.

Cinco, que llevé, con los franceses, una guerra injusta.

Seis, que recluté extranjeros para mi propio fin.

Siete, el decreto del 3 de octubre de 1865.

Ocho, el manifiesto del 2 de octubre de 1865.

Nueve, que continué con la guerra a pesar del retiro de las tropas francesas.

Por supuesto, me negué a responder a aquellos cargos. ¿Quiénes se creían mis acusadores como para tratarme de forma tan ruin? Si dijera algo sería solamente ante Juárez, así que le escribí para pedirle una audiencia. Me dijeron que le darían mi carta, pero sólo recibí una negativa; no sé si fue de él o de algunos de sus hombres cercanos. No lo sé, ya no importa mucho.

Tanto Miramón como Mejía acudieron al teatro con tal de limpiar su nombre y respondieron a cada una de las venenosas preguntas que les hizo el Consejo de Guerra. Por supuesto, el hecho de que tal acto se llevara a cabo en un lugar así sólo provocó que los asientos estuvieran llenos de curiosos que deseaban ver al emperador caído, pero no les diste el gusto, Max. Oh, no… Un Habsburgo debe mantener la investidura a pesar de todo.

En los países civilizados con una visión clara de la naturaleza de la guerra es propio respetar la vida del vencido, pero México, que había vivido en conflictos desde 1810, no entendía mucho de ello. Muchos intentos se hicieron para que yo pudiera escapar, se intentó sobornar a cuanto soldado pertenecía al ejército de Mariano Escobedo, pero éste siempre descubría todo antes de que se pudiera llevar a cabo.

Cuando la farsa llegó a su fin, una vez que mis abogados explicaron todo cuanto yo había hecho, sentía y tenía que decir, se efectuó la votación de los siete miembros del Consejo. Uno a uno explicó su forma de pensar; tres de ellos declararon que lo mejor era que se me desterrara para que nunca volviera a México, y tres de ellos pidieron que se me condenara a muerte. Cuando el séptimo voto fue emitido, mi destino se selló.

Fue Mariano Escobedo, quien vino hace poco, el 15 de junio para ser exactos, para dar la decisión final, y yo perdí toda esperanza.

Capítulo LXIII

MIGUEL MIRAMÓN, TOMÁS MEJÍA Y YO fuimos condenados a morir en el Cerro de las Campanas. Le escribí a Juárez para pedirle que me perdonara. De nada me sirvió. A todos los que pedían por mi destierro o por una forma de revertir la sentencia, les respondía de la misma forma: "La ley y la sentencia son en este momento inexorables, porque así lo requiere la seguridad pública".

Encontré consuelo en las letras de mi vida. En mi juventud escribí un poema llamado "Auf einem Berge will ich sterben" (en español "Quiero morir en la altura"):

Me dicen que la hora es triste
sin embargo, no quiero un llanto
el mundo de color se viste
y me despido con un canto

dando gracias por la hermosura
que abarca mi visión
quiero morir en la altura
que calma mi corazón

quiero entregar mi vida
en tu más bello altar
en la hora de partida
en una cumbre quiero estar

hay una brisa refrescante
como un beso de la aurora
después de mi vida errante
tendré la paz en esta hora

ya no me asusta la muerte
veo que es la libertad
ya no lamento mi suerte
pero arriba quiero estar

quiero entregar mi vida
en tu más bello altar
en la hora de partida
en una cumbre quiero estar

Se lo leí al general Miramón con la esperanza de calmarlo un poco, pero en cuanto me ganó el sentimiento me cubrí el rostro con una mano para que no viera mis lágrimas.

—Pude haber escapado y no lo hice. Mi vida siempre dependió de los demás.

En apoyo sentí su mano en mi hombro.

—No se preocupe, don Maximiliano, a todos nos sucede. Yo estoy aquí por no haber escuchado a mi mujer.

Levanté el rostro, tratando de forzar una sonrisa:

—Y yo estoy aquí por haber escuchado a la mía.

En aquel momento de complicidad, nos miramos y echamos a reír por un largo rato, después de todo no importaba nada ya. Estábamos condenados a muerte, todo estaba ya perdido. La aventura mexicana no era más que un camino al Gólgota y la profecía de la gitana se había cumplido: para mí era la corona de espinas. Para mí y para cualquiera que intentase ser rey, emperador o dictador de esta patria que se alimenta de la sangre de sus hijos.

Y yo ya era uno de ellos.

Me llevaron al Convento de las Capuchinas. Mi celda tenía 2.7 metros de largo por 1.8 de ancho. Me dejaron llevarme mis cuadernos para que terminara de escribir, aunque debo confesar que hacerlo desde el duro catre que hace las veces de cama ha sido más tortuoso de lo que pensé.

Mareado, cansado, con una tristeza constante y con el espíritu destrozado. He pasado los últimos días escuchando las burlas de los soldados que me insultan de mil formas, que llaman a Carlota por nombres que no podría repetir aquí. Algunos me dijeron que murió en Miramar tras una larga agonía, otros que perdió la cabeza y ya no se acuerda de nuestro matrimonio.

Para mí, la cruz de Cristo, pero ésta va acompañada de tantas ofensas que lo único que deseo es que esto termine. Desde mi arresto se me ha negado la presencia de un médico, la comida que me mandan es poca y el agua escasea. Temo que quieran envenenarme y al mismo tiempo espero que suceda. Quieren volverme tan loco como mi esposa y presiento que lo van a conseguir.

Morir no es tan difícil como se piensa, no cuando uno sabe que habitará en los corazones de las personas que ha dejado y, si éste fue mi destino desde el día en que nací, quizá no acabe siendo una figura desapercibida para México. Quién sabe, puede que mi imperio aún se mantenga en la memoria de los moradores de esta patria durante cien o doscientos años más. Yo, al menos, me sentí honrado de lo poco que logré. Mi sangre no es la que llevo ahora en las venas, sino la que mezclé aquí con la tinta. Ésta es mi historia, mi forma de pensar, mi documento para la posteridad, mi defensa para aquellos que deseen escuchar mis palabras...

Capítulo LXIV

Termina de una vez esta historia, Max. Sólo te quedan unas horas de vida.

Ya no sé si Carlota esté viva o no, pero sus palabras resuenan dentro de mí. No tengo certeza alguna de lo que sucederá en Europa, de qué represalias habrá con el resto de mis colaboradores, de qué dirá mi madre cuando el Habsburgo al que lanzó al mundo sea traspasado por las balas.

¿En quién más podía pensar en aquellas últimas horas próximas a mi muerte? En ese Carlos que conocí el día que intenté trepar las rejas del palacio. Con la mirada húmeda, le dediqué unas últimas palabras y un deseo profundo en el corazón: el de encontrarme con él en el cielo.

Mi querido conde de Bombelles:

Suplico a usted salude de todo corazón a mis queridos amigos, a quienes nadie mejor que usted conoce, y les diga a mi nombre, que siempre he obrado fiel a mi honor y a lo que me dictaba mi deber y conciencia, y que únicamente la traición me ha entregado a mis enemigos, después de una defensa larga y penosísima.

Mi valiente ejército me ha secundado con lealtad, defendiendo bajo mis órdenes una ciudad abierta, sin provisiones y sin municiones durante setenta y dos días, contra un enemigo siete veces más numeroso: me faltan palabras para realzar el heroico valor de mis queridos generales, oficiales y soldados.

Dándole a usted, mi querido amigo, el último abrazo, quedo suyo afectísimo.

Maximiliano

También le escribí al santo padre para encomendarme a él. Quizá si lo hubiera escuchado, si hubiera atendido a sus consejos, si no lo hubieran engañado mis palabras... no estaría en esta complicada situación:

Beatísimo padre:

Al partir para el patíbulo a sufrir una muerte no merecida, conmovido vivamente mi corazón y con todo el afecto de hijo de la Santa Iglesia, me dirijo a vuestra santidad, dando la más cabal y cumplida satisfacción, por las faltas que pueda haber tenido para con el vicario de Jesucristo y por todo aquello en que haya sido lastimado su paternal corazón: suplicando alcanzar, como lo espero, de tan buen padre, el correspondiente perdón.

También ruego humildemente a vuestra santidad, no ser olvidado en sus cristianas y fervorosas oraciones y, si fuere posible, aplicar una misa por mi pobrecita alma.

De vuestra santidad, humilde y obediente hijo que pide su bendición apostólica.

Por último le dediqué unas palabras al artífice de mi fusilamiento:

Sr. Don Benito Juárez:

Próximo a recibir la muerte, a consecuencia de haber querido hacer la prueba de si nuevas instituciones políticas lograban poner término a la sangrienta guerra civil que ha destrozado desde hace tantos años este desgraciado país, perderé con gusto mi vida, si su sacrificio puede contribuir a la paz y prosperidad de mi nueva patria.

Íntimamente persuadido de que nada sólido puede fundarse sobre un terreno empapado de sangre y agitado por violentas conmociones, yo conjuro a usted, de la manera más solemne y con la sinceridad propia de los momentos en que me hallo, para que mi sangre sea la última que se derrame y para que la misma perseverancia, que me complacía en reconocer y estimar en medio de la prosperidad, con que ha defendido usted la causa que acaba de triunfar, la consagre a la más noble tarea de reconciliar los

ánimos y de fundar, de una manera estable y duradera, la paz y tranquili-
dad de este país infortunado.
   Maximiliano

Ya no tengo fuerzas. Tengo listo el traje negro que usaré para morir y el Toisón de Oro que llevaré al cuello. Sé que en unas horas más vendrá el padre Manuel Soria para que me confiese por última vez; tendremos una misa en la que le pediré, con todas mis fuerzas a Dios, que mi muerte sea indolora; y que después de misa me llevarán algo de pollo y vino. Pediré que le lleven mi pañuelo a mi madre en son de paz por todas las batallas que sostuvimos durante años, para que sepa que la perdono, que la entiendo y que nunca dejé de quererla; y que mi reloj se lo lleven a Carlota, si es que aún vive.

Termina ya, Max. ¡Termina!

Sí, eso hago. El cuaderno está por acabarse de nuevo; y todo lo demás también.

En estos últimos momentos, mientras la sombra de la muerte se cierne sobre mí, contemplo con ojos cansados el extenso camino que he recorrido. Las páginas de mi vida, plasmadas en tinta y papel, reflejan los triunfos y derrotas, las alegrías y penas que han formado el tapiz de mi existencia. Me he esforzado por vivir con dignidad, por defender aquello en lo que creí, y aunque mi final es cruel, encuentro consuelo en saber que mi historia quedará; una señal silente de mi paso por este mundo.

Mi corazón se siente pesado, no por el miedo a la muerte, sino por la melancolía de dejar atrás todos los recuerdos, rostros y lugares que he amado. A veces pienso en los momentos efímeros, en las risas compartidas bajo un cielo estrellado, en las caricias de un ser amado, y siento una punzada de dolor al saber que esos momentos nunca volverán. No sé si hay algo más allá de esta vida. Pero si hay un lugar donde las almas encuentran descanso, espero reencontrar allí a todos aquellos que se fueron antes que yo y esperar a los que, con el tiempo, vendrán después.

Que mis memorias sirvan como testimonio de una vida vivida con pasión, con errores y aciertos, pero, sobre todo, con una inquebrantable fe en la humanidad. Aunque mi cuerpo será silenciado, mi espíritu y mis palabras perdurarán.

Deseo que el mundo y, sobre todo mi nueva patria, recuerde no mi final, sino el legado que dejo atrás. Es mi deseo, antes de que el silencio me envuelva por completo.

Fernando Maximiliano José María de Habsburgo-Lorena.
alguna vez archiduque de Austria.
virrey de Lombardía-Véneto
y emperador de México.

ANEXO ESCRITO

POR EL PRESIDENTE

BENITO PABLO JUÁREZ GARCÍA

CONOCÍ AL AUSTRIACO EN DOS OCASIONES.

La primera sucedió días después de su fusilamiento. Encontrábame en mi despacho de Palacio Nacional, leyendo los costos que había dejado, para México, la lucha contra la intervención extranjera que nos impusieron los franceses, cuando don Sebastián me informó que el cadáver de Maximiliano se hallaba en la capital. Bajé los papeles y lo traspasé con la mirada.

—¿Quién lo sabe? —le pregunté, con el temor de que la noticia se filtrara entre aquellos que habían apoyado el imperio y desearan rendirle un último homenaje al monarca usurpador.

Sin titubeos, don Sebastián me respondió con voz muy seria:

—Nadie, señor presidente, he seguido sus instrucciones. El cadáver embalsamado fue traído de noche, cubierto con varias mantas y puesto en una habitación secreta del hospital de San Andrés.

Asentí en un par de ocasiones, considerando qué era lo que debía hacer a continuación.

—Lo veré esta noche.

—Pero, señor presidente, no creo que... —don Sebastián intentó protestar, pero calló en cuanto levanté la mano.

—Lo veré esta noche —repetí, y mi amigo asintió, pues sabía que había dado una orden.

Resolvió acompañarme para ver el cadáver, y no vi razón alguna para negarme. De modo que, cuando escuché las doce campanadas de la catedral, me levanté de mi escritorio y le pedí a don Sebastián que me acompañara. Habíamos pasado las últimas horas revisando documentos relativos a las arcas de la república.

Un coche negro nos esperaba en el patio de Palacio Nacional. Subimos a él y corrimos las cortinillas. Dada la orden, los caballos avanzaron. Íbamos silenciosos, reflexionando por la situación que viviríamos en algunos momentos.

En pocos minutos nos encontramos en el patio trasero del templo de San Andrés, cerca de la Alameda. Al apearnos nos recibió un médico, encargado del segundo embalsamamiento del cadáver. No tuve consideración con él, pues ya había leído informes de lo mal que había sido tratado el cadáver.

—Cuénteme, doctor —le ordené, mientras caminábamos hacia la nave principal del templo.

Él carraspeó un poco antes de empezar.

—Revisé las notas del doctor Licea, cuando hizo el primer embalsamamiento. A las siete de la mañana con cinco minutos del 19 de junio fueron fusilados Miramón, Mejía y Maximiliano. Una vez que la muerte fue certificada por los médicos presentes, se envolvieron en telas blancas y se colocaron en los ataúdes de madera corriente que se compraron para la ocasión. El cadáver de Maximiliano no cabía en la caja, salían los pies por uno de los extremos. Lo regresaron al Convento de las Capuchinas, de donde había salido para su ejecución. Lo colocaron en una mesa y le retiraron la camisa blanca que llevaba. El doctor Licea comprobó que su torso presentaba cinco impactos de bala a la altura de las cavidades torácica y abdominal. El tiro de gracia le atravesó el corazón. Del cuello colgaba este guardapelo de plata, el cual se guardó para entregárselo sólo a usted. En el convento se encontraron tres cuadernos escritos por él, de los cuales también hago entrega.

Me los dio junto con el guardapelo y yo, sin mirarlos, se los ofrecí a don Sebastián para que los resguardara por mí.

Cuando entramos a la nave principal, noté que, al fondo, habían dispuesto una mesa larga cubierta por un mantel blanco. Sobre ella se encontraba el cadáver completamente desnudo. La única fuente de luz eran las velas que habían dispuesto en aquel espacio, y que le daban un horrible contraste sombrío a su piel pálida. Algunas secciones de la piel se encontraban vendadas. A primera vista, el trabajo que habían hecho había sido malo.

Con las manos detrás de la espalda, me asomé al cuerpo.

El médico, al ver que yo torcía la boca, intentó excusarse:

—El doctor Licea se ensañó con el cuerpo, hizo un mal trabajo de embalsamamiento. He recogido testimonios de nobles damas oriundas de Querétaro que compraron, por unos pesos, pedazos de la barba del emperador, o que mojaron pañuelos blancos en su sangre. El mismo asistente del doctor testificó que Licea exclamó: "Qué voluptuosidad es para mí poder lavar mis manos en la sangre de un emperador". Hay un rumor que afirma que, durante la extracción de órganos, el médico colocó los intestinos sobre la testa del difunto y le dijo la frase: "Querías una corona. Aquí tienes una que debería agradarte".

Ante tan cruenta historia, don Sebastián intervino para detenerla:

—Será castigado, señor presidente.

Yo asentí en silencio, mientras seguía contemplando el cadáver. Parecía un muñeco, falso, mal conservado, y al mismo tiempo tranquilo. Los ojos falsos que llevaba asimilaban al austriaco usurpador como un muñeco macabro.

Con la mano derecha medí el cuerpo, desde la cabeza hasta los pies, ante la vista de los presentes que, seguramente, se preguntaban el porqué de mis acciones.

Cuando terminé, exclamé por fin.

—Era alto este hombre; pero no tenía buen cuerpo: tenía las piernas muy largas y desproporcionadas.

De tres pasos llegué hasta su rostro, y toqué su frente por un instante.

—¿Le sucede algo, don Benito? —preguntó don Sebastián.

Sin dejar de mirar el cadáver, respondí:

—No tenía talento, porque aunque la frente parece espaciosa, es por la calvicie.

El médico continuó su historia.

—Cuando el doctor Licea terminó, el cuerpo del austriaco quedó abandonado por cuatro meses en el convento, hasta que se ordenó que se embalsamara otra vez, pero el cuerpo se encontraba tan mal conservado que ya se había hinchado y los ojos falsos no correspondían a su imagen real.

—Al menos ya se encuentra en la capital —agregó don Sebastián.

—Sí, pero en el camino entre Querétaro y la Ciudad de México, el cuerpo resbaló de la carreta y cayó en un río. Esto dañó parte de la segunda conservación.

Sintiendo repugnancia, decidí partir de ese lugar. Tenía suficiente de aquel cuerpo sin vida que había usurpado un gobierno que no le correspondía. Lo mejor sería que fuera devuelto a su tierra. No quería que su presencia en México despertara pasión alguna entre los simpatizantes al imperio o las ideas de los conservadores. Tuve la idea, una vez que el cuerpo del austriaco fuera devuelto a Europa, de que debía destruir el templo de San Andrés para borrar la última sombra del imperio mexicano.

Con los cuadernos en la mano y el guardapelo, partí en compañía de don Sebastián.

La segunda ocasión en la que vi a Maximiliano fue al día siguiente. Siendo las once de la mañana, mientras trabajaba en mi despacho de Palacio Nacional y leía los partes de guerra del general Mariano Escobedo y del general Porfirio Díaz, noté los cuadernos que descansaban en mi escritorio. Abrí el primero con la idea de encontrar poemas o reflexiones escritas en francés o en alemán. Sin embargo, jamás esperé una caligrafía tan bien hecha, nunca recta, y toda en español, que relataba la vida del austriaco.

Con el temor de invadir pensamientos ajenos, le di lectura. Descubrí los pensamientos de aquel cadáver austriaco, los secretos de su familia y las constantes peleas con su madre. Esperaba encontrar al usurpador y me topé con el emperador sin corona, con el hombre que había sufrido por las inclemencias del destino. Si bien no hubiera cambiado mi decisión de fusilarlo, ésta hubiera llevado más pesar dentro de mí.

La vida de este emperador no podrá comprenderla nuestra generación ni las siguientes, hasta que calmadas las pasiones que levantó la intervención de Napoleón III, México contemple su historia sin heridas. Escribiré el final de su historia y esconderé estos cuadernos; quien reflexione sobre mis sueños llegará a la verdad.

¿Qué encontré dentro del guardapelo? Lo que no esperaba, pero que me resulta tan natural en el carácter de Maximiliano que, al revelar la verdad, no habrá de sorprenderse nadie. Será el final de la historia.

Según los informes, Maximiliano recibió al padre Manuel Soria y Breña (tal como atestiguan las memorias de Maximiliano), con el cual se confesó en privado. Sobre lo que ambos hombres hablaron no puedo expresar dato alguno.

Al terminar, volvieron Tomás Mejía y Miguel Miramón para que los tres tomaran misa en el mismo lugar. Maximiliano interrumpió la ceremonia al sentirse mal, y sus custodios tuvieron que hacerse de viales con sales para espabilarlo.

Después de la ceremonia se les llevó una última comida: pollo cocido y algo de vino. No comieron, pero sí bebieron. Luego, Maximiliano se paseó por su celda, los cuadernos descansaban en el escritorio. Ya no volvió a escribir en ellos.

A las seis y media de la mañana exclamó: "Estoy listo".

Tres carruajes negros se habían rentado para la ocasión. Maximiliano tomó el primero de ellos, Miramón el segundo y Mejía el tercero. Los llevaron del Convento de las Capuchinas hasta el lugar designado para la ejecución: el Cerro de las Campanas. Fue el primer batallón de Nuevo León quien los custodió durante el trayecto.

Un grupo de civiles se había amontonado en el lugar para ver la ejecución.

Al llegar al lugar, la puerta del coche de Maximiliano no se abrió, por lo que él tuvo que salir por una de las ventanas. Al ver el cielo azul, carente de nubes exclamó: "Es un buen día para morir". Luego, le preguntó a los soldados si Carlota estaba viva o muerta, porque estaba confundido con respecto a ella. Desconozco qué creía él cuando murió.

A su cocinero le entregó un pañuelo para que se lo diera a su madre, y al sacerdote que lo confesó le entregó su reloj para que se lo diera a su esposa, en caso de que estuviera viva.

Había ahí un muro de adobe, en el cual los prisioneros fueron colocados. Al centro, Maximiliano y sus generales a cada lado. Entonces, en un acto inesperado, Maximiliano ofreció una moneda a cada uno de los soldados que habrían de ejecutarlo y les suplicaba que no le dispararan en el rostro. Luego, le cedió a Miramón el lugar del centro mientras le decía: "General, un valiente debe ser admirado hasta por los monarcas".

El pelotón estaba integrado por cinco soldados dirigido por el capitán Simón Montemayor, de veintidós años, el cual, antes de dar la orden, les permitió a los sentenciados una última palabra.

Maximiliano fue el primero: "Voy a morir por una causa justa, la de la independencia y la libertad de México. Que mi sangre selle las desgracias de mi nueva patria. ¡Viva México!".

Miramón fue el siguiente: "Mexicanos: en el Consejo, mis defensores quisieron salvar mi vida; aquí pronto a perderla, y cuando voy a comparecer delante de Dios, protesto contra la mancha de traidor que se ha querido arrojarme para cubrir mi sacrificio. Muero inocente de ese crimen, y perdono a sus autores, esperando que Dios me perdone, y que mis compatriotas aparten tan fea mancha de mis hijos, haciéndome justicia. ¡Viva México!".

Mejía no pronunció palabra alguna.

Se procedió a vendar a los sentenciados, como es costumbre.

Tras un largo silencio, Montemayor dio la orden de disparar, y los soldados obedecieron. Miramón y Mejía cayeron muertos al instante, Maximiliano cayó, pero aún estaba vivo, su cuerpo se sacudía moribundo mientras no dejaba de pronunciar las palabras "hombre, hombre". Un joven llamado Aureliano Blanquet fue quien recibió la orden de darle el tiro de gracia; colocó la boca de la pistola en el pecho y disparó, quitándole la vida al austriaco.

El disparo causó que se encendiera la camisa de Maximiliano y su cocinero corrió al cuerpo para apagarlo como pudo. Y le quitó la venda de los ojos.

Así murió Fernando Maximiliano José María de Habsburgo-Lorena, alguna vez emperador de los mexicanos, hijo incomprendido y hermano herido. Como dije en la carta que le envié a su llegada a México, que la historia juzgue sus acciones y, cuando estos cuadernos sean descubiertos en el porvenir, también su corazón y sus pensamientos.

Hasta pronto, Max.

Unos momentos antes de ocultar los cuadernos detrás de la pared de mi habitación, don Sebastián me preguntó:

—¿Y bien? ¿Qué había dentro del guardapelo?

—El recorte de un daguerrotipo de la mujer que lo acompañó hasta su último aliento —respondí.

—Carlota —exclamó don Sebastián simplón.

Sin embargo, yo negué con la cabeza.

—No, don Sebastián. La mujer que Maximiliano siempre llevó en su corazón fue María Amelia.

Y cerré del golpe el guardapelo para guardarlo junto con los tres cuadernos.

Nota del autor

El cuerpo de Maximiliano estaba tan deteriorado cuando llegó a Trieste el 16 de enero de 1868, que Francisco José ordenó se sellara el ataúd para que nadie pudiera verlo. Carlos Luis y Luis Víctor lo escoltaron a Viena donde se realizó una ceremonia fúnebre mientras caía la nieve.

La archiduquesa Sofía se abalanzó sobre el ataúd para llorar sobre él y llamó asesinos a aquellos hombres que lo fusilaron. Dos días después fue enterrado en la Cripta de los Capuchinos. Cada año recibe a cientos de visitantes de todo el mundo que recuerdan su vida.

Carlota, sin embargo, no descansa con él. Fue llevada al castillo de Tervuren donde la declararon demente, luego vivió en el Château de Bouchout en Meise, Bélgica. Nunca se ha establecido realmente qué tipo de locura tenía.

Durante la Primera Guerra Mundial, las tropas alemanas respetaron el castillo en cual se encontraba ella, y donde ondeaba la bandera mexicana.

El 19 de enero de 1927, con ochenta y siete años de edad, Carlota murió a causa de una neumonía. Sobrevivió a todos los personajes de aquella historia. Fue enterrada en la cripta de la iglesia de Laeken, lejos del Max al que tanto amó y con quien deseaba descansar en la eternidad.

Según algunas versiones, su última palabra fue *Mexique*.

Cronología

1830
- *18 de agosto*: nace Francisco José de Habsburgo.

1832
- *6 de julio*: nace Maximiliano de Habsburgo en Schönbrunn.
- *21 de julio*: muere Napoleón II en Schönbrunn.

1840
- *7 de junio*: nace Carlota Amalia en Bruselas.

1848
- *2 de diciembre*: Francisco José asciende al trono de Austria a la edad de dieciocho años.
- *10 de diciembre*: Luis Felipe, abuelo de Carlota, es destronado en Francia y elegido presidente de la República francesa.

1852
- *2 de diciembre*: se proclama el Segundo Imperio francés.

1853
- *29 de enero*: Napoleón III contrae nupcias con Eugenia de Montijo.
- *4 de febrero*: muere María Amelia en Madeira.

1854
- *10 de septiembre*: Francisco José le da a Maximiliano el título de comandante en jefe de la marina austriaca.

1856:
- *1 de mayo*: se inicia la construcción del castillo de Miramar.
- *25 de junio*: en México, la Ley Lerdo desamortiza los bienes de la Iglesia católica.

1857

- *5 de febrero*: en México se promulga la Constitución de 1857, de corte liberal y una de las razones para que se desatara la Guerra de Reforma, también llamada Guerra de los Tres Años.
- *28 de febrero*: Maximiliano es nombrado virrey de las provincias de Lombardía-Véneto.
- *27 de julio*: Maximiliano y Carlota contraen matrimonio en Bélgica.
- *6 de septiembre*: Maximiliano y Carlota hacen su entrada a Milán como gobernantes de Lombardía-Véneto.
- *17 de diciembre*: en México, comienza la Guerra de Reforma.

1858

- *4 de mayo*: Benito Juárez es proclamado presidente de México.

1859

- *20 de abril*: Maximiliano abandona su puesto en Lombardía-Véneto. Tras una breve estancia en Viena, se refugia en Miramar.

1861

- *1 de enero*: en México, termina la Guerra de Reforma.
- *12 de abril*: en Estados Unidos, empieza la Guerra Civil o de Secesión. Napoleón III ve la oportunidad de afianzar su poder en América.
- *17 de julio*: México suspende el pago de su deuda con gobiernos extranjeros.
- *25 de julio*: Francia e Inglaterra rompen relaciones con México.
- *31 de octubre*: Francia, Inglaterra y España, por medio de la Convención de Londres, acuerdan unir fuerzas para exigirle a México la liquidación de la deuda.
- *8 de diciembre*: comienzan a llegar tropas extranjeras a Veracruz.

1862

- *8 de enero*: desembarcan en Veracruz tropas inglesas y francesas.
- *5 de marzo*: llegan más tropas francesas a México.
- *9 de abril*: tras la firma de los Tratados de la Soledad, las tropas inglesas y españolas regresan a Europa. Francia inicia su intervención.
- *5 de mayo*: batalla de Puebla. El ejército mexicano vence a las tropas francesas en Puebla.
- *17 de octubre*: desembarca el general Bazaine en México.

1863

- *17 de mayo*: tras un sitio iniciado el 10 de marzo, las tropas francesas toman la ciudad de Puebla.
- *31 de mayo*: Benito Juárez abandona la capital.
- *7 de junio*: Bazaine toma la capital. Poco después se formará la Junta de Notables que ofrecerá la corona de México a Maximiliano de Habsburgo.
- *3 de octubre*: se le ofrece la corona a Maximiliano de Habsburgo.

1864

- *10 de abril*: Maximiliano acepta la corona de México.
- *14 de abril*: Maximiliano y Carlota se embarcan en la fragata *Novara*, con destino a México.
- *18 de abril*: Maximiliano y Carlota se entrevistan con el papa Pío IX.
- *28 de mayo*: Maximiliano y Carlota llegan a Veracruz.
- *12 de junio*: Maximiliano y Carlota entran triunfalmente a la Ciudad de México.

1865

- *9 de abril*: termina la Guerra Civil en Estados Unidos.
- *10 de abril*: Maximiliano promulga el Estatuto Provisional del Imperio.
- *15 de abril*: en Estados Unidos, muere asesinado Abraham Lincoln.
- *3 de octubre*: Maximiliano decreta la pena de muerte a quien forme bandas o porte armas sin autorización.
- *10 de diciembre*: muere Leopoldo I, padre de Carlota, en Bélgica.

1866

- *24 de marzo*: muere la abuela de Carlota.
- *31 de mayo*: Napoleón III le informa a Maximiliano que iniciará el retiro de tropas y que no lo ayudará económicamente.
- *13 de julio*: Carlota se embarca hacia Europa para buscar ayuda.
- *Agosto*: Carlota permanece en París buscando, en vano, el apoyo de Napoleón III.
- *27 de septiembre*: Carlota se entrevista con el papa Pío IX en Roma; su locura es evidente.

1867

- *5 de febrero*: Bazaine evacúa las tropas de la Ciudad de México.
- *13 de febrero*: Maximiliano abandona la Ciudad de México acompañado de mil quinientos soldados, y se refugia en Querétaro.
- *14 de marzo*: se inicia el sitio de Querétaro por las tropas de Mariano Escobedo.

- *2 de abril*: Porfirio Díaz toma la ciudad de Puebla y avanza a la Ciudad de México.
- *15 de mayo*: termina el sitio de Querétaro. Maximiliano es arrestado y confinado al Convento de la Cruz.
- *17 de mayo*: Maximiliano es trasladado al Convento de Santa Teresa.
- *22 de mayo*: Maximiliano es trasladado al Convento de las Capuchinas.
- *8 de junio*: Francisco José y Sisi son coronados emperadores de Hungría.
- *19 de junio*: tras un breve juicio, Maximiliano, Miramón y Mejía son fusilados en el Cerro de las Campanas.

1868
- *12 de enero*: a Carlota se le comunica el fusilamiento de Maximiliano.
- *17 de enero*: el cuerpo embalsamado de Maximiliano llega a Austria y se le entierra al día siguiente.

1872
- *28 de mayo*: muere de pulmonía la archiduquesa Sofía.
- *18 de julio*: muere de una afección cardiaca Benito Juárez.

1889
- *Junio*: Carlos de Bombelles muere de un ataque cardiaco, mientras se encuentra con dos prostitutas. Una de ellas aparece como heredera en su testamento.

1927
- *19 de enero*: muere Carlota, cerca de Bruselas, a los ochenta y seis años.

Bibliografía

Galeana, Patricia, *El impacto de la intervención francesa en México*, México, Siglo XXI Editores, 2011.

Habsburgo, Maximiliano de, *Reglamento para los servicios de honor y ceremonial de la corte*, México, Imprenta de J.M. Lara, 1866

_____, *Poemas del emperador*, traducción y selección de Patrick Poini, México, edición de autor, 2020.

Kollonitz, Paula, *Un viaje a México en 1864*, México, Editorial Libros de México, 2019.

Krauze, Enrique, *Siglo de caudillos. De Miguel Hidalgo a Porfirio Díaz*, primera reimpresión en la Biblioteca Histórica Enrique Krauze, México, Tusquets Editores, 2015.

_____ y Fausto Zerón-Medina, *El vuelo del águila*, tomo II: *La guerra*, Clío, México, 1993.

Miguel, príncipe de Grecia, *The Empress of Farewells*, Nueva York, Atlantic Monthly Press, 2002.

Paula y Arrangoiz, Francisco de, *México desde 1808 hasta 1867*, México, Editorial Porrúa, 1999.

Tello Díaz, Carlos, *Porfirio Díaz: su vida y su tiempo. La guerra*, México, Conaculta/Penguin Random House, 2015.

Rats, Konrad, *Correspondencia inédita entre Maximiliano y Carlota*, México, Fondo de Cultura Económica, 2003.

_____, *Tras las huellas de un desconocido: nuevos datos y aspectos de Maximiliano de Habsburgo*, prólogo de Patricia Galeana, México, Siglo XXI Editores, 2008.

Varios autores, *Nueva historia mínima de México*, decimotercera reimpresión, México, El Colegio de México, 2016.

Vázquez Lozano, Gustavo, *60 años de soledad: la vida de Carlota después del imperio mexicano, 1867-1927*, México, Grijalbo, 2019.

Zamora, Martha, *Maximiliano y Carlota: memoria presente*, México, edición de autor, 2012.

SITIO WEB

Manifiesto y decreto de Maximiliano, 2 y 3 de octubre de 1865: https://www.memoriapoliticademexico.org/Textos/4IntFrancesa/1865DMO.html

Índice

Otras obras de Pedro J. Fernández

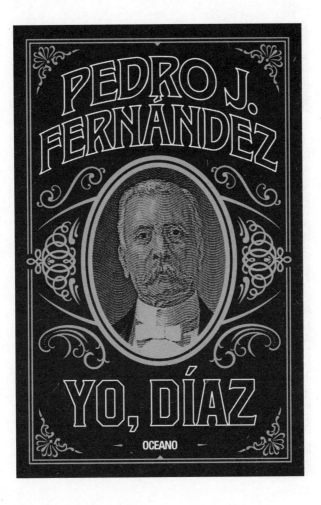

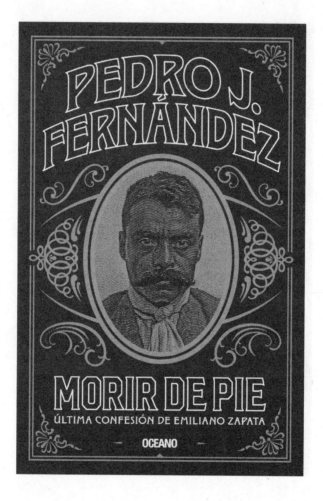

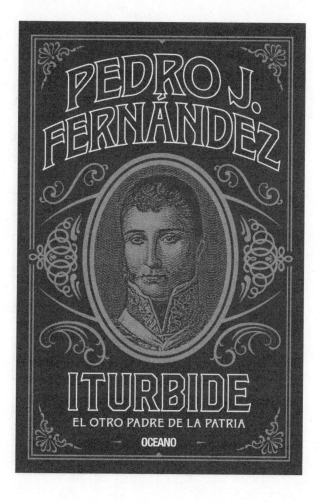

PEDRO J. FERNÁNDEZ

ITURBIDE

EL OTRO PADRE DE LA PATRIA

OCEANO

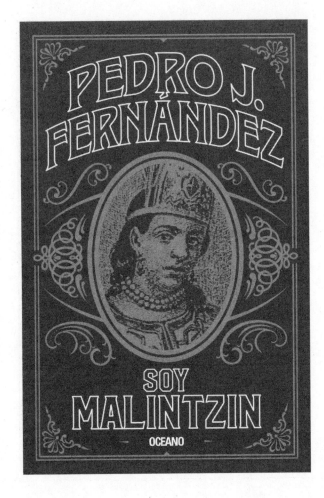

PEDRO J. FERNÁNDEZ

SOY
MALINTZIN

OCEANO

Esta obra se imprimió y encuadernó
en el mes de enero de 2024,
en los talleres de Impregráfica Digital, S.A. de C.V.,
Av. Coyoacán 100–D, Col. Del Valle Norte,
C.P. 03103, Benito Juárez, Ciudad de México.